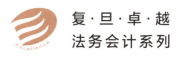

江西财经大学法务会计系列

法务会计原理

主　编　熊进光　　副主编　杨书怀　吴红生

复旦大学出版社

内容简介

本书在学习与借鉴国内外法务会计最新研究成果的基础上，结合作者对法务会计相关理论与实务问题研究的最新成果，集作者多年来法务会计实务工作与实践经验编写而成。

全书对法务会计的基本理论、概念框架、技术方法做了全面阐述，就如何通过对企业财务报告的分析发现财务舞弊等问题进行了全面深入的探讨，并沿法务会计诉讼业务与非诉业务的脉络阐释了法务会计诉讼支持、民商事案件的法务会计检查、经济犯罪的法务会计检查等内容。同时，本书结合美国反海外腐败法等内容，做出了建构法务会计的未来发展的尝试。

本书具有理论与实务紧密结合、注重"以案说法"的特点。本书可以作为高等学校法学专业、会计专业、审计专业本科生和研究生学习法务会计课程的教科书，也可以作为从事法务会计领域的专业人员的参考。

目 录

第一章　法务会计概述 …………………………………… 001
　第一节　法务会计的概念与属性 ………………………… 001
　第二节　法务会计的产生与发展 ………………………… 006
　第三节　法务会计的目标与内容 ………………………… 011
　第四节　与法务会计相关的职业 ………………………… 015

第二章　法务会计基础理论 ……………………………… 019
　第一节　法务会计的对象与要素 ………………………… 019
　第二节　法务会计的基本假设 …………………………… 022
　第三节　法务会计的原则与职能 ………………………… 024
　第四节　法务会计的主体 ………………………………… 029
　第五节　法务会计人员的法律责任与职业道德 ………… 032

第三章　法务会计基本方法 ……………………………… 039
　第一节　法务会计调查方法 ……………………………… 039
　第二节　法务会计鉴定方法 ……………………………… 057

第四章　法务会计财务分析 ……………………………… 068
　第一节　财务会计报告及审计报告 ……………………… 068
　第二节　财务报表分析 …………………………………… 082
　第三节　企业内部控制分析 ……………………………… 092

第五章　法务会计舞弊检查 ……………………………… 101
　第一节　舞弊相关理论 …………………………………… 101
　第二节　雇员与管理舞弊 ………………………………… 108
　第三节　财务报告舞弊 …………………………………… 112

第六章　法务会计诉讼支持 ……………………………… 123
　第一节　诉讼支持的法务会计概述 ……………………… 123
　第二节　诉讼支持的法务会计证据 ……………………… 127

第三节　法务会计人员诉讼支持在各阶段发挥的作用…… 130
　　　第四节　诉讼支持的法务会计与损失计量 ………………… 133

第七章　民商事案件法务会计检查 …………………………… 145
　　　第一节　法务会计在一般民商事案件中的作用 ………… 145
　　　第二节　保理合同 ………………………………………… 146
　　　第三节　保兑仓 …………………………………………… 152
　　　第四节　破产清算 ………………………………………… 156

第八章　经济犯罪案件法务会计检查 ………………………… 173
　　　第一节　会计犯罪 ………………………………………… 173
　　　第二节　金融犯罪 ………………………………………… 184
　　　第三节　财务犯罪 ………………………………………… 200
　　　第四节　税收犯罪 ………………………………………… 209

第九章　法务会计的未来发展 ………………………………… 225
　　　第一节　诚信会计的制度化建设 ………………………… 225
　　　第二节　会计法律环境的规范化建设 …………………… 226
　　　第三节　保护投资者权益的环境建设 …………………… 228
　　　第四节　法务会计的人才建设 …………………………… 230

参考文献 ………………………………………………………… 233

后记 ……………………………………………………………… 236

第一章 法务会计概述

学习目标：了解法务会计概念和属性、法务会计国内外发展现状，理解法务会计产生和发展的动因，熟悉法务会计的目标和内容，能够正确区分法务会计和司法会计、独立审计。

内容提要：本章在国内外相关学者观点的基础上，阐述了法务会计的基本概念和属性，介绍了美国、英国等西方国家法务会计的发展现状，分析了法务会计产生和发展的动因，从总体上介绍了法务会计的目标和主要内容，区分了法务会计及与之相关的司法会计、独立审计，以便使学生对法务会计有一个总体上的认识。

第一节 法务会计的概念与属性

一、国外法务会计观点

法务会计(forensic accounting)在世界各国的提法不尽相同。1953年，马克斯·路易(Max Lourie)发表《法务会计》一文，使用了"法务会计"的称谓，他将法务会计定义为"与执法相关的会计实务，包括：为了获得证据而进行的检查活动"[①]。1982年，美国的弗兰克·C. 狄克曼(Francis C. Dykeman)在著名论文《法务会计：作为专家证人的会计师》中将法务会计确定为注册会计师使用会计技术和方法为客户及律师进行的诉讼提供专家证词。美国的会计学家G. 杰克贝洛各尼与罗贝特·J. 林德奎斯特认为："法务会计是运用相关的会计知识，对财务事项中有关法律问题的关系进行解释与处理，并向法庭提供相关的证据，不管这些法庭是刑事方面的，还是民事方面的。"乔治·A. 曼尼在其《财务调查与法务会计》著作中提出："法务会计是针对经济犯罪行为，以收集财务数据证据，并以法庭能接受的形式提交或陈述的一门科学。"弗兰克·J. 戈瑞普则提出："法务会计作为一门科学，它是将运用会计、审计的方法与程序获得的有关财务证据资料应用于相关法律问题的解决。法务会计通常会涉及财务问题与估价问题，它不同

---

① 白岱恩：《法务会计基础理论与应用研究》，知识产权出版社，2008，第35页。

于传统的审计,法务会计是对一项指控的调查,其调查证据是要在法庭辩论中展现或陈述的。"①

加拿大会计学专家斯考特认为:"法务会计是一种处理记录和汇总企业经营状况和各种财务交易的法律问题的会计处理方法,在这个会计的新领域里有两大类会计实践:一是法律诉讼支持;二是欺诈调查会计。"加拿大《特许会计师杂志》(CA Magazine)将法务会计定义为:"使用情报收集技术和会计、经营技能形成信息和意见供律师在民事诉讼中使用,并在要求时给予审判证言。"②

四大会计师事务所之一的毕马威会计师事务所于1998年在香港专门召开了主题为舞弊与法务会计的世界级研讨会,将法务会计定义为"通过对财务技能的运用以及对未决问题的调查方法,将证据规则与此相结合的一种会计学科"③。

从国外学者现有观点来看,它们主要侧重于对法务会计实务的探讨,又受到案例的推动,较多关注法务会计热点问题和技术解决方案,特别是对于在执行舞弊审计、财务调查时的应用,如今已形成一套有效的、系统的舞弊调查方案以及在收集证据过程中所用到的先进技术方法。

二、国内法务会计观点

张蕊教授在《舞弊甄别与诉讼会计》中首次提出"诉讼会计"的概念,认为它是在20世纪80年代初,随着西方国家经营环境的复杂化、经济纠纷的多样化和经济犯罪手段的高级化,在司法实践中逐步发展起来的一个新会计领域,属于司法支持系统。诉讼会计主要通过对特定的经济犯罪、经济过失和经济纠纷案件进行会计计量与反映,对特定的经济事项(案件)提供会计分析,为法庭对有关经济案件的最终裁决提供重要的依据,是为法庭和诉讼当事人提供专门服务的一种特殊会计④。诉讼会计是国内早期对法务会计的称谓,从目标和内容上来看,诉讼会计就是法务会计。

喻景忠教授最早提出有关法务会计的概念,他认为:"法务会计是根据法律的特殊规定,运用会计专业知识和技能,对在经济管理和经济运行过程中各种法定的经济标准和经济界限规范过程与报告结果,进行计算、检验、分析、认定的运用型学科。"⑤

李若山教授在《论国际法务会计的需求与供给》一文中认为:"国际法务会计是特定主体运用会计知识、财务知识、审计技术与调查技术,针对经济纠纷中的法律问题,提出自己的专家性意见作为法律鉴定或者在法庭上作证的一门新兴行业。"⑥

---

① 张苏彤:《法务会计高级教程》,中国政法大学出版社,2007,第4页。
② 张苏彤:《法务会计高级教程》,中国政法大学出版社,2007,第3—4页。
③ 张苏彤:《法务会计高级教程》,中国政法大学出版社,2007,第4页。
④ 张蕊:《舞弊甄别与诉讼会计》,经济管理出版社,2000,第3页。
⑤ 喻景忠:《法务会计理论与实践初探》,《财会通讯》1999年第5期。
⑥ 李若山:《论国际法务会计的需求与供给——兼论法务会计与新〈会计法〉的关系》,《会计研究》2000年第11期。

张苏彤教授提出:"法务会计是特定主体综合运用会计学与法学知识、审计与调查的技术方法,旨在通过调查获取有关财务证据资料,并以法庭能接受的形式在法庭上展示或陈述,以解决有关法律问题的一门融会计学、审计学、法学、证据学、侦查学和犯罪学等学科有关内容为一体的边缘科学。"[1]

谭立教授认为:"法务会计是在社会专业分工的基础上形成的专业支持,它弥补了公安司法人员、当事人及其代理人等处理法律问题或事项时所遇到的会计专业知识与技能的不足,是会计专业人员为解决或处理法律问题或事项提供的专业服务。"[2]

戴德明教授认为,法务会计是司法会计的一种,当司法会计的目的是为在法律框架下规范和保护会计职业时,司法会计就可称为法务会计。法务会计是这样一种专业行为或理论:它关注会计职业界如何更有效地履行法律赋予的职业权利,通过提供现有法律框架内的一切有利于规范和保护会计职业界的法律根据,强化职业规范的约束力,帮助会计职业人士或组织主张合法权利,减轻由职业风险而引致的法律责任,支持会计职业界发挥社会(以法律意志为代表)赋予它的角色作用[3]。

盖地教授分别从学科和实务两个角度给法务会计下定义:从实务角度看,法务会计是为适应市场经济的需要,以会计理论和法学理论为基础,以法律法规为准绳,以会计资料为凭据,处理涉及法律法规的会计事项,或者以法律法规和相关会计知识审查、监察、判定、裁定、审计受理案件、受托业务;从学科角度看,法务会计是适应市场经济需要的,以会计理论和法学理论为基础、融会计学和法学于一体的一门边缘交叉学科。法务会计不是某一会计实体(主体)的"单一会计",应该是更广泛意义上的"会计",是某一范围(领域)的业务(涉及法律的会计事项、会计资料),而非某一特定主体的特定会计[4]。

上述国内学者观点,有的是从处理经济纠纷中法律问题的视角进行界定的,有的是从学科和实务双重角度予以界定的,还有的是从现行司法会计体制的角度对法务会计进行诠释的。由此,我们可以得出法务会计具有以下三个特点。

(1) 法务会计是法律与会计结合的必然产物。它主要服务于市场经济,以解决社会经济问题为目的,与一般性会计比较,其主要区别在于法务会计的工作内容和提交的报告都直接为法律或法庭服务。

(2) 法务会计涉及的学科交叉范围广泛。法务会计与传统会计不同,它不是"单纯的会计",而是更广泛意义上的综合性会计,只要涉及经济纠纷诉讼案件中的会计事项确认和判定,都与法务会计有关。它以会计理论和法学理论为基础,同时吸收了审计和统计分析的部分技术方法,融会计、法学和证据学于一体。

(3) 法务会计的服务针对性强。法务会计以经济纠纷中的事实认定或法律问题为

---

[1] 张苏彤:《法务会计高级教程》,中国政法大学出版社,2007,第5页。
[2] 谭立:《论法务会计的法律事项》,《财会月刊》2005年第11期。
[3] 戴德明、周华:《法务会计若干基本问题研究》,《贵州财经学院学报》2001年第3期。
[4] 盖地、张敬峰:《法务会计研究评述》,《会计研究》2003年第5期。

法务会计原理

重点,针对企业经营过程中出现的问题,法务会计人员站在为当事人服务的立场,通过调查分析,确定责任的发生原因及其归属,并通过法律手段来追究有关责任人的法律责任以保护当事人的合法利益。

三、法务会计的概念

法务会计中的"forensic"被译为"法庭的,与法庭有关的,用于法庭的"①。因此,可以看出其目的是解决法律问题;而"accounting"可理解为包括会计学科属性和方法这样两层含义。"法务"将概念界定在法律或法庭范畴内,可以理解为"被用于法律方面或法庭审理方面的"。"会计"则是个广义的会计概念,包含财务、会计和审计等,以特定的逻辑程序确认、计量、记录、分类、汇总、编报经济事项,为经营管理和预测与决策提供信息服务。根据社会经济发展和市场竞争的需求,适时地把这两个词联系组合到一起就是"法务会计",但是其含义却远远超出两个单词的简单相加。法务会计既不同于企业会计工作,又不同于审计鉴证,是一种延伸到司法领域的专业会计服务。与一般企业会计相比,法务会计服务的对象不是某一特定的会计主体,而是更广义的"会计",是某一领域涉及事实认定或法律问题的具体会计事项或业务。因此,法务会计是会计专业人士综合运用会计、财务与审计知识,对财务会计事项中有关法律问题提供法律证据的会计专业服务活动。法务会计实质上是在社会专业化分工基础上形成的会计界对法律界的专业支持,是具有会计专业知识的人员为解决或处理法律问题或事项提供的专业服务。

法务会计是会计学与法学相结合的一门新兴的边缘性学科。我们可以从以下五个要素来理解法务会计的基本含义。

(1) 法务会计的主体。法务会计的主体是法务会计业务活动的执行人,必须是经过专业训练、具有特殊技能的法务会计人员。它兼具会计师、舞弊审核师、律师、私人调查员等特质。

(2) 法务会计的客体。法务会计的客体是接受法务会计调查、审核及鉴证的对象,即法务会计的工作对象,具体是指特殊领域的特定业务,如社会经济活动中发生的各类经济纠纷、经济过失、欺诈、犯罪等涉案事项或行为。

(3) 法务会计的依据。法务会计的依据即法务会计的工作标准或衡量尺度,是与经济案件或事项有关的法律法规和会计审计准则。

(4) 法务会计的目标。法务会计的目标是通过法务会计实践活动所期望达到的目的和要求,即提供专家性意见作为法律鉴定或用于法庭审理的经济鉴证。

(5) 法务会计的方法。法务会计的方法是在执行法务会计业务时需要综合运用的调查、审核、估算、分析、判定与鉴别等技术方法,以取得合乎法律要求的各类证据。

---

① forensic 在《韦氏词典》中的定义为"belonging to, used in or suitable to courts of judicature or to public discussion and debate"。

四、法务会计的属性

(一) 法务会计的学科属性

法务会计是一个将法学、会计学、审计学等融合在一起的综合性的学科。具有高度融合性的法务会计专业也具有明显的专业区分度,具体表现在以下两个方面。

(1) 法务会计是一门复合交叉性学科。法务会计的目的在于适应市场经济发展需要,综合运用多元学科理论与专业知识、技术手段和专业工具处理和解决主体财产被非法侵占、损害赔偿、保值增值等法律问题。它既不属于以提供客观真实会计信息为目的的会计学,也不属于以建构权利义务关系为目的的法学和以审查会计信息真实、合法、有效为目的的审计学,更不属于以计量确定财产价值为目标的评估学,而是横跨会计学、审计学、法学、评估学、证据学、侦查学和犯罪学等多种学科的新兴复合交叉学科。

(2) 法务会计是一门融合性学科。传统学科对其专业领域的权威建立在一套有内在逻辑性的知识体系的基础上,这种知识体系以及专业权威的正当性是历史形成的,同时也在历史的发展过程中不断遇到挑战。法律、会计、审计、侦查、鉴定专业的单一封闭发展难以解决各类涉及复杂财务会计问题的经济案件。法务会计学科进入我国后,研究者结合国内实际,赋予其新的内涵和使命,逐步把它建设成融合多学科内容、具有中国特色、吸收其他国家学术与实务精华的本土化学科。

(二) 法务会计的职业属性

法务会计的法律属性是法律服务性。法务会计是在法律事项的处理中协助法律工作者查证相关财会事实,以会计服务活动为基石围绕法律事项进行,用来解决法律事项或者问题的服务活动,表现出法律服务性,可以为国家规范运作提供制度保障。

法律服务性表现为专业性法律服务和法律事项性。专业性法律服务方面,法务会计为涉及财务方面的法律事项处理或解决提供专业性服务,将会计语言转换成法律语言,以帮助解决法律问题,因而属于专业性法律服务。法律事项性方面,法律事项为法务会计划定了空间活动范围,法务会计围绕法律事项开展业务,由法律事项的发生而引起,并随着法律事项的解决而终结。不过,法务会计人员仅是协助处理或解决法律事项,以会计专业人士身份为法律事项的处理提供专家辅助人的支持。

法务会计融合了法学和会计学的知识,这一工具必然具有经济学属性。它在应用的过程中要采用众多经济学的工具,从经济的角度对产生的法律问题进行分析,用专业的经济学原理重新定位和建模,采用财务分析中的杜邦分析体系、会计上的收付实现制、货币资金学中的货币现金价值、资产评估学中的资产评估现值等方法对产生的法律问题进行重新考量,以确定最终争议的法律裁定。同时法务会计的产生促进了法庭诉讼的评估、证据的保全和裁判的公平。从某些意义上讲,经济学是法务会计产生与发展的基石。效率是经济学的最终目标,而法律既关注效率又重视公平分配,甚至注重分配的效果,这就是法务会计与法律经济学的联系之处。

第二节 法务会计的产生与发展

一、国外法务会计的产生与发展

国外法务会计最早可追溯到 1817 年加拿大梅伊尔诉瑟夫顿一案（*Meyer v. Sefton*），当时法庭要求一位检查破产账户的会计出庭作证。法务会计作为职业在实践中的应用则源自 19 世纪的苏格兰，一位年轻会计发布了一则广告，宣传其在仲裁相关支持方面的特长。1900 年，美国和英国开始出现指导会计人员提供恰当的庭审专家证词的文章。20 世纪 40 年代，美国会计师莫瑞斯·E. 佩罗倍（Maurice E. Peloubet）在其撰写的《法务会计——在当今经济中的地位》（"Forensic Accounting — Its Place in Today's Economy"）一文中，首次使用了"法务会计"一词。到了 20 世纪 80 年代，狄克曼教授发表著名论文《法务会计：作为专家证人的会计师》，奠定了法务会计的理论基础。此后，西方国家的法务会计在理论和实务方面都得到了迅速的发展。正如时任英国财政大臣的戈登·布朗在 2006 年所说："19 世纪是运用指纹鉴定的时代，20 世纪是运用 DNA 鉴定的时代，而 21 世纪则是运用法务会计的时代。"以下简要介绍几个主要国家法务会计的发展状况。

（一）美国

美国是现代法务会计的发源地。第二次世界大战期间，美国 FBI 曾经雇用了 500 多名会计师作为特工人员，检查与监控了总额约为 5.38 亿美元的财务交易[1]。法务会计这一概念也是美国会计师提出来的，无论在法务会计教育研究方面，还是在法务会计职业发展方面，美国都走在世界前列。

1. 法务会计教育

截至 2007 年，包括康奈尔大学、纽约大学等在内的 87 所美国大学开展了法务会计教育，其中有 17 所高校进行法务会计学位教育，其他高校开设了数量不等的法务会计课程[2]。每个学校开设的课程不同，但主要课程都包括法务会计、舞弊检查、法务会计有关法律环境、法务会计有关会计基础理论、法务会计与各类欺诈等。除了高等院校的学历教育和课程教育之外，美国还非常注重法务会计的非学历教育，美国法务会计师理事会和美国注册舞弊审查师协会都设置了各自定点的法务会计教育提供机构，为专业人员提供在线或课堂形式的法务会计教育[3]。鉴于各界对法务会计人才的急迫需求，以及各教学机构面临的如何培养法务会计人才的现实问题，2001 年经美国司法部下属的国家司法协会（National Institute of Justice, NIJ）资助并批准，欺诈与法务会计教育

---

[1] 张苏彤：《美国法务会计简介及其启示》，《会计研究》2004 年第 7 期。
[2] 李明伟、莫生红：《美国法务会计人才培养体系探讨》，《财会月刊(理论)》2007 年第 5 期。
[3] 张英、卢永华：《美国法务会计人才培养及其启示——基于法务会计人之调查的分析》，《浙江金融》2006 年第 9 期。

技术工作组(Technical Working Group on Education in Fraud and Forensic Accounting,TWG)成立,并于2002年发布了《欺诈与法务会计的教育与培训：面向教育机构、相关组织、教师与学生的指引》报告(2007年进一步修订并提交美国司法部),为教育部门、培训机构等提供法务会计教学指南。可见,美国法务会计教育已经走上规范化的道路。

2. 法务会计研究

美国非常注重法务会计学术研究,于2000年专门创办了全球首个法务会计研究刊物——《法务会计》,具体研究内容涉及欺诈与法务审计、财务欺诈的侦查、破产与估价研究、对公认会计准则与审计准则的违背、审计测试与评估、诉讼支持与纠纷避免、地下经济与反洗钱问题的研究等。此外,美国还有许多学术刊物可以发表法务会计方面的文章及评论,如《舞弊月刊》《舞弊审计师》《舞弊信息》《法务检查》等,给法务会计研究提供了良好的平台。同时,美国已经出版的法务会计相关教材和专著已有几十种,其中颇具影响的有《法务会计》《舞弊审计与法务会计》《法务会计调查指南》《法务会计：如何调查财务舞弊》《职业欺诈与舞弊》《舞弊审查》《财务调查与法务会计》等。从总体上看,美国法务会计研究在法务会计的含义、法务会计的应用领域和法务会计的调查方法等方面已经取得了大量的研究成果,并在法务会计基础理论方面形成了相对统一的认识。

3. 法务会计组织

美国法务会计职业组织包括：美国注册舞弊审查师协会(Association of Certified Fraud Examinee,ACFE),该协会成立于1988年,是一个全球性的法务会计职业组织,在全世界100多个国家设有分支机构,其主要任务是组织面向全球的注册舞弊审查师资格考试和认证,并对注册舞弊审查师及其他法务会计人员进行舞弊审查方面的继续教育与培训;美国法务会计师理事会(American Board of Forensic Accounting,ABFA),该理事会是法务检查者协会的二级协会,主要负责法务会计师认证;美国全国法务会计师协会(National Association of Forensic Accountants,NAFA),该协会是一个主要从事法务会计调查的非营利组织;北美法务会计师协会(Forensic Accountants Society of North America,FASNA),主要向其成员提供培训、业务支持与发展方面的服务;注册法务会计师协会(Forensic Certified Public Accountant Society,FCPAS),该协会成立于2005年,主要从事注册法务会计师的认证,致力于完善法务会计职业。

4. 法务会计职业状况

美国的法务会计师职业非常热门,法务会计业已成为国际会计师事务所的重要业务和发展动力之一。四大会计师事务所(毕马威、普华永道、安永和德勤)无一例外地提供了法务会计服务。1995—1997年,香港毕马威会计师事务所法务会计人员增加了一倍;德勤会计师事务所在美国各大城市专门设立了法务会计办公室,并雇用美国联邦调查局前任首席财务官来支持华盛顿的法务会计工作。在美国前100家最大的会计师事务所中,有近60%的会计师事务所拓展了法务会计服务。根据1996年《美国新闻与世界报道》的综合调查,法务会计已经进入美国20大热门行业与职业的三甲之列,并被预测为21世纪最热门20大行业之首。2002年,法务会计更是被美国人评选为"最保险的职业发展排名"第一位①。

(二) 加拿大

加拿大也是法务会计发展非常迅速的国家。自1998年成立优秀法务会计联盟(Alliance for Excellence in Investigative and Forensic Accounting, IFA Alliance)以来,加拿大法务会计在国际仲裁、法务会计师应有的知识及角色、国内法律的变更、知识产权诉讼支持以及建立法务会计实务指南和准则等方面取得了显著的成绩。

1. 法务会计教育

截至2007年,加拿大包括多伦多大学、圣尼嘉学院等在内的至少20所高校开展了法务会计教育,但加拿大的法务会计教育以面向特许会计师的继续教育为主。在加拿大的法务会计教育中,多伦多大学罗特曼管理学院与加拿大优秀法务会计联盟合作提供的法务会计教育最为权威,其颁发的法务会计教育文凭是所有特许会计师成为"特设调查与法务会计人员"的必备条件之一。加拿大的法务会计教育注重理论与实践的结合,罗特曼管理学院讲授法务会计的教师除了会计学、审计学、法学教授之外,还有大量的资深律师及会计师事务所的法务会计专家;同时其所开设的课程也以损失计量、调查和法务会计实践为主。

2. 法务会计研究

加拿大学界和实务界都比较注重法务会计研究,出版了一系列法务会计教材和专著,其中公认比较好的主要有以下几部:①《欺诈审计与法务会计:新工具与技术》(*Fraud Auditing and Forensic Accounting: New Tools and Techniques*,作者G. Jack Bologna & Robert J. Lindquist)。②《财务调查与法务会计》(*Financial Investigation and Forensic Accounting*,作者George A. Manning)。③《法务会计与财务调查》(*Forensic Accounting and Financial Investigation*,作者Howard Silverston & Michael Sheetz)②。

3. 法务会计组织

加拿大法务会计职业组织包括:特许会计师协会(Canadian Institute of Chartered Accountants, CICA)下设的优秀法务会计联盟,该联盟主要通过教育、研究、认证来提升加拿大法务会计职业的发展,负责对法务会计师的资格认证、准则制定、教育培训和学术交流等宏观管理;注册法务调查员协会(Association of Certified Forensic Investigators, ACFI),该协会的目标是提高并加快相关职业人员的联合以形成一个全国性的论坛和管理机构,这些人员为公众、政府和雇主提供反舞弊、侦查和调查方面的专业服务。

4. 法务会计职业状况

加拿大的会计师事务所中有近一半提供法务会计服务,并且还设有专门的法务会计师事务所,这些事务所开出的法务会计服务项目列表中,至少涉及财务证据调查、诉

---

① S. Levine, H. J. Morri, A. Curry, R. Sobel, D. Goilgooff, A. Mulrine, and J. M. Pethokukis, "Careers to Court on," *U. S. News and World Report*, February 18, 2002.

② 张苏彤:《加拿大的法务会计》,《中国注册会计师》2004年第7期。

讼支持、损失计量和专家证人等业务,其中又以法务会计的调查服务为主,包括财务欺诈、雇员犯罪、破产欺诈、隐瞒财产、保险索赔欺诈、洗钱调查等,诉讼支持和经济损失计量位居其次,专家证人的业务量相对而言较少。

(三) 其他国家

1. 澳大利亚

澳大利亚的法务会计教育近年来发展非常迅速,澳大利亚特许会计师协会(Institute of Chartered Accountants in Australia,ICAA)与澳大利亚莫纳什法学院的法务研究国际学会及澳大利亚辩护协会合办的法务会计硕士研究生学位课程于2002年开课。此外,包括伍伦贡大学、昆士兰大学等在内的许多大学都开展了法务会计学历教育。澳洲会计师公会(CPA Australia)是澳大利亚两大会计组织之一,CPA法务会计讨论组成立于2002年,现有会员30名,大部分在公共事业部门工作,他们主要对怀疑的欺诈行为进行调查,对部分控制和防止欺诈行为的方法进行评价。该小组还向成员提供必要的知识,为法庭提供司法鉴定服务。澳大利亚特许会计师协会(ICAA)是另一会计职业组织,主要致力于私有部门的会计实践工作,它成立了法务会计专门兴趣小组,帮助其成员为法庭计算因违反合同或侵权行为给当事人造成的损失,还研究进行欺诈调查的方法等。ICAA于2002年6月专门通过法务会计准则APS 11号,以及注册会计师公会联合研究的指南,即法务会计GN2。

2. 英国

英国有包括谢菲尔德大学、格拉摩根大学、朴次茅斯大学等在内的许多高等院校开展法务会计教育。英格兰及威尔士特许会计师协会成立的诉讼支持小组为法务会计提供诉讼服务的指导和帮助。1998年成立的欺诈顾问组专门为中小企业防范欺诈活动公布了一系列的研究成果,如《与欺诈斗争——中小企业指南》《计算机犯罪——每一个中小企业都应清楚》《中小企业中的欺诈迹象》等。此外,英国还成立了一批专业的法务会计师事务所,专门提供法务会计服务。

二、我国法务会计的兴起与现状

第一次世界大战期间,民族资本主义迅速发展,公司、商行间经济纠纷、诉讼不断,对注册会计师需求激增。然而,当时的中国还没有注册会计师,很多经济纠纷不得不聘请外国注册会计师,这应当是中国出现法务会计服务的最早记录。受此影响,1918年6月,时任交通银行总会计的谢霖上书北洋政府农商、财政两部,建议设立"中国会计师制度",北洋政府认为其主张有利民商,很快就颁布了《会计师暂行章程》,并同时向谢霖颁发了第一号会计师证,他也成为中国历史上第一位注册会计师。可见,中国注册会计师的产生源于解决经济纠纷,其提供的服务属于法务会计范畴[①]。

(一) 法务会计的理论与学术研究

尽管我国在法务会计领域的研究起步较晚,但是到目前为止,我国已有一批学者在

---

① 王玉兰:《法务会计的前世今生——兼论法务会计职业前景》,《会计之友》2019年第5期。

这一崭新的研究领域取得了丰硕成果,发表了一系列论文。这些论文主要对以下问题进行了探索:① 法务会计的概念、目标、职能、内容以及理论框架;② 国外法务会计的借鉴意义;③ 法务会计与司法会计、独立审计的关系;④ 与法务会计相关的证据规则;⑤ 与法务会计相关的鉴定制度研究;⑥ 法务会计相关制度的建设;⑦ 法务会计人才的培养。这些研究对于推动我国法务会计的理论探索与实践发展起到了积极作用。

自2006年在北京人民大会堂举办了首届法务会计的全国学术研讨会后,截至2019年,我国已经成功地举办了十一届法务会计学术研讨会。2010年,在一些学者和实务工作者的倡导之下,我国成立了中国法务(司法)会计研究会筹备委员会。目前该筹委会正积极创造条件酝酿正式设立我国的法务会计学术研究团体。

(二)法务会计的教育与培训

我国的法务会计教育始于2001年。2011年9月,河北职业技术学院最早进行系统法务会计教育,浙江财经大学、云南财经大学、渤海大学、南京审计大学、西南财经大学、北京城市学院、中国政法大学等高校相继开办了法务会计本科专业或开设了法务会计课程。江西财经大学围绕"应用型、复合型"人才培养目标,结合法学专业的特点和财经类法学专业特色,将人才培养目标定位为培养具备现代法治信念、扎实法律专业基础和一定的财经知识背景,能够为企业、社会中介机构等提供有效法律服务的创业辅助性法律实践人才。在此背景下,江西财经大学法学院于2010年开始"法学(法务会计方向)"本科招生,至今已培养了6批近300名法务会计复合型专业人才;会计学院也已在硕士和博士层次招收法务会计方向研究生。江西财经大学是目前全国法务会计领域在业界较有影响的两所院校之一(另一所为南京审计大学),已经有山东政法学院、浙江财经大学、湖北经济学院、湖南财政经济学院、江西理工大学等多所院校来校取经或交流,产生了较大社会影响。

▶ 三、法务会计产生与发展的动因

法务会计产生与发展的动因主要包括以下五个方面[①]。

(一)单纯会计知识的局限性使得现代会计控制力不足

运用会计知识去证明有关法律规定的执行情况和执行结果的正确程度时,会计人员往往显得力不从心。现有会计理论和会计实践在一些方面已不能适应社会经济发展法治化的需要。

(二)会计量化标准的不严格和证明程度的乏力

随着经济业务的多元化发展、新型经济业务的不断产生、隐形经济业务的不断增加,会计理论和法律规定之间的差异也逐渐增多,单凭会计知识或法律知识都不能完整地解决这些问题。

(三)法律实践促进法务会计的产生和发展

当经济发展带动了国际航运业和保险业发展后,世界海损事故损失理算和保险理

---

① 盖地、张敬峰:《法务会计研究评述》,《会计研究》2003年第5期。

赔计算的产生,将会计与法律相结合的业务推到了会计实务的主要地位。其后,税收理算会计、债权债务理算会计等法务会计实践越来越受到会计界和法学界的重视。

(四) 现代审计功能的弱化

现代社会经济的复杂性增加了社会审计的难度。社会公众对注册会计师的期望与注册会计师职能的差距日益拉大。为满足社会需要,法务会计应运而生。法务会计人员以其独特的调查方式,站在第三者的立场对财务会计争议问题予以解释,加强社会公众与注册会计师之间的沟通。

(五) 法治观念的强化要求会计领域加强与法律领域的沟通

市场经济是法治经济,市场经济通过法律调节经济活动,而几乎所有的经济活动都与会计、审计相关。在经济纠纷中,需要法务会计这个桥梁沟通会计与法律两大领域,以解决复杂的会计语言与法律语言之间的沟通问题,为妥善处理会计法律问题提供一个极为有力的工具。

第三节 法务会计的目标与内容

一、法务会计的目标

法务会计目标作为法务会计理论框架的基础,处于法务会计的中心枢纽地位,法务会计及其理论都是建立在目标的基础之上的。目标是指法务会计信息系统运行所期望达到的目的或境界,即法务会计为哪些人提供哪些会计信息,要满足使用者的哪些需求。法务会计人员收集证据的唯一目的就是查清法律事项涉及的财务会计事实,并就此发表专家意见,帮助委托人发现舞弊或解决纠纷。因此,法务会计的根本目标就是提出专家意见作为法律鉴定或用于法庭作证。

法务会计是一个内容综合性、领域立体性和手段多元性的学科,目标不明确是无法构建科学、完备、可行的概念框架结构的,其重要性不言而喻。对于法务会计的目标,可以分两个层次来看,即总目标与具体目标。

(一) 法务会计的总目标

法务会计的总目标可概括如下:为相关人士或组织提供、陈述或解释会计证据信息,满足法律的需要,解决法律问题[①]。详言之,法务会计的目标是以法律法规为准绳,对经济纠纷中涉及法律规定的问题,运用一定的会计知识进行确认、计量、记录、调查和分析,以相关的会计信息、会计资料为证据,提出专家性意见并出具法务会计报告,供法律鉴定或者用于法庭作证,以满足企事业单位、社会中介机构和国家公检法机关的需求[②]。

[①] 张苏彤:《论法务会计的目标、假设与对象》,《会计之友》2006年第2期。
[②] 谷大君、毕克如:《法务会计基础与实务》,大连出版社,2011,第7页。

法务会计原理

(二) 法务会计的具体目标

根据以上法务会计的总目标,我们总结出法务会计的具体目标。

1. 在刑事诉讼中,为认定犯罪事实提供意见和出具鉴定报告

在一些刑事犯罪案件中,如贪污罪、受贿罪、虚报注册资本罪、走私罪、欺诈发行股票、债券罪、提供虚假财会报告罪、非法经营同类营业罪、渎职破产罪、操纵证券、期货交易价格罪、逃税罪、骗取出口退税罪等,需要对涉案的会计事项进行调查分析,出具鉴定意见,为侦查、起诉、审判被告的犯罪行为提供意见和鉴定报告①。一个刑事案件,需要经过侦查、起诉、审判三个阶段。在侦查阶段,侦查机关对涉嫌贪污贿赂、权力寻租、利益输送、徇私舞弊以及浪费国家资财等职务违法和职务犯罪进行调查,需要法务会计人员提供有关公职人员贪污受贿与职务犯罪的证据信息,参与有关经济犯罪案件的调查取证以及对财务数据进行解读;在审查起诉阶段,检察机关在对贪污贿赂犯罪和渎职犯罪等经济案件提起公诉过程中,需要法务会计人员配合收集有关会计证据并对这些证据进行鉴定;在审判阶段,人民法院在审理涉及财务与会计专业问题的复杂经济案件时,会要求法务会计人员以专家辅助人的身份出庭,对有关的会计证据进行陈述与解释②。

2. 在民事诉讼中,为解决财产纠纷和经济纠纷提供意见和出具鉴定报告

在民事诉讼中,如在继承纠纷诉讼中和离婚分割夫妻共同财产案件中,要对共同财产总额以及隐匿的财产进行调查和计算,需要法务会计人员对会计事项进行分析鉴定,并作出鉴定意见,为人民法院处理经济纠纷提供意见和依据,如违约损害赔偿、侵权损害赔偿(人身侵权损害赔偿、产品侵权损害赔偿、环境侵权损害赔偿等)。律师在诉讼代理业务中,需要法务会计人员提供专业性的诉讼协助与支持。

3. 在非诉业务中,为当事人提供专业服务

法务会计也可以为维护企事业单位自身权益提供有力保障。企事业单位在做出重大决策时,法务会计人员可以帮助决策者避免风险,最大限度地维护企事业单位利益③。政府监管部门需要法务会计人员介入公司内部欺诈舞弊的调查与取证,弥补内部审计的不足;银行等金融机构需要法务会计人员在涉及洗钱、保险欺诈等行为的内部调查中提供专业证据支持;各类商务调查机构在涉及债务追讨、合同纠纷、人身伤害、婚姻调查、财产追踪等问题时,需要法务会计人员提供专业协助与支持④。

当然,法务会计的目标不是一成不变的。虽然我国目前法务会计的应用主要体现在法律支持方面,法务会计的其他服务(如企业舞弊调查等)都处于起步阶段,但随着法务会计业务范围和职能的不断扩展、社会经济环境的不断变化,法务会计的目标也将发生变化。可以预见,随着我国以庭审为中心的诉讼模式的转变,如准许刑事被告人或民事诉讼的原被告提供专家证人,法务会计的目标也应发生相应转变。因此,确定法务会

---

① 谷大君、毕克如:《法务会计基础与实务》,大连出版社,2011,第8页。
② 张苏彤:《法务会计》,高等教育出版社,2019,第18页。
③ 谷大君、毕克如:《法务会计基础与实务》,大连出版社,2011,第8页。
④ 张苏彤:《论法务会计的目标、假设与对象》,《会计之友》2006年第2期。

计的目标时,应立足本国国情,并充分借鉴发达国家的经验。

二、法务会计的内容

1986年美国发布的《咨询实务帮助7——诉讼服务》列出了会计师提供诉讼服务的六个方面。

根据美国《今日会计》的报道,在美国前100家最大的会计师事务所中,有近60%的会计师事务所开展了法务会计工作[①]。四大会计师事务所提供的法务会计服务项目如表1-1所示。

表1-1 四大会计师事务所提供的法务会计服务项目一览表[②]

会计师事务所名称	法务会计服务领域
德 勤	分析与法务技术、反洗钱服务、仲裁服务、资产追踪与恢复、商业保险申诉咨询、商业智力服务、建筑争议咨询、公司内部可疑行为与交易调查、公司损失预防、经济问题咨询、环境问题咨询、健康保险欺诈调查、知识产权诉讼与资产管理、购买价格争议、使用费与收入恢复服务、证券诉讼、法律解决方案、估价服务
毕马威	欺诈调查与预防、争议解决、损失评估、专家证人、民事诉讼支持、诉讼服务、使用费与许可证管理、建筑咨询服务、计算机调查、法务数据分析、电子数据清理、数字证据恢复与分析、防范计算机犯罪培训与相关政策制定
安 永	欺诈调查、损害分析、保险申诉、知识产权、法律技术、冲突解决、计算机法务技术
普华永道	经济与统计、知识产权、智力资产管理、许可证管理、反垄断、环境纠纷分析与咨询、建筑工程争议、政府合同、保险争议、产品召回、专家证人、计算机法务学、计算机犯罪的预防、系统失败与IT债务专家服务、调查与法务服务、有价证券诉讼、健康保险欺诈与滥用调查

就法务会计的内容而言,国外的学者普遍认为法务会计涉及的内容广泛,但是其核心内容包括两个方面:一是调查会计;二是诉讼支持。

调查会计(investigative accounting)是指通过对各类会计资料以及财务数据的调查与分析,获取犯罪的证据,并将有关证据以法庭能够接受的形式予以提交或陈述。调查会计通常和欺诈舞弊与经济犯罪有关,其主要业务包括财务报表欺诈的调查、保险欺诈舞弊的调查、破产欺诈的调查、招投标欺诈的调查、洗钱与金融犯罪的调查、内部雇员舞弊与白领犯罪的调查等。

诉讼支持(litigation support)是指在诉讼过程中法务会计人员协助律师或法官查明和认定相关的财务会计事实,并以专家证人的身份出庭作证、参与质证、提供其他相关专业协助的活动。诉讼支持是对正在进行或悬而未决的法律案件中具有会计性质的

---

① Melissa Klein, "Sarbanes-Oxley Fuels Firm's Forensic Boom," *Accounting Today*, June 2003.
② 张苏彤:《美国法务会计简介及其启示》,《会计研究》2004年第7期。

问题提供帮助,主要用于经济损失的量化方面。其主要业务包括收集、审查和鉴定财务会计事实的证据,会计与审计准则遵循情况的认定,确定损失范围、损失内容和计算方法,出庭作证与质证,评估诉讼风险并参与诉讼策略的制定等。

(一) 法证调查会计

法证调查会计是指通过对各类会计资料以及各类与财务数据有关的证据进行调查与分析,获取犯罪的证据,并将有关证据以法庭能够接受的形式予以提交或陈述。调查会计与经济纠纷、舞弊和经济犯罪有关,最为普遍的调查会计任务包括财务报表舞弊的调查、保险舞弊的调查、电子商务以及计算机与网络舞弊的调查、洗钱与金融犯罪的调查、内部雇员舞弊与贪污腐败的调查、藏匿资产追踪、婚姻财产纠纷调查、税务舞弊的调查、知识产权保护、破产舞弊的调查、个人与公司背景调查和招标舞弊调查等。

(二) 损失计量会计

损失计量也被称为损失量化或损失计算,是指运用适当的数学模型对自然灾害、人为事故、违约以及各类损害赔偿案带来的经济损失和损害进行货币计量的过程。这需要确定损失范围、损失的项目内容及影响因素、计算的方法与尺度等。损失计量的具体内容包括损失与损害量化、个人伤害损失计算、收入损失估算、自然灾害损失估算、环境污染损失计算、事故损失计算、股票及有价证券损失计算和保险索赔损失计量等。

(三) 诉讼支持

诉讼支持也有人称之为诉讼援助,是指在涉及会计专业知识的诉讼过程中提供法务会计服务,在诉辩、审判、判决和上诉各个环节为法律工作者提供会计和财务技术上的支持。具体工作包括诉讼前的诉讼风险评估以及对胜诉后获得经济赔偿的预测、参与诉讼策略的制定、商业书证的收集、协助律师鉴别和解释有关的会计信息与会计证据、对对方当事人的专家报告和分析意见进行反驳等。

(四) 专家证人

专家证人是指由一方当事人委托的,具有相应专业知识和实践经验,就某些专业性问题在法庭上运用专业知识发表意见并作出推论或结论的人员。随着现代经济活动的日益复杂,涉及会计专门性问题的纠纷,需要运用会计与财务手段解决的纠纷日益增加,如财务贪污、贪污腐败、职务犯罪、白领犯罪、医疗事故、交通事故和保险索赔等。法官只不过是从事纠纷解决的法律专业人员,没有可能也没有必要拥有专业性极强的会计背景。设立法务会计专家证人制度,能够扩大法官的感知能力,帮助法院查明有关事项的因果关系,进行事实认定。2012 年以来,我国的三大诉讼法都建立起了"有专门知识的人"的出庭制度,法律规定"有专门知识的人"可以就诉讼活动中的司法鉴定意见和专门性问题提出自己的质证意见。该制度类似于西方国家的专门证人制度,但是还不是典型意义上的专家证人制度。

(五) 舞弊风险管理

舞弊风险是指一个人或多个行为人实施能够给他人或组织带来损失的舞弊可能性。舞弊风险管理主要研究舞弊的相关理论、舞弊的识别与侦测、舞弊风险的评估、舞弊的防范对策、反舞弊政策的制定,以及舞弊风险防控制度的设计与安排。其主要目的是预防、发现、应对舞弊,降低舞弊风险以及减少舞弊带来的损失。舞弊是威胁组织实现其目标的一种主要风险,不仅威胁到组织的财务状况,更关系到企业的形象和声誉。舞弊风险管理是企业风险管理一个极为重要的方面。

第四节 与法务会计相关的职业

法务会计源自英美法系的"forensic accounting"这一概念,也有人将其译为"诉讼会计"。大陆法系有"judicial accounting"的概念,一般译为"司法会计"。司法会计和法务会计是否指向同一事物或者同一本质,这是一个颇有争议的问题。在司法实践中,国外法务会计专业中,除了法务会计之外,还有法务调查(forensic investigation)、法务审计(forensic audit)、调查会计(investigation accounting)等概念,这些概念又是法务会计的进一步延伸。因此,本节介绍并区分了与法务会计相关的职业,主要包括司法会计和独立审计。

一、司法会计与法务会计

"司"是象形文字,表示一个人用口发布命令,有统治和管理的意思,从而引申为承担、掌管。"司法"是指国家司法机关及其工作人员依照法定职权和法定程序,具体运用法律处理案件的专门活动。也就是说,司法活动的主体是国家司法机关及其工作人员。司法会计是指在涉及财务会计业务案件的调查、审理中,为了查明案情,司法机关及其人员对案件所涉及的财务会计资料及相关财物进行专门检查,或对案件所涉及的财务会计问题进行专门鉴定的法律诉讼活动。对此,有学者进一步将司法会计归属于"司法鉴定"范畴,认为司法会计的目的主要是解决案件中的专门性问题,即发现、查明案件事实情况,并为司法机关正确处理案件提供可靠证据[①]。

"司法会计鉴定"一词是我国法学学者1954年翻译苏联教材《会计核算与司法会计鉴定》时提出的,"司法会计"一词现已成为大陆法系国家的法律用语,司法会计活动包括司法会计检查、检验和鉴定三个环节。其中:司法会计检查由侦查人员(包括警官、检察官、法官、律师、专家)进行查账、查物;司法会计检验由专家对涉案会计资料及相关证据进行检查、验证;司法会计鉴定则由专业人员对诉讼中需要解决的会计问题进行鉴别判定。可见,我国的司法会计鉴定是诉讼支持活动,与国外的法务会计诉讼支持活动相近。20世纪80年代,我国经济犯罪案件,尤其是贪污、贿赂和偷税等案件增多,1987年起,我国检察机关开始设置司法会计专业技术门类,为检察机关查办案件提供查账技术协助和司法会计鉴定。从司法实践来看,因司法会计鉴定需求较大,20世纪90年代中后期,为了侦查和审判工作的需要,一些地方的公安、法院等部门也开始开展司法会计鉴定工作。

然而,公、检、法系统既是运动员又是裁判员的官方司法会计鉴定模式广受诟病。

---

① 庞建兵:《司法会计原理与实务》,中国检察出版社,2017,第5—9页。

2000年,司法部出台《司法鉴定机构登记管理办法》,允许成立面向社会服务的民间司法会计鉴定机构,但司法会计鉴定活动的启动权依然由公、检、法机关掌控。2005年通过的《全国人民代表大会常务委员会关于司法鉴定管理问题的决定》规定,侦查机关设立的鉴定机构不得面向社会接受委托从事司法鉴定业务,人民法院和司法行政部门不得设立鉴定机构。这个决定的出台是司法鉴定业务由司法执法机关走向社会中介机构的重要标志,同时也使社会中介机构法务会计服务领域得到拓宽。

司法会计主要由司法会计检查和司法会计鉴定两大部分组成。

1. 二者的联系

(1) 司法会计检查是司法会计鉴定的前提和基础。司法会计检查的目的是寻找、发现、收集和固定有关财务会计资料和财产状况方面的诉讼证据。司法会计鉴定的对象(检材)主要来源于司法会计检查所形成的资料。另外,司法会计检查的结果可能引起司法会计鉴定的需求。

(2) 司法会计鉴定是司法会计活动的继续和深入。就具体案件而言,如果通过司法会计检查所获取的财务会计资料已经足以直接证实所需查明的财务会计事实,则无须进行司法会计鉴定;但如果通过司法会计检查所取得的财务会计资料不能直接证明财务会计事实,就需要通过鉴定来解决财务会计技术问题。

2. 二者的区别

(1) 活动的性质不同。司法会计检查是诉讼活动,而司法会计鉴定是一项为诉讼提供技术支持的服务活动,不是法律诉讼活动,它可以发生在诉前、诉中或诉后。

(2) 实施主体不同。司法会计检查一般由侦查、检察、审判人员(或有调查权的律师)实施,必要时可以聘请有司法会计专门知识的人员在侦查、检察、审判人员的主持下进行;司法会计鉴定的主体是具有司法会计鉴定资格的专门人员,一般包括司法和检察机关内部的司法会计人员、注册会计师、专家学者。也就是说,司法会计检查是由司法机关进行的,司法会计鉴定随着司法体制改革的深化和社会专业分工的细化逐步由会计师事务所中具备相关资格的注册会计师来承担。或者说,未来司法会计只包括(仅指)司法会计检查,司法会计鉴定将逐渐从其中剥离,由中介机构的专业人士承担,从而成为法务会计工作内容。

二、社会审计与法务会计

社会审计是鉴证业务的一种,鉴证是指注册会计师对鉴证对象信息提出结论,以增强除责任方之外的预期使用者对鉴证对象信息信任程度的业务。法务会计鉴定与社会审计都是接受委托提供的服务活动,社会审计的主体是注册会计师,从未来的发展趋势来看,法务会计鉴定的主体也是具备相应资格的注册会计师。

法务会计的理论渊源是审计,其理论与莫茨和夏拉夫研究的审计理论密切相关。法务会计要依据审计原理,大量运用审计的方法,以保证能查明案件事实;法务会计人员与审计人员一样,必须保持独立性,由会计信息提供者以外的第三人进行检验审查活动。因此,法务会计调查技术的起源就是审计技术。审计中的一些基本问题也延续到了法务会计的活动之中,法务会计与审计有着千丝万缕的联系,有时法务会计是对审计师审计过的业务实施再审计。但是,法务会计毕竟是为了弥补传统审计的不足而发展起来的。民间审计的意见只能是合理的保证,而法务会计的结论作为一种鉴定证据,本身就成为断案的证据之一,其性质要求调查和鉴定结果的客观性、真实性。有时,法务会计还是对审计的审计。具体地说,法务会计通常涉及财务证据的调查及分析、运用电脑进行分析和陈述、以报告的形式说明发现的证据、提供法律程序方面的服务等,包括以专家证人身份出庭作证。在每一步活动中,法务会计的立足点都存在与审计的差异,其工作也会比民间审计细致得多。这使得法务会计理论必须在传统审计理论的基础上有所深化。

1. 二者的联系

（1）遵循独立、客观、公正的原则。法务会计鉴定人员从事会计鉴定工作,应当具备执业资格,在执业活动中享有一定的权利并履行一定的义务,应遵循科学、独立、客观、公正的原则,作出客观、公正、合法的鉴定意见。注册会计师执行审计业务时,也应遵循职业道德规范,其中独立、客观、公正原则是每一个注册会计师在审计中必须恪守的原则。

（2）具备会计和审计方面的专门知识。法务会计鉴定人员在从事会计鉴定时,需要运用会计、审计方面的知识对鉴定对象作出专门性的鉴别与判断。注册会计师执行审计业务时,也要综合运用会计、审计方面的知识,对被审计单位的会计报表发表审计意见。

（3）工作对象是一定期间的财务会计资料。法务会计鉴定人员由法院或当事人聘请,对某一经济组织一定期间的财务资料进行鉴别与判定。社会审计由注册会计师依法接受委托,对被审计单位的会计报表及其相关资料进行独立审计并发表意见。因此,法务会计鉴定和社会审计都是接受外部聘请或委托从事工作,工作对象都是一定期间的财务会计资料。

2. 二者的区别

（1）目的不同。从审计学理论与实践层面来看,现代审计包括政府审计、民间审计和内部审计三大主体。其中,注册会计师从事民间审计的目的是对被审计单位的财务报表进行审计,对财务报表的真实性与公允性独立发表审计意见;政府审计的目的在于监督政府及其部门的财政收支以及公共资金的收支运用情况;内部审计的目的主要是监督本部门、本单位的财务收支与经营管理活动。与它们相比,法务会计的主要目的是通过对相关资料的审核与分析,寻找经济欺诈的线索与证据,作为确定刑事责任与民事责任的依据,目标范围大于传统审计,其直接解决法律问题的目的是传统审计所不具备的。

（2）技术方法不同。面对层出不穷的欺诈手段,审计实践多采用演绎思维来应对,运用检查、监盘、观察、查询及函证、计算和分析性复核等传统审计方法来获取审计证据,有严格的程序性。在法务会计工作中,则要综合运用多种学科的相关技术方法,工作没有固定的程序,这种运用是"挟他人之法以自用",并非要重返到原来的方法上去。例如,同为收集证据,审计是在符合性测试的基础上进行实质性测试并收集相应的审计证据,而法务会计是以法律为导向,与证据规则相结合,针对专项问题收集和固定证据。

(3) 结果呈报不同。审计的结果是形成审计报告,而法务会计的结果是形成专家报告和专家意见等,二者从内容到形式均有不同。

任何学科都是为了适应实践需要、解决实践中的矛盾而产生和发展的。法务会计学就是在经济法律实践中产生的专门用于解决法律实践中有关会计问题的科学理论,法务会计人员的工作需要会计、审计、法律等知识,相应地,法务会计学也应当是以审计、会计理论和法学理论等为基础,融会计和法学于一体的一门边缘交叉学科。

综上所述,法务会计是经济社会发展和社会分工细化的结果,是现代社会运用会计学、审计学知识揭露经济犯罪和解决经济纠纷的经验总结。它作为一门跨学科的科学,以审计理论作为其最直接的理论渊源,同时需要会计、审计技术和方法的支撑,法律知识的滋养和法律实践的土壤。

复习思考题

1. 如何完整地定义法务会计?
2. 法务会计产生的动因有哪些?
3. 法务会计包括哪些内容?
4. 如何理解法务会计的目标?
5. 法务会计就是司法会计。请分析这一观点是否正确,为什么?
6. 简述法务会计与社会审计的区别。

第二章　法务会计基础理论

学习目标： 掌握法务会计的基础理论，了解法务会计的对象、要素、基本假设，熟悉法务会计的原则与职能，把握这些内容之间的逻辑关系；了解法务会计的主体类型，明确法务会计的法律责任；理解法务会计的职业要求与职业道德。

内容提要： 法务会计的基础理论具有基础地位和导向作用。本章主要介绍了法务会计的理论体系，以便从总体上把握法务会计的基本理论，明确法务会计理论体系之间的逻辑关系。重点阐述了法务会计的对象、要素、基本假设以及法务会计的原则与职能等内容，并结合案例阐述了法务会计人员的法律责任与职业道德等问题。

第一节　法务会计的对象与要素

一、法务会计的对象

法务会计的对象是法务会计所要揭示的物质内容，是指涉及法律问题、能用货币表现的经济活动或者其所涉及的资金运动或状态[①]，即法务会计的对象是指在法务会计工作中需要调查、鉴定、咨询、复核的与经济案件相关的会计资料和其他资料，如会计凭证、会计账簿和会计报表等会计资料，以及案件卷宗材料、法务会计客体的财务制度等其他相关资料，如有关财产的记录、经济合同或协议、业务往来函件和法务会计调查记录等。从法律上看，法务会计的对象就是法律事项所涉及的待证会计事实，这些事实由法律事项所涉及的各项具体的会计事项所构成。法务会计的对象包括两层含义：一是资料本身的真实性和合法性；二是这些资料所反映出的相关项目的静态结果和动态变化，如资金的变动、存量等情况。另外，法务会计对象还有一个重要的特征——相关性，只有与委托事项相关的资料才是法务会计的作用对象[②]。

法务会计的对象分为两部分，即法务会计服务对象和法务会计工作对象。我国法

[①] 谷大君、毕克如：《法务会计基础与实务》，大连出版社，2011，第9页。
[②] 齐兴利、王艳丽：《法务会计学》，中国财政经济出版社，2011，第74—75页。

务会计的服务对象为法院、检察院、公安部门、监察委、企业、律师、商业调查事务所及个人。法务会计的工作对象是法务会计活动的客体,也是法务会计业务执行的具体对象。

法务会计与一般财务会计最大的不同在于,一般财务会计的工作对象与企业日常生产经营活动直接相关,而法务会计工作对象与企业的日常生产经营活动不直接相关,它所研究的是法律事务中涉及的相关会计问题。张苏彤教授认为,法务会计的对象可以分别从动态与静态两个角度来看①。

1. 以会计资料为载体的财务信息流

从动态的角度来看,法务会计的对象表现为以会计资料为载体的财务信息流。该信息流贯穿于经济活动的全过程,而且每时每刻都处于变化之中。动态信息流在实时记录经济活动过程的同时,也将经济欺诈与舞弊的违法犯罪痕迹留在其中,为法务会计监控经济活动中的违法犯罪行为提供了依据。

2. 以会计资料为载体的财务数据集

从静态的视角来看,法务会计的对象是指以会计资料为载体的财务数据集,具体表现为会计凭证、会计账簿、会计报表以及其他相关资料所记载的静态的与历史的财务数据群。静态的财务数据集在反映过去的经济业务与财务事项信息数据的同时,也将一切业已发生的经济欺诈与舞弊痕迹固化在其中,这就为法务会计人员查找违法犯罪活动的证据提供了可能。

在确定法务会计的对象时,应注意以下两点:① 法务会计的对象必须是在诉讼过程或者由当事人提请法务会计人员进行鉴定的活动中,与案件有关且需要进行专门技术鉴定的上述资料,否则就不是法务会计的对象,而只能是审计、会计检查的对象。② 法务会计的对象只能是财务会计资料以及与这些资料有关的其他资料,否则就不是法务会计的对象。

二、法务会计的要素

法务会计对象的基本内容即法务会计要素,法务会计要素是法务会计对象的具体化。按照法务会计的对象是以会计资料为载体的财务信息流与财务数据集的逻辑思路进行演绎,可以将法务会计的要素界定为数据库、财务数据、财务比率、预警信号、数值异常表现、会计证据六项②。

(一)数据库(database)

数据库就是一个存放数据的仓库,这个仓库是按照数据的组织形式或数据之间的联系来组织、存储的仓库,可以通过数据库提供的多种方法来管理数据库里的数据。数据库技术产生于20世纪60年代末、70年代初,随着信息技术和市场的发展,特别是20世纪90年代以后,数据管理不再仅仅是存储和管理数据,而转变成用户所需要的各种数据管理的方式。数据库有很多种类型,从最简单的存储有各种数据的表格到能够进

---

① 张苏彤:《法务会计》,高等教育出版社,2019,第24—25页。
② 谷大君、毕克如:《法务会计基础与实务》,大连出版社,2011,第10页。

行海量数据存储的大型数据库系统,都在各个方面得到了广泛的应用。现在,政府部门、企事业单位大都建立起各种类型的数据库,为法务会计人员的活动提供了重要的数据信息来源与便利。

(二) 财务数据(financial data)

数据(data)是指对客观事件进行记录并可以鉴别的符号,是对客观事物的性质、状态以及相互关系等进行记载的物理符号或这些物理符号的组合。它是可识别的、抽象的符号。数据是事实或观察的结果,是对客观事物的逻辑归纳,是用于表示客观事物的未经加工的原始素材。数据可以是连续的值,如声音、图像,称为模拟数据;数据也可以是离散的,如符号、文字,称为数字数据。数据无处不在,数字、文字、图表、图像和声音等都是数据。

财务数据是在企业会计信息系统中形成的描述经济交易与事项的数值符号,它主要以价值量为表现形式,也会表现为其他实物量。财务数据形成于会计信息加工处理的全过程,是会计信息的构成要素。财务数据是法务会计诉讼支持活动中应用最广泛的证据。

(三) 财务比率(financial ratio)

财务比率是财务报表上两个数据之间的比率,能非常直观地反映财务报表中相互关联的两个或多个项目之间的关系。财务报表中包括大量的财务数据,这些数据可以通过计算得出许多有意义的财务比率,这些比率涉及企业日常生产经营活动的各个方面。法务会计人员可以通过对财务比率的分析比较发现已经发生的财务舞弊活动,如销售毛利率在一段时间内异常升高等,财务比率分析是法务会计人员调查与发现舞弊行为最有力的工具。

(四) 预警信号

预警信号也被称为"红旗",是指表明欺诈或舞弊可能已经发生或存在的征兆。欺诈或舞弊的预警信号在我们的经济生活中大量存在,如当事人奢侈的生活方式、生活方式与收入水平不相称、生活作风绯闻不断,这类预警信号可以帮助识别腐败和挪用资产。再如当事人行为异常、失眠、酗酒、吸毒、易怒、猜疑、神经高度紧张,失去生活乐趣,在朋友、同事和家人面前表露出羞愧之情,防御心理增强或动辄与人争执,对审计人员的询问过于敏感或富于挑战性,过分热衷于推卸责任或寻找替罪羊,这类预警信号也可以帮助识别腐败和挪用资产。

销售收入舞弊的预警信号有:分析性复核表明对外报告的收入太高,销售退回和销售折扣过低,坏账准备的计提明显不足;在对外报告的收入中,已收回现金的比例明显偏低;应收账款的增幅明显超过销售收入的增幅;在根据收入测算的经营规模不断扩大的情况下,存货急剧呈下降趋势;当期确认的应收账款坏账准备占过去几年销售收入的比重明显偏高;本期发生的退货占前期销售收入的比重明显偏高;销售收入与经营活动产生的现金流量呈背离趋势;与收入相关的交易没有完整和及时地加以记录,或者在交易金额、会计期间和分类方面记录明显不当等。

总之,这些重要信号应引起我们的注意。法务会计人员在业务活动中,利用大量的预警信号可以较容易地看出异常变动情况,结合一些其他分析,就可以发现欺诈和舞弊。

(五）数值异常表现（abnormal behavior of data）

企业的各项财务数据之间一般都会存在逻辑上的联系与惯常的均衡关系。如果存在财务欺诈与舞弊，就会使财务数值出现异常表现，如与利润表相关的会计数据异常有：① 营业收入增幅低于应收账款增幅，而且营业收入和净利润与经营性现金流量相背离；② 营业利润大幅增加的同时，营业成本、销售费用等增加比例很小；③ 公司应缴增值税、营业税金及附加和所得税费用异常低，与收入和利润增长幅度不匹配等。财务数值的异常表现是法务会计人员需要认真研究的对象之一，财务数据之间存在的逻辑上联系与惯常的均衡关系为法务会计人员发现与调查财务欺诈舞弊提供了可能。

（六）会计证据（accounting evidence）

会计证据是指能够用来或可能用来证明经济犯罪或欺诈舞弊的会计资料，主要包括会计凭证、会计账簿、会计报表、验资报告、评估报告和其他相关的分析性资料与图表。会计证据是查明经济欺诈的重要手段，是推动欺诈舞弊调查的必要条件，因而关注会计证据是对法务会计人员的基本要求。在侦查、扣押、起诉和复查案件的过程中常常会涉及会计证据，会计证据对于案件的定性起着关键作用。

第二节　法务会计的基本假设

法务会计的假设是指在特定的法务会计环境下，对法务会计活动的空间、时间和条件等做出的合乎情理的设定是法务会计工作的前提条件。法务会计假设是由概念、判断和推理构成的逻辑关系以及这些逻辑关系的高度抽象，是对法务会计工作的先决条件所做出的合理推断。法务会计的假设对于进行法务会计理论研究工作和指导法务会计实际工作具有重要的作用[1]。

法务会计的假设应具备的特征如下：① 法务会计的假设具有主观见之于客观的特性。一方面，法务会计假设的提出必须以一定的经验、事实材料为基础，以一定的科学知识为依据。因此，它所揭示的法务会计活动之前提条件本身具有客观性。另一方面，对法务会计前提条件的认定又是人们主观推断的结果，所以，法务会计假设具有很大的主观性。② 法务会计的假设应具有明显性。假设往往是理所当然或不证自明的命题或道理，如会计上的"会计主体假设"可以正确划分企业交易与业主活动，进而正确计量与报告企业的经营成果。如果放弃这一假设，也就无法正确计量与报告企业的经营成果。③ 法务会计假设应具有逻辑性和抽象性。假设本身不能是经验、事实材料的简单堆砌，而应是由概念、判断和推理构成的逻辑关系。会计上的四大假设实际确立的就是一种服务于会计确认、计量、记录和报告的内在逻辑关系。法务会计假设的抽象性是指它应是在一系列经验、事实材料基础上的提炼与概括。④ 法务会计假设应具备连贯性、有效性、一致性和独立性。连贯性是指在整个法务会计理论结构中，各项假设必须

---

[1] 齐兴利、王艳丽：《法务会计学》，中国财政经济出版社，2011，第83—84页。

首尾贯通、浑然一体,构成一个完整的体系;有效性是指每项假设必须能推导出若干有效的论断;一致性是指各项假设之间必须相互协调,不得相互抵触矛盾;独立性是指各项假设应相互独立,不得为其他假设所包含或相互包含。

确定法务会计假设需要考虑两方面的因素。一方面,法务会计假设要有综合性和代表性,即能最大限度地涵盖法务会计产生、存在和发展的规律及法务会计的特征。这就要求法务会计假设的内容应具有高度的抽象性和概括性,形式上力求言简意赅。另一方面,法务会计假设应具有全面性,即在时间上能适用于法务会计的整个发展过程,在内容上既适用于进行产权界定、处理债务纠纷、判定经济犯罪,又适用于甄别会计舞弊和商业欺诈等不同形式、不同内容和不同要求的法务会计工作。因此,我们认为法务会计的基本假设应该能够解释诸如法务会计产生与存在的基本依据是什么、法务会计为什么能为各方面提供证据、各方关系人为什么都信赖法务会计人员等问题。

借鉴财务会计假设、审计假设和国内学者提出的法务会计假设,考虑法务会计的本质特征,我们认为法务会计假设由以下六项构成。

(一) 法律事项假设

法务会计所考察的是法律事项所涉及的财务会计事实,它围绕某一法律事项开展业务,因法律事项的发生而引起,并随着法律事项的解决而终结,属于事项会计,凡是该法律事项涉及的会计事实都必须查清、核实,并向委托人报告。实际上,法律事项假设相当于财务会计中的会计主体假设,会计主体假设划定了财务会计的空间活动范围,法律事项假设则划定了法务会计的空间活动范围。因此,法务会计遵循法律事项假设,即事先明确为哪个法律事项的处理提供专业服务[①]。

(二) 欺诈留痕假设

欺诈虽然是隐蔽地实施的,但是事物之间总是普遍联系的,任何欺诈行为终究会通过其他的途径以关联形式显现出来,欺诈的这种表现形式就是欺诈的征兆。任何欺诈舞弊行为,不论它掩饰得多么巧妙,隐藏得多么深,总会在一定的时间和地点以一定的形式表现出来,如企业突然之间大规模转移资产往往是逃废债务欺诈的表现,大量更换关键岗位人员往往是管理层欺诈的表现,公司毛利率在某个年份显著增加是虚构收入的征兆,个人消费水平突然提高是侵占贪污的征兆等。这一假定是法务调查会计通过分析研究欺诈预警信号在早期发现欺诈活动的理论基础[②]。

(三) 多种计量假设

法务会计不同于财务会计,它不是完全可以以货币计量的。由于法务会计业务中涉及的法律问题多种多样、错综复杂,为有效地解决这些法律问题就需要不同的方法。比如,法律事项中涉及了大量的会计凭证、账簿、报表等会计资料,这就需要法务会计人员必须以货币为主要计量单位来调查取证,明确经济纠纷金额、犯罪金额、损失金额、理赔金额等。同时,对于一些法律问题中不能以货币计量的要素,可以采用实物计量,如存货、材料等,还可以以文字书面表达的方式进行说明。

[①] 史煜娟:《法务会计假设研究》,《财会研究》2012年第2期。
[②] 张苏彤:《论法务会计的目标、假设与对象》,《会计之友》2006年第2期。

（四）可验证性假设

可验证性假设是指法务会计人员所收集的财务资料等证据是可验证的，如果脱离可验证性假设，法务会计人员的结论就没有依据，无从检验其真伪。

（五）独立性假设

独立性假设是指从事法务会计工作的组织和人员能排除来自各方面的干扰，在整个工作过程中自始至终保持形式上与实质上的独立性，独立地勘验相关资料，收集、审查证据并表达结果[①]。

（六）可信赖假设

可信赖假设是指法务会计工作的结果值得信赖。由于法务会计人员是以独立的第三者身份从事这一职业的，具备执业所需要的专业知识和技能，具有严谨的态度，因而其表达的结果是值得信赖的。

第三节 法务会计的原则与职能

一、法务会计的原则

原则是指人们行事所依据的法则和标准。法务会计的原则贯穿于整个法务会计理论与实务，是对法务会计各项制度和活动起统率和指导作用的方针。法务会计原则不仅应体现会计、审计的基本精神，还应反映出法律的基本精神。法务会计以会计知识为基础，以审计的工作方法为依托，以法律的规定为依据，以综合运用会计、审计、法律的知识为手段，按照法定的程序进行，旨在为当事人提供诉讼支持和相关服务。因此，根据法务会计的学科与执业的综合性与特殊性，我们认为，法务会计应遵循以下五个原则。

（一）客观原则

客观原则也称真实原则，是指在法务会计工作中，法务会计从业人员一定要坚持一切从实际出发，实事求是，真实、客观地反映事物的本来面貌，切忌主观臆断和脱离客观实际。客观原则是对法务会计工作质量的要求，要求法务会计的所有工作都要做到忠实地反映实际情况，不得掺杂任何虚假的和主观的判断，不得因任何利益相关者的影响而有所偏向，也不能为追求特定的政治与经济目标使法务会计的工作丧失客观公正性，更不能预先设定好结果去迎合特定的目的。法务会计的工作往往会涉及非常重要的"人"的问题，罪与非罪、重罪与轻罪、计量的损失多与少、索赔的金额大与小，都与法务会计人员的工作质量密切相关，有时甚至"人命关天"，能够决定一个企业或个人的盛与衰、生与死。所以，讲求客观原则对法务会计而言至关重要。客观原则强调的是法务会计人员在为司法机关处理经济案件提供会计证据支持的过程中，运用会计方法分析资

---

① 史煜娟：《法务会计假设研究》，《财会研究》2012年第2期。

料时,都要遵循经济事项中资金的正常运动规律,使其出具的业务报告和结论能揭示经济行为的真相,并成为解决经济案件的可靠证据,得到法庭的采信。因此,必须要明确、具体、客观和真实[①]。

(二) 合法原则

合法原则是指法务会计的工作要以法律法规为方向和指引,同时程序上也要符合法律的规定,即合法原则包括实体合法和程序合法两方面。法务会计的目标之一就是对特定法律问题涉及的会计审计等问题进行分析和判断,故工作内容以法律规范为指向。法务会计工作中程序上的合法性也是如此,因为法律程序和会计、审计程序要求不同。在会计核算和审计过程当中,基本程序是遵循会计准则和审计准则进行的,而法律中证据的收集也要依照法定程序。如果缺乏相关法律知识,极易使本来有很强证明力的证据因非法收集而无法采用,进而给当事人带来非常不利的后果。如证人证言和当事人陈述作为刑事案件的犯罪证据,应当由法定的刑事司法人员按照《刑事诉讼法》规定的程序和方法进行询问、讯问并记录。包括法务审计人员在内的一般人员的询问笔录只能作为线索,要具有法律效力必须重新依法取证[②]。

(三) 独立原则

法务会计人员的工作会涉及众多人的利益问题,在经手舞弊调查与诉讼工作中,难免要受到来自各方面的干扰。这就要求法务会计人员以超然独立的态度处理工作中的各种问题,不受任何人与利益集团的干扰,完全以自己的职业判断独立得出结论。独立原则是法务会计在会计、法律服务市场立足生存的基石,是法务会计人员的生命线。坚持独立原则要做到以下三个方面:一是要保证法务会计服务提供机构的独立性,该机构必须是独立的法人组织,司法机关内部设立的司法会计鉴定部门应当与业务部门分离,要杜绝自侦自鉴、自检自鉴、自审自鉴;二是要保证法务会计人员业务活动的独立性,调查方案的制定、调查活动的实施、调查报告的出具、出庭作证等活动必须独立进行,司法机关和法务会计机构的负责人不得暗示或非法干预;三是要保证各法务会计机构之间是平等的、独立的,相互之间无隶属关系,其调查的结论相互不受制约和影响,无服从与被服从的关系。当然,法务会计业务活动坚持独立原则与依法接受法律监督二者并不矛盾,而是相互制约、相互促进,共同目的在于确保法务会计业务活动及其结果的客观性和公正性[③]。

(四) 预防原则

预防原则是指法务会计行为应贯彻成本效益原则,帮助相关主体采取有效措施预防做假账、欺诈、舞弊等侵占、损害财产行为的发生,避免事后救济的高昂人力、物力、财力成本。因为一旦发生做假账、欺诈、舞弊等侵占、损害财产行为,责任者可能要遭受损失、蒙受羞辱、接受起诉或公诉指控、承担法律后果、退赔非法所得,受害者要遭受财产损失、支付相关费用、花费时间应付法律程序,承受负面影响。预防总是胜于救济,事后

---

① 孟祥东、许东霞:《法务会计基本原则》,《会计之友》2007 年第 12 期。
② 谷大君、毕克如:《法务会计基础与实务》,大连出版社,2011,第 11—12 页。
③ 张苏彤:《法务会计》,高等教育出版社,2019,第 22 页。

救济基本上属于治标,事前预防整体上属于治本①。

(五)怀疑原则

怀疑原则是指法务会计人员在经手任何欺诈与舞弊的犯罪调查时,对所涉及的任何人与事都要持有高度的"职业怀疑精神"。法务会计人员在接手每个项目时,都要保持怀疑的态度,不能推测涉及项目的任何人是诚实可信的,而要假设所有与所调查案件有关的人都有犯罪的动机和可能,并以此作为处理相关事务的原则。可以说,该原则是在允许法务会计人员进行"大胆假设"。之所以这样假设,是因为欺诈与舞弊是无处不在、无时不有的。已被发现的欺诈与舞弊犯罪犹如冰山的一角,大量的欺诈与舞弊活动仍然在我们身边悄悄地进行着。我们不得不承认这样一个事实:任何一个单位,无论其内部控制制度有多么严格,总是无法完全避免欺诈与舞弊的发生。只要人的贪欲还在,只要有轻轻松松地获得财富的企图,就会有欺诈与舞弊的发生。不断地追求物质利益和各种享受是欺诈与舞弊发生的最根本动机,一旦有合适的机会,贪婪的人就会将手伸向公共财产或别人的财富。当然,怀疑原则指的是法务会计人员自身怀有的一种职业精神,在没有掌握确切事实或经法院裁决的情况下,任何人都不能确定或否定欺诈与舞弊等违法行为的存在及其法律责任②。

▶二、法务会计的职能

职能是一个事物本质的功能,是该事物本质的体现。会计的职能是会计本身具有的功能,法务会计的职能是法务会计本身应具有的功能。法务会计的职能实质上是会计职能与法律职能的融合,是法务会计本质的表现。

(一)损失计量

损失计量是指用货币来计算受损害一方的损失,这是对责任的一种量化。损失计量的职能是指运用会计学的价值计量理论与方法,建立适当的数学模型对自然灾害、人为事故、违约以及各类损害赔偿案带来的经济损失和损害进行货币计量。法务会计将损失计量作为业务活动的内容之一,因为无论是诉讼案件还是非诉案件,都会有受损害的一方,都会涉及对损失的货币计量。对于可以通过货币赔偿或实物赔偿方式承担相应法律责任的,就可采用赔偿的方式承担责任。因此,损失计量应当作为法务会计的业务活动内容之一。

损失计量是最能体现法务会计特点的职能。在当代经济关系越来越复杂的情况下,损失计量逐步成了一个专业性极强的棘手问题,涉及大量专门的技术方法,如价差法、折扣法、系统风险法、均价法、净值法、机会亏损替代法、机会赢利替代法等。这些技术方法的运用大量涉及会计信息资料和会计、财务方面的专业技能,法务会计人员在损失计量方面具有得天独厚的优势,可以协助律师解决各类经济赔偿与损失量化的

---

① 董仁周:《法务会计本土理论与应用研究》,湖南人民出版社,2015,第 37 页。
② 孟祥东、许东霞:《法务会计基本原则》,《会计之友》2007 年第 12 期。

难题①。

当事人可以聘用法务会计人员参与诉讼案件对会计数据的计算活动,法务会计人员通过与律师进行充分沟通、检查相关的书证,可以形成对案件的初步评价并进一步确定损失范围、考察计算方法的合理性以及相关法律的具体规定,也可以检查对方专家所提出的损失报告,并对对方立场中的强势点和弱势点进行分析。在诉讼中利用法务会计人员在会计数据计算处理方面的专业特长,可以合理计算损失和要求赔偿的相关数据。

(二) 诉讼支持

法务会计的诉讼支持业务与人民法院的诉讼程序有关,是指在涉及会计专业知识的诉讼过程中由法务会计提供的相关服务,涉及诉讼程序的不同阶段,包括开庭前的准备工作、法庭调查、法庭辩论和宣判等环节。

1. 参与诉讼策略的制定

在提起诉讼前,法务会计人员可以协助委托人进行风险评估,制定诉讼策略,预测胜诉所能够获得的经济补偿或降低经济损失的数额,对有关会计证据信息是否充分有力及对案件胜诉与否的影响进行评估。在法院开庭审理初期,法务会计人员应协助委托人进行初期的评估以确定该案件是否应该继续进行下去,根据案件的具体情况,分析确定相关争议点是有利于还是不利于委托方,并进一步对责任的认定提出意见,对调解、和解或最终判决中委托方是否可能获赔或需要作出赔偿作出详细分析。

2. 协助律师收集证据

在经济纠纷案件中,诉讼当事人需要有相关的证据来支持其诉讼请求,而这些证据主要来自相关会计记录。法务会计人员熟悉会计记录的具体产生过程,应取得必要的会计资料数据包括其他市场或者行业信息,以支持本方的主张或反驳对方当事人的主张,并协助律师获取、鉴别、组织和解释相关信息。

3. 协助律师尽快了结案件

在诉讼中,当事人双方可以获知和了解对方的证据及其推理过程,在此基础上逐步达成共识,使案件尽快了结。法务会计人员的主要工作包括对对方当事人或对方专家的报告、分析进行反驳,指出其证据与证言不够充分之处和方法选择错误、使用不当之处,从而协助辩护律师提出对该证据的排除动议,迫使对方做出让步或撤回诉讼。

(三) 舞弊调查

经济领域的舞弊案件频发,让舞弊调查成为法务会计必不可少的一项业务。舞弊调查就是法务会计人员通过专业知识、调查技术等对舞弊行为展开调查,通过识别舞弊来保障实体经济和资本市场的规范运行。舞弊行为的形式较多,经济活动中的舞弊主要指企业舞弊。

企业舞弊是指企业或者企业员工出于某种目的做出不利于企业发展的行为。企业舞弊可以具体分为群体舞弊和个体舞弊。群体舞弊是指将企业作为一个整体,企业经营者为了企业的发展或者为了私利,故意采用各种手段进行舞弊,具体手段包括修改报

---

① 张苏彤:《法务会计》,高等教育出版社,2019,第24—25页。

表、虚增财产、偷税漏税等。个体舞弊是指企业内部员工或者利益相关者以欺骗性的手段从企业或组织获取利益的行为,这种行为是员工违背企业员工守则,非法追求自身利益的行为,会给企业带来极大的损失①。

个体舞弊的诱因和方式有很多,其诱因主要如下:① 对利益的追求是员工个体舞弊的内动力。通过非法的手段追求额外的报酬(如工资、奖金、地位等)的强烈动机处处存在。低廉的舞弊成本为员工以身试法提供了极大的诱惑。② 内部控制制度的缺陷是个体舞弊的外环境。有了动机不一定会发生舞弊,舞弊的产生还有赖于一定的实施条件。内部控制的缺陷使个体舞弊能在松散的环境中悄然进行。个体舞弊的手法和方式主要有:① 通过截流、揩油等方式舞弊,如从企业的现金收入中揩油,收受回扣或贿赂。② 通过虚构、伪造舞弊等方式舞弊,如虚构、伪造员工工资名单,虚报、冒领员工的工资收入,通过虚列加班时间获得虚假加班收入,通过企业账户直接支付给虚构的卖方或对虚列的应付账款进行支付,从而使自己获利。③ 通过转移、挪用等方式舞弊,如挪用、贪污、私分、挥霍公款或盗窃、盗卖财产,将在正常情况下会给企业带来利润的交易机会转移到能给其带来好处的其他企业等。

群体舞弊亦称管理层舞弊,是企业的管理层为谋私利而伪造、变造财务报告,如高估资产和收入、低估负债和费用、误导性地披露财务信息或故意忽略重要的企业信息而不披露等行为。管理层舞弊的主要诱因如下:① 管理者自身的品行不端、利欲熏心;② 管理层业绩考核的压力;③ 企业财务状况的压力,如为取得银行信贷和商业信用,编制虚假财务报表;④ 企业融资的压力,如为发行股票和保住配股资格,达到"最近三年的净资产收益率每年平均在10%以上,任何一年的净资产收益率不得低于6%"的配股条件,利用资产重组、关联交易、股权投资等手段进行会计报表粉饰;⑤ 内部控制制度不健全或未能切实履行各岗位职能,各部门间不能相互制约,增加了舞弊发生的机会。群体舞弊的方式包括:① 关联交易。管理层利用关联方交易掩饰亏损,虚构利润,并且未在报表及附注中按规定做恰当、充分的披露,由此生成的信息会对报表使用者产生误导。上市公司通常会采用关联购销舞弊、受托经营舞弊、资金往来舞弊、费用分担舞弊来虚构利润。② 资产重组。资产重组有资产置换、并购、债务重组等形式,大多发生在关联方之间。③ 利用地方政府援助舞弊。上市公司可能凭借地方政府的援助达到操纵利润的目的,主要形式有税收优惠和财政补贴两种。④ 利用会计政策与方法舞弊。上市公司经常通过选用不当的借款费用核算方法、不当的股权投资核算方法、不当的合并政策、不当的折旧方法、不当的收入和费用确认方法以及掩饰交易事项等方式舞弊②。

法务会计舞弊调查的程序如下:① 查找舞弊的事实依据。法务会计在审查过程中要针对企业内部控制的薄弱环节进行合理的评估,确定需要重点审计的环节和舞弊可能发生的环节。② 对已经制作的审计报告进行审查。由于诸多原因,审计报告同样存在舞弊可能性,法务会计在审查过程中需要分辨出注册会计师出具的审计报告是否公

---

① 齐兴利、王艳丽:《法务会计理论与实务》,中国时代经济出版社,2018,第40页。
② 许东霞、孟祥东:《法务会计对企业内部舞弊的甄别》,《中国乡镇企业会计》2008年第10期。

允、有无舞弊的证据。③ 结果解析。法务会计舞弊调查的最终目的是通过总结舞弊行为,找出抑制舞弊行为发生的方法,进而制定出有效对策①。

第四节 法务会计的主体

一、法务会计主体的条件和特点

在发达的市场经济社会里,由于需要判定财务会计事项合法性的法律事务具有多样性和复杂性的特征,不仅财务会计和审计专业技术人员能够以法务会计人员的身份介入各种企业、社会团体以及个人的法律事务,而且不同领域的非财务会计和审计专业技术人员,只要能够熟练地运用财务会计和审计技术,也可以以法务会计人员的身份介入法律事务。

从目前国内外法务会计实务看,尽管法务会计主体具有多样性特征,但也可以发现一些共性:其一,不管来自何种行业或社会服务机构,法务会计主体在为法律事务中的财务会计事项的合法性提供证据时,必须具有会计、审计技术,只有具备这些技术才能为财务会计事项提供分析结果以及合法性证据,并为社会所认可;其二,这些财务会计事项是特定领域、特定业务的财务会计事项,它们都处于法律事务中,法律事务的处理和裁定需要对它们的合法性作出分析和判断。因此,法务会计行为主体必须满足以下条件:① 可以不具备会计、审计等专业技术资格,但必须具备社会认可的会计、审计技术;② 必须运用会计、审计技术为法律事务中的财务会计事项提供分析结果和合法性证据。基于上述两个条件,我们认为,法务会计行为主体是具有会计、审计技术并运用这些技术为法律事务中的财务会计事项的合法性提供分析结果和证据的专业技术人员和社会服务机构。

二、法务会计的主体

法务会计主体是运用会计知识、财务知识、审计技术与调查技术,针对经济纠纷中的法律问题,提出专家意见作为法律鉴定或者在法庭上作证的人员,是法务会计行为的执行者。在美国,只要具备注册会计师、注册法务会计师、注册舞弊审查师、注册破产与重组会计师资格之一的人,就可从事法务会计工作。即使不具备以上任何资格,如果能证明其确有丰富的财务会计知识,同样能作为专家证人。

目前,我国对法务会计主体的研究基本达成共识,认为法务会计的主体应该由独立于与法务会计有关的经济活动的主体承担,如独立性比较高的中介机构,而不应该由与这些经济活动有联系的团体担任。例如,企业的财务人员、政府和法律机构的相关人员

---

① 齐兴利、王艳丽:《法务会计理论与实务》,中国时代经济出版社,2018,第40页。

都不适合。这是因为,作为一种比较综合的职业,法务会计所进行的活动不仅仅是传统的与会计有关的活动,更多的是为当事人通过侦查、判断提供专家证人的服务。这些服务都与法律有着直接的关系,法务会计人员工作的结果不但会对利益各方产生直接的影响,有时还会动摇整个社会对法律体系公平、公正性的信心。同时,法务会计人员的工作有别于会计师事务所注册会计师的工作,因为其不仅要拥有注册会计师的理论和实践知识,还要掌握足够的法律理论和实践技能。纵观美国和加拿大等发达国家的法务会计发展史,我们不难发现它们都有一个特点,就是较早地成立了专业的职业团体,而我国虽然已经开始法务会计的相关研究,但是还没有产生相关的团体,也没有专门的考试制度来认证法务会计资格,难以满足我国对法务会计从业人员的需要。所以,目前我国法务会计只能由那些具有较强专业胜任能力的法律和财务人员担任,而我国掌握这些技能的人员就只有两个学科都精通的专业人才。法务会计的主体通常由下列人员组成。

(一) 专家辅助人

专家辅助人是指在科学、技术、其他专业知识方面具有特殊专门知识、经验的人员,根据当事人的聘请并经法院准许,出庭辅助当事人对诉争的案件事实所涉及的专门性问题进行说明,发表意见和评论。当事人可以申请法院通知有专门知识的人出庭,就鉴定人作出的鉴定意见或者专业问题提出意见。

《民事诉讼法》第79条规定:"当事人可以申请人民法院通知有专门知识的人出庭,就鉴定人作出的鉴定意见或者专业问题提出意见。"《最高人民法院关于适用〈中华人民共和国民事诉讼法〉的解释》第122条规定:"当事人可以依照民事诉讼法第七十九条的规定,在举证期限届满前申请一至二名具有专门知识的人出庭,代表当事人对鉴定意见进行质证,或者对案件事实所涉及的专业问题提出意见。具有专门知识的人在法庭上就专业问题提出的意见,视为当事人的陈述。"该解释第123条进一步规定:"人民法院可以对出庭的具有专门知识的人进行询问。经法庭准许,当事人可以对出庭的具有专门知识的人进行询问,当事人各自申请的具有专门知识的人可以就案件中的有关问题进行对质。"《最高人民法院关于民事诉讼证据的若干规定》第84条规定:"审判人员可以对有专门知识的人进行询问。经法庭准许,当事人可以对有专门知识的人进行询问,当事人各自申请的有专门知识的人可以就案件中的问题进行对质。有专门知识的人不得参与对鉴定意见质证或者就专业问题发表意见之外的法庭审理活动。"

法务会计执业人员必须熟悉法院的判决标准,为当事人提供专业的解释,对审判人员的提问做出专业的回答。只有这样,法官才能对法务会计专业问题有一个比较清楚的了解,最终做出有利于委托方的判决。

(二) 实施专业判断的法务会计执业人员

在法务会计业务中,对涉及会计业务的经济纠纷,会计信息和会计资料中在不同的人或不同当事主体之间出现理解分歧和判断差别是经常存在的,如果各当事主体无法达成协调或基本一致的结果,当事人的一方或双方就可以委托法务会计人员提供专业判断分析,并出具专业判断结论报告,如法务会计执业人员经常对会计事务进行专业判断。法务会计执业人员对会计事务实施专业判断主要反映在对会计业务处理和会计信息资料理解与认识的分析上。有时当事人产生了会计纠纷,但因为涉及的经济运行程序复杂或因为其他原因而并不愿意诉诸法律(如家庭财产的分割、遗产问题的处置、带有隐私性的私人财产的处置等),这类会计事件的处置也属于法务会计业务的专业判断内容。

法务会计人员在会计专业判断中虽然不像在诉讼中充当专家辅助人那样具有多环节、多方面的作用,但其作用仍然是毋庸置疑的。会计专业判断始终贯穿于整个业务处理的全过程,是一个复杂的思维过程,并且是一个缜密的价值推断过程。例如,在注册会计师审计执业过程中,"专业判断"一词经常被使用,无论是评价被审计单位的内部控制制度,还是设计与选择审计样本、评价抽样结果以及决定发表审计意见的类型,无不闪耀着注册会计师专业判断的智慧。会计业务处理过程中,分析、评价整个业务的运行过程、其会计账务处理系统及其在会计报表上披露的恰当性,都需要法务会计人员做出专业判断和提出专业意见[①]。

(三) 鉴定人

鉴定人是指在法务会计鉴定中负责查明案件中财务相关问题并提出鉴定意见的专门性人员。根据《民事诉讼法》第76—78条的规定,鉴定人员所做的鉴定结论可以作为证据,具有证据的效力。《民事诉讼法》第76条规定:"当事人可以就查明事实的专门性问题向人民法院申请鉴定。当事人申请鉴定的,由双方当事人协商确定具备资格的鉴定人;协商不成的,由人民法院指定。当事人未申请鉴定,人民法院对专门性问题认为需要鉴定的,应当委托具备资格的鉴定人进行鉴定。"《民事诉讼法》第77条规定:"鉴定人有权了解进行鉴定所需要的案件材料,必要时可以询问当事人、证人。鉴定人应当提出书面鉴定意见,在鉴定书上签名或者盖章。"

鉴定人是指利用专门知识以及专门技能对案件涉及的跨学科专业问题进行解答,并根据案件证据材料形成自己的专业判断作为鉴定意见的专门性人员,这个定义主要是从法务会计鉴定功能的角度提出来的。鉴定人可以由原被告自己委托,可以由双方协商来选定,也可以由审判机关指定。应该注意的是,与其他角色的法务会计从业人员不同,由鉴定人根据法律程序出示的鉴定意见是具有法律效力的。

(四) 仲裁员和调解员

仲裁员是指在仲裁案件中运用专业知识对案件进行公正判断的人员。仲裁一般是指发生争议的各方当事人依照事先约定或事后达成的书面仲裁协议,共同选定仲裁机构并由其对争议依法作出裁决的具有约束力的活动。仲裁机构一般不依附于任何行政机构,机构本身也不相互管辖。在进行仲裁时,仲裁庭不受任何政府组织、个人的干预,甚至连仲裁组织也不能过问,以保证其公正性和独立性。我国《仲裁法》第13条第5款明确规定,仲裁员应具有法律知识、从事经济贸易等专业工作并具有高级职称或者具有同等专业水平。因此,拥有法律与会计等专业知识的法务会计主体是仲裁员的最佳人选,为仲裁庭更有效地处理案件提供了保障。

作为仲裁员的法务会计工作人员应该及时对与财务有关的争议做出裁判,而在这

---

① 黎仁华:《法务会计概论》,中国财政经济出版社,2005,第39—41页。

个过程中,法务会计人员可以选择使用委托人搜集到的证据,不一定需要自己去收集。作为仲裁员的法务会计执业者不是对客户负责,而应对仲裁庭负责。一旦有危及其独立性的事件出现,其应当回避。调解员与仲裁员相似,只不过在法律上前者不具备强制力。

(五) 诉讼参与人

诉讼参与人是指在诉讼过程中,除了公安机关、人民检察院和人民法院以外所有依法参与诉讼的公民、法人和其他组织。刑事案件的诉讼参与人有当事人、法定代理人、诉讼代理人、辩护人、证人、鉴定人和翻译人员。民事案件的诉讼参与人有当事人、共同诉讼人、第三人、诉讼代理人、证人、鉴定人和翻译人员。诉讼参与人在诉讼中所处的地位不同,享有的诉讼权利和承担的诉讼义务也不相同。换言之,诉讼参与人是指在诉讼活动中享有一定的诉讼权利并且承担一定诉讼义务的司法人员以外的参加人。作为诉讼参与人的主体鉴于其身份的特殊性,要求其拥有综合素质,而拥有诸多知识能力的法务会计人员显得尤为重要。法务会计的出现能帮助当事人降低诉讼成本、提高诉讼效率[①]。

第五节 法务会计人员的法律责任与职业道德

一、法务会计人员的法律责任

法律责任是指由于产生了违反法定义务及契约义务或不当行使权利和权力、不当履行义务的思想或行为,国家迫使行为人或其关系人或者与损害行为、致损物体有利害关系的人所处的受制裁、强制和给予补救的必为状态,这种状态由法律加以规定[②]。法务会计的法律责任,是指法务会计人员在执业过程中因故意或过失提出了欺诈或错误的专家意见,或有其他违法行为而应依法承担的不利后果。在英美法系国家,法务会计人员一般受当事人委托而成为专家证人。因其过错使当事人遭受损失的,应承担违约责任;因其实施欺诈行为而使有关当事人受到损害的,应承担侵权责任,可能同时承担作伪证的刑事责任,并可能因其违法行为而承担行政责任。在大陆法系国家,法务会计人员受公安司法机关指定或聘请而成为鉴定人,因其过错使有关当事人遭受损失的,应承担侵权责任,可能同时承担行政责任和作伪证的刑事责任。法务会计的责任主体通常是法务会计人员,也可能是会计师事务所、资产评估公司、财务咨询公司等会计专业机构[③]。

法律责任依行为的性质不同一般分为以下三种:民事责任、刑事责任、行政责任。一般地说,法律责任是因违法行为而产生的,但就行政责任与民事责任而论,除了因违法而

---

① 齐晋:《法务会计主体制度分析》,《会计之友》2013年第33期。
② 周永坤:《法律责任论》,《法学研究》1991年第3期。
③ 谭立:《对法务会计法律责任几个相关问题的探讨》,《财会月刊》2005年第11期。

产生的法律责任外,还有无过错责任。此外,民事责任还有因违约而产生的责任。我国的《会计法》《审计法》和《注册会计师法》等法律对会计和审计人员的法律责任作了明文规定。

(一) 民事责任

民事法律责任是民事主体对于自己因违反合同,不履行其他民事义务,或者侵害国家的、集体的财产,侵害他人的人身财产、人身权利所引起的法律后果依法应当承担的民事法律责任。民事责任是法律责任的一种,除具有法律的强制性和约束力等一般法律责任的共同特征外,还有其独有的特征:① 是一种因违反民事法律规范而承担的法律责任;② 是一种以财产为主要内容的法律责任;③ 民事责任范围仅限于恢复被侵害的权利或赔偿受害人损失。

虚假会计信息会带来严重的社会经济后果。因此,对制造与发布虚假会计信息的责任人员追究法律责任,尤其是民事赔偿责任是理所当然的。当然,一项虚假会计信息的披露,从原始凭证开始,直至报表的公布,中间有着非常多的环节和经手人,如公司的财务人员、财务经理、公司总经理、注册会计师、公司管制机构、会计信息发布的媒介以及会计信息使用者本身。现有的《公司法》《证券法》都规定,制造虚假会计信息的公司管理部门与财务主管要承担法律责任,而《注册会计师法》第42条也规定了注册会计师要对因过失造成的虚假会计信息承担责任。对于因为虚假会计信息产生的民事责任,一般按产生虚假会计信息过失的大小来明确不同环节的法律责任,使其分别承担不同的法律责任。

对虚假会计信息的责任人要承担的民事赔偿责任有以下三种情况可供参考:① 由于虚假的会计信息,信息使用者将资金投向了不应投入的单位,以致没有得到预期收益,从而产生了一种持有损失,如购买了效益不好的公司股票,但股票持有者尚未抛出股票。② 由于虚假会计信息,信息使用者没有将应抽出的资金抽出,从而产生一种实际损失,如贷款给无偿债能力的企业,企业倒闭所产生的损失。③ 信息使用者在虚假会计信息的误导下,受到了一种机会损失,如对于一家效益较好的上市企业,由于会计信息的误导,投资者误以为其效益较差,而失去了购买该公司股票的机会[1]。

(二) 行政责任

《会计法》《审计法》和《注册会计师法》等法律规定:法务会计人员在执业过程中违反相关行政管理规定,将被追究行政责任。故意出具虚假证明、鉴定结论等,尚未构成犯罪的,主管部门可视情节对其给予警告、没收违法所得、暂停业务直至吊销相关执业证书等处罚;未经批准从事特定的法务会计业务,如司法鉴定业务,主管部门可视情节对其给予责令停止违法活动、没收违法所得以及罚款等行政处罚[2]。

(三) 刑事责任

法务会计刑事责任是指法务会计主体实施了刑事法律规范所禁止的法务会计行为而必须承担的刑事法律后果,其概念内涵有三:一是法务会计刑事责任的前提基础是

---

[1] 李若山:《我国会计问题的若干法律思考》,《会计研究》1999年第6期。
[2] 齐兴利、王艳丽:《法务会计理论与实务》,中国时代经济出版社,2018,第26页。

法务会计主体实施了触犯刑法的行为;二是法务会计刑事责任的直接原因是法务会计主体行为触犯刑事法律规范且已构成犯罪;三是法务会计刑事责任的制裁方法是承担刑事法律规范规定的刑事法律后果。

法务会计刑事责任是法务会计责任体系中最严厉的法律责任,采用最严厉的强制方法,剥夺法务会计犯罪人的财产权和政治权,限制或有期、无期剥夺法务会计犯罪人的人身自由权,乃至剥夺其生命权。法务会计犯罪行为的具体多样化及其危害程度的差异性导致了具体法务会计犯罪行为刑事责任内容的不同,形成了不同的刑事法律后果,即剥夺法务会计犯罪人财产权、政治权、自由权、生命权的不同组合状态。

法务会计刑事责任的法律特征有以下四个方面:① 责任主体具有广泛性。法务会计刑事责任主体是指承担法务会计刑事责任的具体单位和个人。个人是符合法定刑事责任年龄、精神正常、具备刑事责任能力的自然人;单位是符合《刑法》关于承担刑事责任规定的机关单位、事业单位、企业单位、中介组织,具体包括参与法务会计犯罪行为并应承担刑事责任的法务会计司法主体、执法主体、单位主体、中介主体和单位负责人、法务会计监事、主管财务负责人、财务部门负责人、会计经办人、注册会计师、律师、资产评估师、法务会计师、主管部门负责人、法务会计执法机构与司法机关负责人等。② 侵犯客体具有复杂性。法务会计刑事责任客体是指法务会计犯罪行为所侵犯的刑法所保护的法务会计市场秩序关系,侵犯行为如使法务会计信息与证据时常处于不安全和不公平状态,使相关主体的财产权、股权、债权遭受损害等,具有复杂性。③ 客观方面具有职业性。法务会计刑事责任的客观方面是指法务会计犯罪人实施了达到犯罪程度的法务会计行为,包括法务会计信息与证据鉴证行为、供给行为、监管行为和消费行为。④ 主观方面具有法定性。法务会计犯罪行为由主体主观过错导致,因为法务会计行为的知识性和专业化,法务会计主体过错由非法务会计主体鉴别和举证几乎不可能,因而追究刑事责任的法务会计行为均推定为主体存在过错。《刑法》明确规定,对不可抗力的免责情形,免除其刑事责任,除免责情形之外的法务会计犯罪行为均按《刑法》规定追究刑事责任[①]。

二、法务会计人员的职业道德

(一)法务会计人员职业道德的概念

道德是一种社会意识形态,是人们共同生活及其行为的准则和规范。职业道德是指从业人员在职业活动中应该遵循的行为准则。法务会计的职业道德是在法务会计工作中形成的,通过思想教育、社会舆论、职业习惯、榜样感化等手段,使法务会计人员从内心形成职业道德情感、信念、理想和是非善恶判断标准,并自觉以此为原则来约束自身行为。它要求法务会计人员所达到的精神境界远远高于法律规范的要求,即通过运用自己的专业知识、良心、智慧与正义理念来维护社会公正,从而实现自身的职业价值和人生价值。法务会计职业道德体系,从社会整体道德建设的视角而言,有助于贯彻依

---

① 董仁周:《法务会计本土理论与应用研究》,湖南人民出版社,2015,第 178—180 页。

法治国与以德治国的基本方略,促进司法公正,有利于加强社会主义精神文明建设,保障社会主义市场经济建设的顺利进行;从法务会计执业主体的需要及其职业特性的角度来说,它是法务会计行业实现自我管理的一个基本途径,是法务会计职业享有良好社会地位的有效保证,是维护法务会计行业道德信誉和经济效益、促进法务会计行业兴旺发达必不可少的重要前提条件[①]。

(二) 法务会计人员职业道德的内涵及层次

1. 较高的专业胜任能力

法务会计从业人员最基本的职业道德是具备专业胜任能力,即法务会计人员应当具有专业知识、技能和经验,能够胜任、承接法务会计工作。把专业胜任能力提高到道德层次,是因为法务会计人员如果不能保持和提高自身的专业胜任能力,将会在缺乏足够的知识、技能和经验的情况下提供法律服务,由此所做出的所谓"专家性意见"或"诉讼支持"将丧失准确性和权威性,在某种程度上将构成欺诈。因此,有必要对法务会计人员进行专业胜任能力教育。此种教育要适应经济和法治社会的需要,不断扩展其知识体系,培养具有胜任能力的专业法务会计人才。从职业道德角度看,专业胜任能力还要强调的是,法务会计人员应努力培养敬业乐业意识、勤业精业意识、服务社会意识、职业规范意识等职业道德意识,通过内在意识反映到外在行为,在从事法务会计工作时,正确处理公与私、集体与个人、奉献与索取之间的关系,切实遵守客观真实性、合法合规性、专业针对性、独立保密性和诚实信用等法务会计执业的一般原则,时刻保持认真谨慎的态度[②]。

2. 良好的职业操守

职业操守是指人们在从事职业活动中必须遵从的最低道德底线和行业规范,是人们在职业活动中所遵守的行为规范的总和。良好的职业操守既是对法务会计人员在职业活动中的行为要求,又是其对社会所承担的道德、责任和义务。法务会计人员从事法务会计工作必须具备良好的职业操守,包括以下两个方面。

(1) 独立、客观、公正。法务会计人员从事法务会计工作必须保持独立性。在鉴证业务中,要保持形式和实质的独立;在咨询服务中,如果法务会计人员形式上不独立,只要向相关方解释并取得其同意,就可以只要求法务会计人员保持实质上独立。在法务会计的业务中,主要是必须取得客户的同意,而非反对方的同意。但是,专家作证服务并不代表无原则地赞成客户的立场,客观和公正是法务会计人员在所有业务中必须遵守的品德,要求法务会计人员不卷入利益冲突而影响其做出的结论[③]。

(2) 为客户保密。保密是法务会计职业道德的基本要求,在工作中也是要特别加以注意的。由于法务会计的职业特点和工作性质,法务会计人员在执业过程中,不可避免会了解和掌握委托单位大量的资料和信息,其中会涉及委托单位的商业秘密和敏感信息,如财务数据和客户名单等,这些秘密信息不能泄露给第三人,也不能用于私人目的。与他人商讨目前正受委托解决的具体事项时,必须防止泄露相关秘密。这些秘密

---

① 许东霞:《法务会计职业道德体系的建构》,《辽宁经济》2008年第11期。
② 孟祥东、许东霞:《建立法务会计的职业道德体系》,《中国乡镇企业会计》2007年第12期。
③ 齐兴利、王艳丽:《法务会计理论与实务》,中国时代经济出版社,2018,第45页。

信息一旦外泄,可能会给委托单位造成巨大的经济损失。这就要求法务会计人员对委托单位负责,在规定的保密事项和保密期限内,不能私自将涉及的相关内容有意或无意地泄露给与委托人无关的单位或个人,更不能未经允许私自保留与披露。

案例评析

案例一：雷文诉威斯公司案(Levine v. Wiss, 1984)①

【基本案情】

在某离婚诉讼中,一方当事人聘请了会计公司威斯公司来计算丈夫的经营利润。双方当事人按照公平分配达成了和解协议,该协议获得了离婚法庭的认可。后来,当法庭拒绝撤销和解协议时,丈夫将会计公司告上了法庭,认为由于会计公司价值评估的错误,导致自己在离婚诉讼和解中支付的金额超出了应该支付的。这个问题在新泽西州最高法院看来是"离婚诉讼当事人所选择的会计师在确定企业资产的价值,从而公平分配财产时,作为一个'不偏不倚的专家',是否应当对自己未遵守会计准则的疏忽负法律责任"。法庭区分了法务会计人员作为"评价人"和"仲裁人"的区别,认为该法务会计专家的业务不是"判决并且不属于准司法性质",因而不能免除责任。

【案例评析】

美国的这个案例明确了法务会计人员免责的基础之一是法务会计人员的角色,即法务会计人员在离婚案中是"评估师",而非证人。

一方面,影响法务会计专家是否负法律责任的因素是多方面的。例如,法务会计人员的身份是什么?是否适用免责条款?不过,另一方面,法务会计专家越来越多成为被告的一个重要原因是"专家证人的疏忽和舞弊变得越来越严重"。在这个案例中,法务会计人员遭受诉讼的原因是职业疏忽和过错。

导致美国法务会计专家遭受诉讼的原因主要可能来自以下三个方面：一是职业疏忽和舞弊。二是独立性问题。法务会计专家应作为一个"不偏不倚的专家"作证,但是这个情况有时候会受到挑战,如该专家与原告、被告存在利益冲突,会计师事务所既提供审计又提供诉讼支持服务等。三是商业机密问题。美国曾经有一个案例,法务会计专家最后被禁止出庭作证,因为其证词牵涉到其他企业的商业机密。

案例二：绿大地财务造假案

【基本案情】

1996年,云南绿大地生物科技股份有限公司(以下简称"绿大地")成立,2001年完成股份制改革。随后的三年间,其不仅着手准备并开始发行公司股票,还在证券交易市场正式上市。2010年,中国证监会对绿大地立案调查,2013年对绿大地的欺诈上市进行了行政处罚,并且对深圳市鹏城会计师事务所有限公司(以下简称"深圳鹏城")、

---

① 案例转引自徐明磊、金彧昉:《法务会计主体的法律规制及其法律责任研究》,《证券法苑》2011年第1期。

姚国勇、廖福澎在绿大地欺诈上市时未勤勉尽责进行了相应的行政处罚。绿大地在招股说明书和2007—2009年三年的年度财务报告中虚增资产、虚增业务收入。其中：在招股说明书中虚增资产70 114 000元，虚增2004—2007年的业务收入296 102 891.70元；在2007年年度财务报告中虚增资产21 240 000元，虚增收入96 599 026.78元；在2008年年度财务报告中虚增资产163 353 150元，虚增收入85 646 822.39元；在2009年年度财务报告中虚增资产104 070 550元，虚增收入68 560 911.94元。深圳鹏城作为绿大地发行上市的审计机构，姚国勇和廖福澎作为绿大地发行上市财务报表审计报告的签字注册会计师，在审计过程中未能勤勉尽责，具体表现为：第一，2004—2006年的审计底稿中没有记录对绿大地前五大销售客户的审计程序，没有发现绿大地财务报表披露的各年度前五大销售客户与实际情况不符；第二，没有向交通银行函证2006年12月31日绿大地交通银行3711账户的余额，没有发现绿大地招股说明书中披露的交通银行3711账户余额32 295 131.74元根本不存在，未发现绿大地在为IPO所编制的相关年度的财务报表中有编造虚假资产、虚假业务收入的问题，从而为绿大地出具了不恰当的无保留意见的审计报告。为此，深圳鹏城被撤销证券服务业务许可、没收业务收入60万元并处以60万元的罚款；签字注册会计师姚国勇、廖福澎被认定为市场禁入者，终身都不能够从事证券业务或担任上市公司的董事、监事、高级管理人员职务，被警告并分别处以10万元罚款。

【案例评析】

目前，我国上市公司的审计报告由注册会计师制作。随着我国法务会计的发展，这项工作将来有可能会由法务会计人员来完成。

从这个案例可以看出，法务会计人员（注册会计师）在工作中要有职业道德，需要保持谨慎的职业态度。

证监会认定会计师事务所和注册会计师存在过失、承担行政责任，在一般情况下主要考虑四个要素：第一，上市公司具有的会计责任，如财务造假；第二，会计师事务所和注册会计师具有的审计责任，如没有执行必要的审计程序；第三，审计责任与未发现会计责任之间存在因果关系；第四，重要性。

绿大地编造虚假的财务报告，欺诈上市。深圳鹏城和签字注册会计师未勤勉尽责，没有遵守执业准则的相关规定，未对部分银行账户进行函证，未真实完整编制工作底稿，未发现绿大地财务造假，而且金额重大、重要性较高，发表了不恰当的审计意见，存在过失，违反了《证券法》的相关规定，所以，应承担相应的行政责任。

法务会计人员（注册会计师）应当严格按照执业准则的要求进行执业，保持应有的职业谨慎和应有的关注，完善质量控制制度，保持独立性，提高工作质量，从而避免承担行政责任。

随着社会公众权利意识的普遍提高，法务会计人员（注册会计师）除承担行政责任外，也可能承担相应的民事责任。所以，法务会计人员（注册会计师）应当严格要求自己，勤勉尽责，从而避免承担法律责任。

复习思考题

1. 法务会计的对象是什么？
2. 法务会计的要素有哪些？各要素之间的关系如何？
3. 如何理解法务会计的基本假设？
4. 如何理解法务会计职能？
5. 试述法务会计的原则。
6. 试述法务会计主体及其条件和特点。
7. 试述法务会计人员的法律责任。
8. 试述法务会计人员职业道德的内涵。

第三章　法务会计基本方法

学习目标：了解法务会计调查和法务会计鉴定的基本方法、本福特定律的含义、阿特曼 Z 得分模型的主要变量；理解净值法、因素递增法、因素排除法和还原法的基本原理，本福特定律的适用条件；熟悉平衡分析法的类别、比对鉴别法的适用范围；掌握因素递增法、因素排除法和还原法的操作步骤。

内容提要：本章介绍了法务会计基本调查方法：交互取证和数值分析。交互取证主要包括法务会计访谈和法务会计观察，常用的数值分析方法有净值法、本福特定律和阿特曼 Z 得分模型。本章还介绍了法务会计鉴定的基本方法，从基本原理、适用范围、操作步骤、主要类别、应用举例等方面对平衡分析法、比对鉴别法、因素递增法、因素排除法、还原法进行分析，让学生从整体上把握法务会计的调查和鉴定方法。

第一节　法务会计调查方法

法务会计调查应当遵循一定的调查程序和调查方法。一般而言，合理采用法务会计调查方法和技术而得出的调查结论更能经得起委托人、法律顾问、监管机构和审判机构的检查和质询。在本节中，我们主要介绍法务会计调查的两类基本方法：交互取证和数值分析。

一、交互取证

交互证据是通过互动的过程——访谈和观察而获取的信息。交互证据的一个显著特征是其人际沟通的性质。这从一个侧面表明，法务会计人员可以在收集证据和解释证据中起到关键性的作用。交互取证主要包括法务会计访谈和法务会计观察。

（一）法务会计访谈

1. 访谈的概念与要求

访谈是法务会计调查中一种特殊的调查方法和交流方式，其目的在于获取真实有价值的信息，促使对方主动坦白犯罪证据。访谈是一项耗时耗力的工作，但访谈在争取坦白以及支持可能的诉讼方面的价值却不可低估。绝大多数白领犯罪都是通过技巧性访谈而不是其他法律手段、途径解决的,访谈的成功与否取决于调查人员的访谈经验和技能以及对访谈方案的设计和访谈过程的把握。20世纪下半叶,访谈逐渐发展成一门科学,它吸收了心理学和社会学数十年的研究成果,如古德-简森(Gud-Jonson)坦白认知行为模型和瑞克(Reik)的坦白心理分析模型等①。

访谈从提问开始,访谈中的提问者必须具备较高的专业素质。一个合格的提问者必须做如下工作:首先,做好事前计划,围绕主题确定访谈方法和策略,评估访谈进程的有效性;如果提问遇阻还要设法迂回接近主题。其次,访谈需要提问者拥有多方面的实质性技能以及对这些技能灵活运用的能力。提问者每提出一个问题必须及时判断提问是否成功,同时做好转移到下一个话题的准备。访谈遇阻或出现其他突发情况时还需要及时调整访谈策略,重新设计并提出问题。提问成功与否通常更取决于提出说服性议题而不是提出各种精确问题的能力。优秀的提问者能够设计一系列包含可供选择的观点和证据的提问,设法说服证人提供他不愿意披露的信息。简单地罗列一系列问题而不是加强提问中的说服性,访谈就转变为普通的谈话而无法达到调查的目的。最后,提问者在访谈结束后应当对访谈进程进行评价,总结自己的得失。访谈方法没有唯一的标准,提问者必须针对不同的立场、情绪和角色灵活选择自己的访谈方法。

2. 访谈的准备工作

充分的访谈准备可以有效地帮助法务会计人员把调查引向深入并成功争取对方坦白。访谈准备通常包括以下六个方面。

(1) 时间安排。访谈的时间必须充分才能保证调查工作的质量,访谈被打断或被安排分段进行都会使访谈的质量降低甚至最终一无所获。

(2) 地点选择。地点的选择应灵活变通,法务会计人员不应当让地点争议成为获取信息的障碍。理想的地点必须营造一种访谈对象除了面对提问者之外没有任何其他东西可看并且进出不太方便的气氛,并使被访谈对象明白是由提问者在控制进程。

(3) 访谈顺序。当面临从多个主体处收集潜在信息时,我们应该决定受访者的先后次序。调查阶段通常遵循从一般到特殊的原则设计访谈顺序。一般来说,访谈的顺序应该从主体与案件的关联程度出发,从案件外围相关人员开始,然后再是案件的当事人。例如,在犯罪调查过程中,访谈通常按下面的顺序进行:

① 中立的第三方——了解情况但不参与当事人具体事情的第三方;

② 佐证证人——与本案无直接关联但能证明特定事实的人;

③ 涉嫌同谋——案件中的被指控方,按照罪行可能性从小到大排序;

④ 首要嫌犯——犯罪嫌疑人。

(4) 法律风险。访谈特别是争取坦白型访谈可能会给公司或法务会计人员带来某些法律风险,如引发诽谤诉讼、是否能用电子设备记录访谈等,法务会计人员应该征询律师的专业意见后再进行访谈。

(5) 提问者的轮换。大多数访谈应当由两个人进行,根据访谈计划和方案交换角

---

① [美]托马斯·W. 戈尔登:《法务会计调查指南》,张磊译,东北财经大学出版社,2009,第286页。

色、分工协作、相互配合,诱导被提问者坦白。当主要提问者和访谈对象产生对立情绪时,交换提问者可以缓解紧张气氛并让访谈对象放下戒心。为了能让这种工作方式有效发挥作用,两位提问者应当就他们的目标和策略进行沟通协调。

(6) 分别访谈。除例外情况,法务会计人员不应同时与多人进行访谈。即使是两个来自同一部门的员工,而且所提问题基本一致,法务会计人员也应当遵守访谈程序分开访谈,并且不要中断访谈而使双方有交流的机会和时间。

3. 访谈的主要类别

根据访谈的目的可以将访谈划分成两类:获取信息型访谈和争取坦白型访谈[①]。

(1) 获取信息型访谈。访谈对象包括嫌疑人和外围人员,访谈通常从最边缘的外围人员开始,以了解公司、行业的有关信息,这些访谈并非无足轻重,而是调查的必要组成部分,并成为后续调查的基础。法务会计人员的调查可以从访谈候选人中的外围人员开始,边调查边判断,在汇集证据的基础上将调查逐步指向嫌疑人。调查中率先访谈外围人员是为了散布调查已经开始的信息,以吸引潜在的嫌疑人采取措施打探询问访谈内容,对访谈进程过度关注的人员应该被纳入调查的范围。在获取信息型访谈阶段获得的相关信息多少决定了争取坦白型访谈阶段成功的可能性有多大。

因获取信息型访谈的对抗性不强,其重要程度往往被忽略,但有的关键性证据恰恰在获取信息型访谈中获得。提问者在访谈前必须做好各项准备工作,对已经发生的情况形成判断和推测,并且预设应对各种新情况的方案。虽然法务会计人员掌握提出问题的各种方法,但多数证人即使愿意合作,可能也并没有在这种访谈情境下回答问题的经验。所以,有计划地安排提问非常必要,而证人随机、不按照既定逻辑顺序的回答往往会影响访谈的效果。法务会计人员所面临的挑战是如何引导被提问者正确回答问题,并提供符合调查目的的完整信息。

(2) 争取坦白型访谈。争取坦白型访谈是访谈类型中难度最大的一种。法务会计人员在访谈的准备阶段应当已经完成对被提问者所犯罪行证据的初步掌握,访谈中当被提问者提供的虚假信息在法务会计人员掌握的信息范围内时,应及时予以纠正,使被提问者形成核心证据已被掌握的心理认识,再进一步运用策略说服被提问者提供所有真实、完整的信息。从初步坦白顺利过渡到深度坦白,访谈的成功更多地取决于提问者设计出有说服力论点的能力而非设计出正确问题的能力,即"一个自信的谈判专家"的能力[②]。提问者运用的方法有以下五种。

① 逻辑分析法。法务会计人员在访谈开始时摆出部分犯罪证据以击溃对方的心理防线,通过向对方提示已掌握的证据以及多渠道取证的可能性,让其明白坦白和抗拒的利弊,使对方在最佳的坦白时机作出最完整和最真实的坦白。

② 感召法。法务会计人员通过调查访谈对象的个人经历、家庭背景、社会关系,通过其过去所获荣誉和成绩来唤起对方的社会责任感和道德自尊意识,通过亲情影响来

[①] [美]托马斯·W. 戈尔登:《法务会计调查指南》,张磊译,东北财经大学出版社,2009,第289页。
[②] 张苏彤:《法务会计高级教程》,中国政法大学出版社,2007,第303页。

唤起对方的家庭责任心和对生活的信心，敦促其通过坦白罪行将功补过，洗清自己既往生活的污点，重新回归遵纪守法的正常生活。

③ 沉默对峙法。访谈中经常发生的情况是对方以沉默来对抗提问，或者访谈对象通过沉默争取时间以判断提问的方向和法务会计人员对证据的掌握程度。沉默的确会让访谈陷入尴尬和停滞状态，但沉默并未停止无声的交流，此时的表情、肢体语言等仍然在进行信息的传递和交互，态度坚决的、长时间的沉默说明了访谈对象的坦白顾虑或舞弊嫌疑的存在。此时，法务会计人员不要轻率地打破沉默、为减轻压力而提问，应利用沉默对峙观察对方的各种反应，无论这样的沉默对峙发生多少次，恢复访谈时仍然要围绕对方企图利用沉默回避的同一问题来提问直至对方坦白。

④ 借口认同法。很多缺乏法律常识的访谈对象对自己的罪行严重性没有清醒的认识，凭借情理上的借口开脱法律责任，在很多情况下其心理处于委屈、愤懑、不安的状态并且倾诉欲望十分强烈。法务会计人员此时不要立即指出对方混同情理和法理的错误认识，应暂时认同其借口并顺应访谈对象的这种心理状态提问，促使对方无所顾忌地交代核心证据信息的内容。

⑤ 明知故问法。在正确的时间向正确的人提出正确的问题可以达到最高效率。访谈对象有的非常善于说谎，有的因为表达不畅听起来像说谎，法务会计人员应通过各种方法确定访谈对象的诚信程度，对已知的问题再向访谈对象确认，以便确认已有证据的可靠性，取得最好的访谈效果。

4. 访谈的基本过程

法务会计人员应主导访谈的整个过程，在过程中根据访谈对象的特点和反应选择适用多种访谈方法，以确保访谈对象配合提问并提供真实和有价值的信息。访谈的基本过程包括以下五个方面的内容。

（1）磨合。在磨合阶段，法务会计人员不要急于求成。首先，应和证人建立联系并告知访谈的原因，消除紧张和对立的情绪，建立信任关系，争取其配合；其次，千万不要使用威吓和羞辱的方法，这种方法确实能产生一定的压力，但这种压力却把证人或犯罪嫌疑人推向了坦白的反面；最后，负罪感是另一种压力，法务会计人员在信任基础上应恰当运用这种压力，顺利争取访谈对象的坦白。

（2）非语言信息解读。访谈提问应从轻松话题开始，从而让访谈对象在放松的状态下应答，这样做的目的如下：第一，轻松的交谈方式可以减轻嫌疑人的不安，从而消除敌对和抵触情绪；第二，提问者可以借此感知访谈对象在不同压力程度下产生的肢体语言、眼神、面部表情以及语音的变化。美国传播学家艾伯特·梅拉比安（Albert Mehrabian）曾指出，如果将声音和肢体语言都作为非语言交往的符号，那么人际交往过程中的信息沟通只有7%是通过语言传递的，而33%是通过声音、55%是通过肢体语言表达出来的。大量的科学实验证明了观察嫌疑人肢体语言的价值，提问者可以通过仔细观察对方行为解读非语言信息，并据此对嫌疑人回答的可信程度做出判断。

常见的肢体语言及其含义如表3-1所示。

表 3-1 肢体语言及其含义

肢体语言	位置或手势	常见的说明
手势	手心向上	邀请、开放
	手心向下	拒绝、敌对
	握拳	气愤、沮丧
	用手指点	敌对、有侵略性
	躲避	欺骗
	自我抚摸（如摩擦脸部和胳膊、握紧双手）	一个自我镇定的表情，可能暗示着欺骗和不确定性
头部	点头	赞同
	摇头	不同意或拒绝
	平视	自信
	头上扬	优越感
	头向左或右转	感兴趣
脸部	脸色改变	惊恐或失望
眼睛	抬高眉毛	怀疑
	四处看看	无聊或沮丧
	向下看	屈服
	回避眼神交流	失望
	眨眼睛	不相信或沮丧
	多次眨眼睛	失望
手臂	手臂交叉	害怕或防卫
	手放臀部	气愤或有侵略性
体态姿势	懒散的姿势	不安全感、无聊、中立
	脚向着某人	感兴趣
	脚远离某人	没兴趣或失望
腿和脚	坐时交叉腿	通常是为了放松
	站时交叉腿	紧张
	夸张的动作	失望
	抖腿	一种缓解焦虑的安慰性姿势

资料来源：改编自 Shelly Hagen, *The Everything Body Language Book*（Holbrook：Adams Media Corporation, 2011）；Stan Walters, *The Truth about Lying: How to Spot a Lie and Protect Yourself from Deception*（Naperville, 2003）。

(3) 访谈设计问题。法务会计人员在制定计划环节要舍得投入时间。周全的计划有助于保证访谈的顺利进行，并取得理想的访谈结果。既有经验法则表明，计划阶段所需时间应为预期访谈时间的3倍。提问者在访谈前应当准备好一份问题清单并预设访谈对象对每个问题可能的反应及应对措施，设计关键提问以击溃可能的拒绝和抵触，确定应变后的后续提问方案。设计好访谈的程序和节奏可以使法务会计人员始终掌握访谈的主动权。

(4) 对质。基础的提问完成后，可能会导致嫌疑人的激烈反应，他们或要求对质，或进行解释，这说明提问已经产生效果，导致了嫌疑人的负罪感和开脱罪责的心理。提问者此时不要压制对方的要求，应冷静地对待对方的各种反应，倾听对方的各种解释，适度地满足对方的对质要求，取得并保持嫌疑人的信任。提问者的亲和态度不应丝毫影响提问的程序和节奏，提问应保持渐进的攻势，对嫌疑人的压力也要不断加强，在这样的访谈态势下，嫌疑人会从矢口否认到反复解释直至彻底坦白。

(5) 坦白。在坦白阶段提问者应促使访谈对象围绕犯罪事实作交代，提问者应将已经掌握的事实和证据作为提示和启发，以帮助对方回忆相关事实的细节部分，保证信息的真实和完整。提问者不要对访谈者回忆和交代的疏忽、遗漏给予负面的评价，应始终保持信任和鼓励的态度。多次的坦白可能才会接近事实的真相，所以提问者在访谈结束后应保持甚至加强与访谈对象的合作和联系。不要对已经取得的访谈成果过于乐观，对后续信息更多的了解还需要访谈对象的进一步配合。

(二) 法务会计观察

1. 法务会计观察的价值

法务会计观察技术涉及监视与监察、实物检查和公共记录搜查等具体方法。从调查中收集各个环节的视觉或听觉信息可以让法务会计人员找到事实的"连接点"，因此，观察本身可以产生证据或者使已有证据更加明晰，还可以获得其他额外证据。观察对于法务会计人员来说是非常重要的，它是获取第一手资料的重要手段，也是获取肢体语言信息的重要途径。

2. 法务会计观察的类别

(1) 现场观察。法务会计人员通常是在案件发生之后(如挪用公款、诈骗、死亡或者离婚申请)才接手调查，因而观察通常从收集和分析数据开始。对于法务会计人员来说，亲临犯罪现场调查或者实地考察商业环境是很有价值的。观察是视觉性的，实地考察有助于意见的形成，因为这样有机会看见案件发生的现实环境，如设施的状况与布局、个人工作地点以及环境的安全性等。可能更有价值的是观察环境中的人员，包括雇员之间如何交流、特定任务是如何完成的、运用了何种会计程序、设置了什么样的内部控制、工作流程是怎样的、全员的整体气氛如何等。

在进行观察时，法务会计人员务必要小心谨慎，确保信息的获取途径是合法的，并且这些信息可以成为形成专家意见的可靠基础。合法观察通常是在公共场所进行的。观察可能包括视觉观察(我们所看到的)和语言观察(我们所听到的)。合法的视觉观察(通过观察或者监视获得)包括正常视野所能看见的东西，如高速公路上的汽车、驾照上的号码、民居或者房产的位置、会议的时间和地点、人们的日程安排表或路线图以及生活习惯等。

合法的听觉观察是我们听到的不涉及隐私的声音,如在饭店或影剧院里的对话。与视觉观察相比,听觉观察往往受到更多的限制,因为法务会计人员需要更相近的感兴趣的话题。与合法的听觉观察相反的是,非法的听觉观察是利用安装在某个位置的监听器记录谈话,除非经对方同意,否则这就是非法的。

(2)监视。监视是一项秘密进行的观察活动,可以不断地收集关于人、地点或事项的信息,以确定违法活动或者触犯民法或刑法的嫌疑人身份。监视可以由执法机构职员或者个人来执行,但对于个人通过秘密活动获得的某些类型证据存在一定限制。调查人员利用监视可以收集那些无法轻易获取的信息。利用该方法的优势在于观察到的有关人员或活动往往是真实的而不是精心设计的,因此,法务会计人员更有可能收集到事实,而不是不真实的表面现象。该方法类似于审计中使用的观察程序,它有时在审计期间暗中进行,而法务会计人员的调查几乎总是在暗中进行的。

使用监视可以有许多目的,包括收集申请签发搜查证所需合理理由的证据,收集确认犯罪行为和涉案人员以及逮捕犯罪嫌疑人所需的证据。监视可以是静止的(在一个地点),也可以是动态的(跟踪和观察一个移动的目标),还可以是电子形式的(使用电子工具记录某种行为或确认某个目标)。例如:调查人员观察某个建筑物以确定嫌疑人的进出时间,这就是静止的监视;在车上跟踪一名嫌疑人是动态的监视;使用录音笔记录嫌疑人的对话属于电子监视。如果有人知道其正被录音,这种监视就被认为是协议监控。法务会计人员应当注意监视的合法性问题。

法务会计人员在监视过程中也许会看到嫌疑人扔掉纸张或者其他可能形式的证据。调查人员可以合法地拿回这些东西,即使这些东西被扔在嫌疑人的垃圾堆里。该方法曾在破案中提供过非常宝贵的线索。例如,调查机构三一基金公司(Trinity Foundation)曾受托调查针对布道师罗伯特·蒂尔顿(Robert Tilton)的舞弊指控,他们对银行职员进行了监视。蒂尔顿告诉捐助者他愿意为他们呈递的祈祷申请祈祷。三一基金公司的工作小组派人监视接受捐助者祈祷申请和捐助的那家银行。该工作小组从垃圾装卸车中回收了祈祷申请,然后调查小组跟随垃圾装卸车到达垃圾场,结果发现祈祷申请实际上已经被销毁而从未被阅读过,也没有人做过祈祷。被指控的蒂尔顿没有履行承诺而允许银行扔掉祈祷申请为起诉他犯有舞弊提供了证据。

(3)监察。监察可以协助法务会计人员调查员工是否通过截留或其他盗窃方式(如盗窃存货)从公司窃取资产。例如,管理层怀疑公司中某位员工可能偷窃存货,他们可以向存在盗窃嫌疑的员工宣布法务会计人员已经入驻及其目的,过一段时间后再向这些员工宣布法务会计人员不再调查库存的下降了。法务会计人员将三个时段(宣布前、宣布中和宣布后)的数据进行比较,可以确定存货水平的变化是否和宣布行为有关。当然,法务会计人员必须考虑三个时间段的正常存货量,从而把由盗窃行为引起的变化分离开来。

(4)公共记录搜寻。许多数据库和其他资源可以帮助法务会计人员收集证据。公共领域的记录可以从相关政府机构免费获取,如房地产登记信息、法院记录、统一商法典文件、商业组织文件以及破产文件等,这些内容可能是开始收集证据的最佳起点。然而,对于综合性信息来说,由于收集过程需要花费一定的时间,也需要特定的知识和资源,所以提供此类数据的数据库服务是有偿的。

有些资源可能仅限于某些人员接触。该类资源包括驾驶证信息、汽车经销记录和飞行记录等。例如:汽车识别号码(vehicle identification number,VIN)数据库可以确认汽车的详细信息、车辆登记的所有者和信贷机构等;汽车经销记录可以提供销售合同、贷款文件、交给顾客的收据复印件、顾客提交的支票、从经销商处所购汽车的估价资料,以及车辆售后服务请求等信息。对于法务会计调查人员来说,汽车的类型、是否支付首付及其支付方式(现金、支票或信用卡)等信息,有助于将某人与某笔汽车交易联系起来。法务会计人员为了获取这些信息,需要向法官申请开具搜查证。

除公共领域的记录外,目前还有一类公共记录是通过个人或商业网站以及社交网站获取的多样化信息。主流网站很明确是面向大众的,而社交网站会有一定程度的隐私(即有访问权限)。互联网存在 100 多个知名社交网络平台,较为著名的有脸谱网(Facebook)、推特(Twitter)和领英(LinkedIn)等。访问这些网站的限制可以轻易地被移除,所以,这些网站中包含的任何信息可以被认为是一种公共记录。

法务会计人员搜寻公共记录具有四大优势:
① 信息是公开的,所以任何人都可以获取;
② 获取的途径是快捷且廉价的,特别是网络中可利用的资源;
③ 与其他调查方式相比,这种方法是非私密性的;
④ 结果是可见的,而且是可以被复制的。

3. 法务会计观察的后续工作——关联分析

法务会计人员通过现场观察、监视、监察和搜寻公共记录收集了相关证据,接下来需要对这些证据进行关联分析,以得出令人信服的结论。关联分析是指评估和整合不同数据库或文档中的信息以使证据间的联系变得更清晰的过程。这个过程可以使用商用软件程序来完成,例如,Geno Pro 家谱分析程序是为制作个人或家庭关系图而专门设计的软件。关联分析可以揭示财产所有者之间的联系,其他可以用来将人或实体联系起来的信息有车辆识别号码、车辆牌照和电话号码,甚至也可以将金融交易信息联系起来,以显示个人和实体之间的关系。

通常,商用软件程序会在分析完数据之后形成一个关联矩阵,如图 3-1 所示。该矩阵是潜在联系的可视图,假设对电话记录的分析表明通话是在图中的号码之间进行的(每个号码之间的通话次数在线上标出),在某个时间段,通话次数越多,就越有充分的证据说明某个电话并非误拨,而且能够说明存在某种形式的活动,它为证明与通话相关的活动提供了证据。

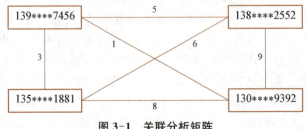

图 3-1 关联分析矩阵

在制作完成矩阵之后,法务会计人员还应当进一步收集其他佐证证据。因此,可以认为关联分析是一种先进的分析程序。

二、数值分析

数值分析作为一种分析工具或方法贯穿于整个法务会计活动,对于法务会计假说的形成、结论的得出尤为重要。然而,数值分析并非千篇一律,它没有固定形式,采用何种方式和方法主要取决于业务特征(规模和时间的限制)、分析策略、可用资源以及法务会计从业者的经验。接下来,我们侧重介绍法务会计调查中常用的数值分析方法:净值法、本福特定律和阿特曼 Z 得分模型。

(一)净值法

1. 净值法的基本原理

净值法(net worth method)最初是美国税务部门的一种查明纳税人是否存在偷漏税行为的税务检查方法。该方法根据纳税人提供的资产负债表,计算出净资产以及净资产的增加额,在此基础上加上不可扣除的费用,减去非应税所得,进而计算出应税的总收入,再用应税的总收入减除已申报的应税收入,由此推算出纳税人未申报的应纳税所得额。随着法务会计的兴起,净值法被引入反商业贿赂、反腐败与经济犯罪调查等领域。美国联邦调查局的调查人员经常运用此方法确定犯罪嫌疑人非法收入的数额;美国毒品执法局也使用这种方法来确定毒贩是否从非法毒品交易中获得了收益;美国法务会计师使用该方法确定商业贿赂案件当事人非法收入的数额。在国外,净值法作为一种用于查明各类经济犯罪嫌疑人非法所得的简单、实用、稳健、有效的方法,深受法务会计调查人员的青睐。

2. 净值法的计算过程

净值法是一种查明与计算当事人是否存在未知来源收入的方法,它依据会计恒等式"资产净值=资产-负债"的原理,通过计算当事人个人财产的净值,在考虑到正常消费支出的基础上,计算出当事人特定期间的总收入,在扣除其已知来源收入以及其他来源收入之后,推算出当事人未知来源收入的数额。

运用净值法推算未知来源收入的推导过程如下:

$$本期总收入 = 已知来源收入 + 其他资金来源 + 未知来源收入 \quad (1)$$

$$本期总收入 = 本期资产净增加额 + 本期正常消费支出 \quad (2)$$

$$本期资产净增加额 = 期末资产净值 - 期初资产净值 \quad (3)$$

$$资产净值 = 资产 - 负债 \quad (4)$$

由公式(1)移项可得:

$$未知来源收入 = 本期总收入 - 已知来源收入 - 其他资金来源 \quad (5)$$

将公式(2)、公式(3)、公式(4)代入公式(5),得出公式(6):

$$\begin{aligned}
\text{未知来源收入} &= \text{本期资产净增加额} + \text{本期正常消费支出} \\
&\quad - \text{已知来源收入} - \text{其他资金来源} \\
&= \text{期末资产净值} - \text{期初资产净值} + \text{本期正常消费支出} \\
&\quad - \text{已知来源收入} - \text{其他资金来源} \\
&= (\text{期末资产} - \text{期末负债}) - (\text{期初资产} - \text{期初负债}) \\
&\quad + \text{本期正常消费支出} - \text{已知来源收入} - \text{其他资金来源} \quad (6)
\end{aligned}$$

公式(1)中的"其他资金来源"是指当事人在计算期所取得的遗产继承、受赠、赌彩等合法的偶然收入;"已知来源收入"是指当事人的工资薪金等合法来源收入。

公式(2)中的"本期正常消费支出"是指与当事人合法收入水平相当的年日常消费支出,包括当事人本人和赡养人日常的基本生活消费支出。

公式(4)中的"资产"是指当事人所拥有的各类财产,包括住宅、家具、家用电器、汽车、古玩字画以及奢侈消费品等财产的原始价值,股票债券等金融资产的成本,信用卡、银行存款和现金等货币性资产;"负债"是指当事人所承担的各类债务,包括购房贷款、汽车贷款等。

显然,当事人的未知来源收入与其本期资产的增加数及消费支出正相关,与本期负债的增加数、当期的合法来源收入以及其他来源收入负相关。

3. 净值法的适用条件

运用净值法查明当事人未知来源收入时需要满足以下四个适用条件。

(1) 当事人的合法收入水平与其奢华的生活方式显著不相称。

(2) 有证据表明当事人及其家庭所拥有的财富近期显著增加,添置了大量可察觉的资产,如房产、汽车、游艇、高档家具、豪华家电、古玩字画等。

(3) 当事人没有将非法所得通过购买高档食品、豪华度假旅游等难以查证的奢侈消费挥霍。

(4) 当事人所在地区实行了家庭财产申报与公示制度。如果没有实行这一制度,则需要当事人所在地区具有比较完备的社会公共信息系统,调查人员有条件通过查阅各类公共记录和数据库获取必需的资料,如调查人员可以通过走访银行、保险公司、券商、房地产开发商、装修公司、汽车供应商、家具店、电器经销商、珠宝商取得有关资料。

4. 净值法的应用举例

李某是某政府部门的主要负责人。据群众反映,李某及其家人存在消费水平明显高于其合法收入水平的情况,有权钱交易、收受贿赂的重大嫌疑。调查人员根据其本人申报和通过其他渠道收集到了如表3-2所示的李某最近三年的家庭财产、负债、收入与费用支出的资料。利用上述资料,我们可以运用净值法原理列表计算出李某未知来源收入的数额。具体的计算过程如表3-3所示。通过上述计算,我们可以确定李某在2015年和2016年至少分别有83.7万元和147.58万元的未知来源的收入。我们可以要求李某就上述未知来源收入举证说明其来源的合法性,如果他无法举证说明收入来源的合法性,我们就可以认定这些未知来源收入为非法所得。

表 3-2　李某最近三年家庭收支情况　　　　　　　　　　　　单位：元

	2014 年	2015 年	2016 年
资产			
银行存款	156 800	367 000	536 000
股票	590 000	860 000	930 000
债券	250 000	250 000	250 000
家用电器	135 000	186 000	213 000
收藏品	—	300 000	500 000
汽车	256 800	256 800	848 600
住宅	1 200 000	1 200 000	2 680 000
资产合计	2 588 600	3 419 800	5 957 600
负债			
住房抵押贷款	400 000	300 000	800 000
汽车消费贷款	120 000	100 000	500 000
应付款	—	5 000	12 000
负债合计	520 000	405 000	1 312 000
收入			
工资、津贴及奖金收入		160 000	180 000
劳务报酬收入		60 000	87 000
投资收入		32 000	68 000
租金收入		18 000	21 000
接受赠与		12 000	41 000
收入合计		282 000	397 000
费用支出			
食品与餐饮		32 000	43 000
家用开销		20 000	20 000
旅游度假		24 000	32 000
通信费用		12 000	18 000
赡养支出		15 000	21 000
教育支出		21 000	21 000
医疗支出		26 800	13 400
利息支出		12 000	63 600
礼品支出		10 000	10 000
费用支出合计		172 800	242 000

表 3-3　净值法应用　　　　　　　　　　　　　　　　　　单位：元

	2014 年	2015 年	2016 年
资产	2 588 600	3 419 800	5 957 600
减：负债	520 000	405 000	1 312 000
净资产	2 068 600	3 014 800	4 645 600
净资产的增加		946 200	1 630 800
加：费用支出合计		172 800	242 000
总收入		1 119 000	1 872 800
减：已知来源收入合计		282 000	397 000
未知来源收入		837 000	1 475 800

（二）本福特定律

1. 本福特定律的基本概念

本福特定律最初由美国数学家、天文学家西蒙·纽康（Simon Newcomb）在 1881 年发现，他在使用对数表做计算时，偶然注意到对数表的第一页要比其他页更为破旧。这一奇怪的现象激发了他的研究兴趣，当时他所能得到的唯一解释是人们对小数字的计算量要大于对大数字的计算量。经过大量的统计分析，他发现许多类型的数字都很好地符合这样的规律：以 1 为第一位数的随机数要比以 2 为第一位数的随机数出现的概率要大，而以 2 为第一位数的随机数要比以 3 为第一位数的随机数出现的概率要大。以此类推。

1938 年，美国通用电气的物理学家弗瑞克·本福特（Frank Benford）注意到了同样的现象。后来，他用了 7 年的时间，收集并验证了 20 229 个数字，其中包括篮球比赛的数字、河流的长度、湖泊的面积、各个城市的人口分布数字、在某一杂志里出现的所有数字等，经过大量的统计分析，他发现每个样本中首位数字为 1～9 的概率在一定范围内具有稳定性。本福特利用概率的数理统计思维，计算了每个预期数字（0～9）出现的频率，如表 3-4 所示。整数 1 在数字中第一位出现的概率大约为 30%，整数 2 在数字中第一位出现的概率大约为 17%，整数 3 在数字中第一位出现的概率约为 12%，而 8 和 9 在数字中第一位出现的概率约为 5% 和 4%。这一规律因此也被人们称为"第一位数分布规律"。

表 3-4　本福特定律——预期数字频率

数字	第一位	第二位	第三位	第四位
0		0.119 68	0.101 78	0.100 18
1	0.301 03	0.113 89	0.101 38	0.100 14
2	0.176 09	0.108 82	0.100 97	0.100 10
3	0.124 94	0.104 33	0.100 57	0.100 06

(续表)

数 字	第一位	第二位	第三位	第四位
4	0.096 91	0.100 31	0.100 18	0.100 02
5	0.079 18	0.096 68	0.099 79	0.099 98
6	0.066 95	0.093 37	0.099 40	0.099 94
7	0.057 99	0.090 35	0.099 02	0.099 90
8	0.051 15	0.087 57	0.098 64	0.099 86
9	0.045 76	0.085 00	0.098 27	0.099 82

资料来源：M. J. Nigrini, "Taxpayers Compliance Application of Benford's Law," *Journal of the American Taxation Association* 18, No.1(1996)：72-91.

本福特在1938年推导出描述本福特定律的数学表达式：

$$P(d) = \log_{10}[1 + (1/d)]$$

其中：

P 表示概率（或频率）；

d 是一个 1~9 的整数。

本福特定律描述了系列数字位数的预期频率。根据本福特定律，首数的分布符合正态分布，会更偏向于较小的数字，即以1或2为首位数的随机数比以8或9为首位数的随机数出现的概率要大得多。运用本福特定律检验系列数据的首位数字是否与预期数字频率相一致是一种典型的数值分析。具体测试方法包括第一位数字测试、前两位数字测试和最后两位数字测试。这些测试是将数据集的实际数字频率与本福特定律分布形状进行比较，从而得出结论。这种数值分析已被应用于各种类型会计数据的测试，并以在欺诈测试中的应用而闻名。

2. 本福特定律的适用条件

数学家平卡姆（Pinkham）的研究证明了本福特定律不受度量单位的影响。他指出，如果某一系列数字很好地吻合了本福特定律，并且这些数字符合持续增长的规律，那么无论它们使用什么度量单位，都依然遵循本福特定律。几乎所有自然数据都具有这种倾向，包括城市人口数量、地质对象的规模以及财务会计数据（如股票价格、公司利润和交易量）。对于这些数据集，我们会预期小项目更多，而不是大项目（例如，小城市的数量比大城市更多，小山脉的数量比大山脉更多，低股价公司数量比高股价公司更多）。然而，并不是所有数据都遵循本福特定律，适用本福特定律的数据集要满足以下五个条件。

（1）数据不能设置最大值和最小值的限制，如百分比、全世界政治家的年龄、人的身高、以秒为单位的 100 米短跑、邮件的邮资等。

（2）数值既不是完全随机的，也不能过度集中。

（3）数值在一个很宽的范围里连续变动，不存在间断点或间断区间。

（4）数字没有被特别赋值，如电话号码、证件号码、股票代码等按一定编码规则形成的数字一般不符合本福特定律分布。

(5) 数值的形成受多种因素的影响,是综合作用的结果,如城镇的人口数量。

一般认为,河流的长度、人口分布数、煤气耗用量、用电的账单金额、公司的纳税额、个人所得税额,以及会计、统计、税收、金融、证券市场数据通常很好地符合本福特定律。

3. 本福特定律应用举例

法务会计人员对某公司近5年收到的8 206张销售发票以及公司为4家主要客户开具的发票金额首位数字出现的概率做了统计,并将统计的结果与本福特定律进行对比,统计结果如表3-5所示。法务会计人员运用Excel软件绘制的发票金额首位数字出现的概率分布图如图3-2所示。

表3-5 发票金额首位数字出现的概率分布表

数字	本福特定律	全部发票	客户A	客户B	客户C	客户D
1	0.301 03	0.298	0.295	0.308	0.211	0.187
2	0.176 09	0.17	0.168	0.173	0.025	0.104
3	0.124 94	0.122	0.138	0.123	0.054	0.106
4	0.096 91	0.105	0.099	0.102	0.078	0.125
5	0.079 18	0.084	0.073	0.081	0.028	0.148
6	0.066 95	0.071	0.071	0.061	0.048	0.136
7	0.057 99	0.063	0.062	0.054	0.063	0.121
8	0.051 15	0.059	0.049	0.058	0.198	0.058
9	0.045 76	0.052	0.042	0.042	0.284	0.049

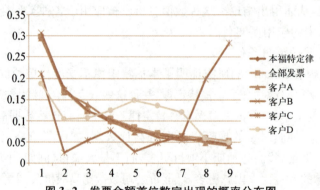

图3-2 发票金额首位数字出现的概率分布图

从图3-2可以看出,以全部发票为样本的统计曲线基本上与本福特定律相吻合。但是,如果按照不同的客户来做进一步的分层统计,结果就不相同了,为客户A和客户B出具的发票金额的统计曲线与本福特定律具有很好的一致性。基本上可以说,公司在与客户A和客户B的交易中没有销售欺诈的征兆。客户C和客户D的统计曲线则与本福特定律存在很大的不一致,说明可能存在一定程度的销售欺诈问题。其中,客户C的统计曲线显示,金额首位数字为8和9的概率比较高,金额首位数字为1和2的概率比较小,这样的结果似乎意味着有人在发票上故意书写金额较大的数字。客户 D 的统计曲线显示,可能有人试图让首位数字出现的概率尽量相同,说明有人为编造金额数字的嫌疑。法务会计人员应该以此为线索,进一步深入调查公司销售人员与这两个客户的经济往来是否存在欺诈舞弊的问题。

(三) 阿特曼 Z 得分模型

1. 阿特曼 Z 得分的基本模型

纽约大学斯特恩商学院教授爱德华·阿特曼(Edward Altman)曾在 1968 年对美国破产和非破产生产企业进行观察,对 22 个财务比率进行数理统计筛选,构建了著名的 5 变量 Z 得分模型。Z 得分模型是以多变量的统计方法为基础,以破产企业为样本,通过大量的实验,对企业的运行状况、破产与否进行分析、判别的系统。Z 得分模型在美国、澳大利亚、巴西、加拿大、英国、法国、德国、爱尔兰、日本和荷兰等国家得到了广泛的应用。

(1) 上市制造业公司模型。适用于公开上市交易制造业公司的阿特曼 Z 得分模型如下:

$$Z = 1.2X_1 + 1.4X_2 + 3.3X_3 + 0.6X_4 + 0.999X_5$$

其中:

X_1:净运营资本/总资产;

X_2:留存收益/总资本;

X_3:息税前利润/总资产;

X_4:股权市场价值/总负债账面价值;

X_5:销售额/总资产。

(2) 私人企业和非制造业公司模型。针对私人企业和非制造业公司,阿特曼对上述常规模型进行了修正,并给出了相应的阿特曼 Z 得分修正模型。

适用于私人企业的阿特曼 Z 得分模型如下:

$$Z = 0.717X_1 + 0.847X_2 + 3.107X_3 + 0.420X_4 + 0.998X_5$$

适用于非制造业公司的阿特曼 Z 得分模型如下:

$$Z = 6.65X_1 + 3.26X_2 + 6.72X_3 + 1.05X_4$$

私营企业无法计算 X_4(股权市场价值/总负债账面价值),因此,阿特曼对常规模式进行了修正,用权益账面价值替换股权市场价值。同理,因为在非制造行业的公司中 X_5(销售额/总资产)存在很大差异,阿特曼将这一因素从模型中删除,修正后的公式适用于非制造业公司。

阿特曼通过对 Z 得分模型的研究分析得出,Z 值与公司发生财务危机的可能性成反比。Z 值越小,公司发生财务危机的可能性就越大;Z 值越大,公司发生财务危机的可能性就越小。为了增进对 Z 分值的运用,阿特曼提供了破产预测的临界点,如表 3-6 所示。例如,对于上市交易制造业公司来说:当 $Z<1.81$ 时,企业属于破产之列;当 $1.81<Z<2.99$ 时,企业属于"灰色区域",很难简单得出企业肯定破产的结论;当 $Z>2.99$ 时,公司财务状况良好,破产可能性极小。

表 3-6　阿特曼 Z 得分模型临界点

预　测	上市交易制造业公司	私人制造业企业	上市交易非制造业公司
破产	<1.81	<1.23	<1.10
未知区域	1.81～2.99	1.23～2.90	1.10～2.60
非破产	>2.99	>2.90	>2.60

阿特曼 Z 得分模型越精确，得出的结论就越准确，可以有效避免判断偏误。阿特曼 Z 得分模型从企业的资产规模、变现能力、获利能力、财务结构、偿债能力、资产利用效率等方面综合反映了企业财务状况，进一步推动了财务预警系统的发展。

2. 阿特曼 Z 得分的应用分析

下面以 2014—2016 年我国部分 ST 类与非 ST 类的制造业上市公司为样本，计算财务预警的阿特曼 Z 得分。我们按照阿特曼 Z 得分模型的要求收集整理财务数据，财务数据来源于万得（Wind）数据库中的合并报表，其中，股权市场价值取值数据库中的年末总市值（证监会算法）。阿特曼 Z 得分模型的具体变量取值如下：

$$Z = 1.2X_1 + 1.4X_2 + 3.3X_3 + 0.6X_4 + 0.999X_5$$

其中：

X_1：净运营资本／总资产＝（流动资产－流动负债）／总资产；

X_2：留存收益／总资本＝（盈余公积＋未分配利润）／（总资产－总负债）；

X_3：息税前利润／总资产＝利润总额／总资产；

X_4：股权市场价值／总负债账面价值＝总市值／总负债；

X_5：销售额／总资产＝营业收入／总资产；

我们利用 Excel 计算得到不同年份制造业上市公司的 Z 得分，结果如表 3-7 所示。

表 3-7　2014—2016 年我国部分制造业上市公司 Z 得分

证券简称	证券代码	2014 年 Z 得分	2015 年 Z 得分	2016 年 Z 得分
*ST 昌九	600228	−0.04	1.59	0.52
*ST 东数	002248	1.40	2.04	0.20
*ST 海润	600401	0.33	0.80	−0.42
*ST 华菱	000932	0.44	−0.43	−0.34
*ST 吉恩	600432	0.95	−0.45	−3.39
*ST 建峰	000950	0.90	1.04	−0.25
*ST 京城	600860	1.97	2.31	1.98
*ST 昆机	600806	1.99	2.48	0.53
*ST 墨龙	002490	1.75	1.42	0.53
*ST 青松	600425	1.21	0.49	0.25

(续表)

证券简称	证券代码	2014 年 Z 得分	2015 年 Z 得分	2016 年 Z 得分
*ST 锐电	601558	1.55	−1.31	−11.87
*ST 三维	000755	1.02	0.68	−2.71
*ST 厦工	600815	1.92	1.22	−7.82
*ST 沈机	000410	1.20	1.01	−1.94
*ST 一重	601106	1.73	1.65	−0.33
*ST 中富	000659	0.92	1.71	−1.43
*ST 中基	000972	0.89	3.29	−0.24
*ST 中绒	000982	1.08	0.38	−0.69
ST 山水	600234	−3.47	−3.92	0.16
TCL 集团	000100	2.01	1.76	1.35
安凯客车	000868	1.92	1.71	1.20
鞍钢股份	000898	1.53	0.73	1.19
澳柯玛	600336	2.27	2.88	2.68
宝钢股份	600019	2.26	1.83	1.97
比亚迪	002594	1.66	2.04	1.95
晨鸣纸业	000488	0.96	0.76	0.86
大唐电信	600198	1.64	2.06	−0.27
东北制药	000597	1.24	0.68	0.94
东方电气	600875	1.77	1.60	1.34
东风汽车	600006	2.29	2.55	2.17
飞乐音响	600651	2.72	2.83	1.94
山西汾酒	600809	8.76	6.90	7.44
丰原药业	000153	3.27	2.79	3.01
九牧王	601566	8.20	8.63	7.36
老凤祥	600612	5.69	6.84	5.49
福田汽车	600166	1.81	1.62	1.46
辅仁药业	600781	3.11	3.13	2.82
格力电器	000651	3.10	2.87	2.94
光明乳业	600597	3.87	3.04	2.94
海螺水泥	600585	3.82	3.17	3.44

(续表)

证券简称	证券代码	2014年 Z 得分	2015年 Z 得分	2016年 Z 得分
海信科龙	000921	2.58	2.39	2.37
华北制药	600812	1.02	1.24	0.93
江淮汽车	600418	2.52	2.39	2.15
金龙汽车	600686	2.14	2.30	1.49
两面针	600249	1.70	2.10	3.19
马钢股份	600808	1.49	0.73	1.09
美菱电器	000521	2.55	2.45	2.32
南山铝业	600219	2.04	2.19	2.76
青岛海尔	600690	3.28	3.25	2.19
上海氯化	600315	11.01	10.01	6.92
三一重工	600031	2.98	2.33	2.36
厦门钨业	600549	3.44	2.44	3.10
上峰水泥	000672	4.06	2.64	3.08
上海机电	600835	2.25	2.80	2.44
史丹利	002588	5.85	7.10	5.26
深康佳	000016	2.09	1.78	1.74
四川长虹	600839	1.95	1.92	1.88
太原重工	600169	1.44	1.15	0.07
铜陵有色	000630	3.07	2.93	2.91
潍柴重机	000880	1.91	2.20	2.07
伟星新材	002372	11.85	14.90	10.44
小天鹅	000418	3.06	3.32	3.24
新华制药	000756	2.01	2.33	2.28
徐工机械	000425	2.31	2.26	2.00
同仁堂	600085	6.43	12.90	7.44
云南铜业	000878	3.07	2.90	2.94
长安汽车	000625	3.02	3.04	2.85
五粮液	000858	11.13	10.56	8.53
珠江啤酒	002461	2.91	3.12	2.75
紫鑫药业	002118	2.90	2.91	2.93
海澜之家	600398	4.75	4.91	4.55

（1）对 ST 公司的预测。从表 3-7 中的 ST 类公司来看，绝大多数 ST 类公司的 Z 值小于 1.81（除 *ST 中基 2015 年 Z 值为 3.29 外），有的甚至已为负数，这充分说明了公司在被特别处理前一年内财务状况已经发生了严重的恶化，出现巨大财务危机；前一年的预测精度较高，到了前两年、前三年，其预测精度大幅度下降。同时可以看出，ST 公司在被特别处理前三年的会计年度中，其 Z 值大多数在 2.99 以下，极少数公司的 Z 值大于 2.99，并且 2014—2016 年 Z 值呈逐年减小的趋势。这说明 ST 公司在被特别处理前两年乃至前三年，已经显现出财务恶化的隐患。

（2）对非 ST 公司的预测。从表 3-7 可以看出：2014—2016 年，非 ST 类公司的 Z 值大多数（约占 85%）在 1.8～2.99（即处于灰色地带），基本符合规律；非 ST 公司 Z 值大于 2.99 的约占 10%。这说明所选样本中我国非 ST 类制造业上市公司财务状况基本良好，有一定的抵御风险的能力。

第二节 法务会计鉴定方法

法务会计鉴定方法是法务会计鉴定人员在解决涉案财务会计问题的鉴定过程中所采用的鉴别判断和分析推理的技术方法。法务会计鉴定方法可分为基本方法和辅助方法。前者是法务会计鉴定过程中普遍适用的方法，后者是根据具体案情所采用的鉴定技术或技巧。正确的法务会计鉴定方法是得出真实可靠的鉴定结论的必要条件，也是法务会计鉴定人员进行鉴定的必然方法。

一、法务会计鉴定的基本方法

法务会计鉴定方法并没有固定的模式，随着法务会计鉴定实践的发展，一直处于不断补充和完善之中，源于实践又指导实践，并且因个案异而方法异。目前，学术界比较公认、实务界最常用的法务会计鉴定的基本方法包括两种：平衡分析法和比对鉴别法。

（一）平衡分析法

1. 平衡分析法的基本原理[①]

平衡分析法是一种以价值运动规律所反映的量的平衡关系作为原理的鉴定方法。平衡分析法的设计根据的是价值运动的规律所反映的量的平衡关系。基于价值之间及反映价值的相关数据之间的平衡关系，法务会计鉴定人员可以将需要推导和确认的某项价值量或某一数据确定为分析量，同时，将与分析量有关的价值量或数据设定为参照量，根据参照量与分析量之间的平衡关系，利用参照量确认或推导出分析量，并据此分析和证明相关鉴定事项的情况。平衡分析法主要适用于鉴别、判定财务指标数据以及鉴别、判定财务会计记录的真实性、正确性等问题的会计鉴定。

[①] 于朝：《司法会计鉴定实务》，中国检察出版社，2009，第 60 页。

2. 平衡分析法的操作步骤

采用平衡分析进行鉴定时,通常分为以下步骤:

第一步,根据初步检验获取的信息,确定鉴定事项所涉及的平衡关系;

第二步,根据平衡分析机制,确定需要采用的参照值范围;

第三步,根据对参照值进行详细检验的结果,确定参照值的实际值;

第四步,根据平衡机制,确认或推导分析值的状况或实际值;

第五步,根据求得的分析值对鉴定事项涉及的相关问题进行分析判断,并作出相应的结论性意见。

3. 平衡分析法的主要类别

由于价值运动所反映的量的平衡关系包括静态平衡和动态平衡两种情况,所以平衡分析法依据其所运用的平衡关系的不同,可以分为静态平衡分析法和动态平衡分析法两种。

(1) 静态平衡分析法。静态平衡分析法是根据特定时点价值的参照值与分析值之间的静态平衡机制设计的一种鉴定方法。静态平衡关系包括价值的对应平衡关系和价值的从属平衡关系。价值的对应平衡关系如"资产总额=负债总额+净资产总额"。价值的从属平衡关系如"资产总额=各项资产额合计""净资产总额=接受资本额合计+留存收益额合计"。

静态平衡分析法的具体操作要点包括以下四个方面。

① 确定鉴定事项是否涉及静态平衡关系,以及是何种静态平衡关系。鉴定事项涉及对某一数据进行推导的财务会计问题时,可以根据初步检验的结果,确定能否按照静态平衡原理来分析、推导相应的数据,并根据初步检验意见确定具体的静态平衡关系。

② 根据鉴定事项、静态平衡关系及基本证据情况,设定参照值的选择范围。设定参照值的范围时,应遵循两个基本原则:其一,所选择的参照量都有确定的值,即有基本证据记载或确定该数值;其二,所选择的参照值与分析值必须能够组成一个相对独立的静态平衡体系。在会计鉴定实践中,应当根据这两个原则适当地设定参照值范围。参照值范围设定得过大,选择的参照值会过多,这既会浪费鉴定时间,又会造成结论的论证困难;反之,参照值范围设定得过小,则会使参照值与分析值之间不能形成相对独立的平衡体系,可能会造成鉴定失误。

③ 根据对财务会计资料详细检验的结果,找出并确定参照值。寻找和确定参照值时,必须根据详细检验结果直接找出参照值或根据检验结果和相关鉴定原理推导出参照值。如果详细检验结果无法反映某一参照值,则可能无法继续进行鉴定,此时应当考虑采用其他的鉴定方法。

实际利用平衡公式时,可能需要根据具体的鉴定事项和检验结果对平衡公式进行调整。例如,鉴定事项是要确认某一明细账户余额,检验结果包括了总账账户余额和其他账户余额,因而在利用"总账账户余额=总账所统驭的账户余额合计"平衡公式时,就需要将其调整为"某一明细账户余额=总账账户余额-其他明细账户余额合计"。

④ 对参照值与经计算确认的分析值进行对比分析,确认财务会计资料对某项会计要素或财务数据的记载内容的真实性,或分析其他需要进行鉴别判断的财务会计事实。

（2）动态平衡分析法。动态平衡分析法是根据在参照值和分析值的转换过程中其数值不变的平衡机制设计的一种鉴定方法。动态平衡分析法运用资金转换前后所保持的资金性质、归属或形态的平衡关系，来鉴别确认涉及资金的取得、形成、运用、运行结果等方面的财务问题及相关的会计处理真实性、合理性问题。

动态平衡分析法的鉴定原理表现为等额平衡关系和差额平衡关系。等额平衡关系是指单一的资金转换过程应当是等量进行的。例如，现金购物业务表现为资金转换为实物资产的过程，其现金支出的资金量与购进物品的资金量应当相等。差额平衡关系是指在两次或两次以上的资金转换过程中，可能会在原有资金量的基础上增加（或减少）特定的利润量。例如，购销业务所反映的多次资金转换过程中会存在利润额（或亏损额）差额，投资及投资收回过程中也会存在收益额（或损失额）差额等。

动态平衡分析法的操作要点包括以下两个方面。

① 考察分析资金转换是否具备相应的前提条件。任何资金转换的成立都必须具备的前提条件如下：在转换前客观上必须实际存在着转换所需的等额资金。也就是说，形成或取得一项资金的前提条件是必须客观实际存在着同量的资金来源，而一项资金已被使用的前提条件是该项资金本身必须客观存在。如果不存在资金转换的这一前提条件，这一转换就不可能进行，这类转换事实也不会成立。

② 考察分析资金转换过程中是否保持了量的平衡关系。在等额平衡的情况下，鉴定人需要分别检验资金转换前后的财务资料，确认前后资金量，通过对比确认其是否相等。在差额平衡的情况下：首先，需要分清其中所存在的资金转换过程的构成次数，以及相关资金转换之间是否存在关联；其次，通过检验资金转换前后的财务会计资料，确认其等量平衡；最后，通过计算并验证相关财务会计资料，确认差额是否存在以及是否符合量的平衡关系。

在法务会计鉴定中，考察分析资金在转换过程中是否保持了量的平衡关系具有以下两个功能：一方面，可以解决资金转换的真实性、资金转换是否完成以及资金转换结果是否符合量的平衡关系等财务问题；另一方面，在确认相关财务事实的基础上，可以解决在会计处理方面是否存在未正确反映资金转换过程中量的平衡关系的情形，以及这类情形的出现对会计要素的核算及会计信息的影响和影响程度等会计问题。例如，采用现金流量法确认股票投资收益额，就是考察资金量的平衡关系的结果。股票投资中需要投入现金，退出股市时则会抽回资金，在这个过程中可能存在多次现金存入或现金提取业务，也会存在现金转股票、股票转现金的多次资金转换。从存入现金到退出股市的过程会保持一个量的差额平衡关系，这一差额即为投资损益额。这一过程中的量的平衡关系表现如下：存入现金量＝提取现金量±损益量。

4. 平衡分析法的应用举例

（1）基本案情。证券投资人杨某与某证券代理机构就证券交易盈亏的计算结果存在争议。杨某坚持认为2016年7—12月证券投资盈利25万元，而某证券代理机构对其证券投资计算的结果为10万元。杨某不同意并且也难以理解某证券代理机构对证券交易盈亏计算的结果，双方各持己见，最后双方一致同意委托某会计师事务所进行会计鉴定。

（2）鉴定过程。证券交易盈亏会计鉴定所适用的会计原则有两个。一是收付实现制原则,即计入本期盈亏的证券必须是本期(鉴定的交易期间)买入并卖出的,不考虑期初、期末持有证券的市值及浮动盈亏。期初持有的证券是鉴定起止时间以外购买的,其资金属性是确定的,如交易期间卖出期初持有证券所得不应确认为本期收入;而期末持有的证券在鉴定起止时间内尚未完成交易的全过程,其盈亏具有不确定性,不应确认为本期收入。二是配比原则,即不考虑期初、期末持有证券,计入盈亏证券的买入(含期间配股送转股数量)与卖出的数量必须一致。成本计算方法一般采用先进先出法,即先期购买的证券与先期卖出的同一证券同时结转收入、成本;有配股和送转股且期末持有、期间转出证券情况的还应当采用分配法。遵循上述原则,鉴定步骤如下所述。

① 对交易期间电子文档的全部交易信息按交易类别进行归类。证券公司在代理的证券交易业务中,记载交易信息的内容一般包括现金存入、现金支取、银行转存、银行转支,交易查询费用,证券红利收入(已由上市公司代扣所得税)、资金存款利息、利息税(由所在证券公司代扣),买入证券(含证券申购)、卖出证券(含申购资金退回)等内容。法务会计鉴定人员利用 Excel 工作表,对各类交易信息按发生时间顺序排列重新归类。

② 对各类交易进行求和汇总,计算期末资金余额。期末资金余额计算如下:现金存入＋银行转存＋卖出证券＋证券红利收入＋资金存款利息－现金支取－银行转支－交易查询费用－利息税－买入证券＝期末资金余额。如根据分类数据计算的期末资金余额与证券交易对账单(纸质)期末资金余额一致,说明分类汇总数据正确;如资金余额不一致,则应查明原因,查明是否存在汇总数据有遗漏或原始数据有误的情况。

③ 对交易期间买入、卖出的证券进行筛选。在期初、期末持有证券或期间有转入、转出证券的情况下,本期买入证券与卖出证券的差额不能确认为本期证券交易的净盈亏额,还要在本期卖出的证券中剔除期初持有、期间转入证券的份额,在本期买入证券中剔除期末持有、期间转出证券的份额。保留符合本期买入并卖出证券条件的证券份额,并对证券持有期间送转红股的情况进行标注。动态平衡公式如下:期初持有(转入)量＋本期买入量＋本期送转量＝本期卖出量＋期末持有(转出)量。

④ 计算交易期间资金账户的盈亏。一是对经筛选后保留的属于本期买入且卖出的证券进行汇总求和,即得出本期证券交易的净盈亏;二是计算交易期间账户资金利息收入;三是计算交易期间证券的红利收入;四是计算交易期间的交易查询费支出;五是计算本期证券交易盈亏总额。根据以下动态平衡公式得出本期证券交易盈亏总额:本期证券交易盈亏总额＝本期证券交易净盈亏＋本期资金利息净收入＋本期证券的红利收入－本期交易查询费支出。

(3) 鉴定结论。在本案例中,鉴定人员综合运用了静态平衡分析法和动态平衡分析法,计算期末资金余额、证券持有量和证券交易盈亏额,最终确认杨某在 2016 年 7—12 月证券交易盈亏金额为 21 万元。鉴定人员对鉴定原理和方法进行了详细说明,最后,双方均认同法务会计鉴定人员的鉴定结果。

(二) 比对鉴别法

1. 比对鉴别法的基本原理

比对鉴别法是以财务会计处理方法的特定性作为鉴定原理的一种会计鉴定方法。比对鉴别法以正确的财务会计处理方法及处理结果作为参照客体,将其与检材中所记载的需要鉴别分析的财务会计处理方法及处理结果进行比较、对照,鉴别判定检材中所反映的财务会计处理方法及处理结果是否正确、真实。

基于财务会计处理方法预期适用对象之间具有特定的同一关系,鉴定人可以根据鉴定证据中记录的相关财务会计业务内容,依照有关财务会计处理的技术标准制成参照客体,同时将鉴定证据中需要进行鉴别分析的财务会计处理方法及处理结果设定为比对客体,然后将二者进行比较。如果一致,则可判定需要鉴定的财务会计处理方法及处理结果是正确的或真实的;二者如不一致,则可判定需要鉴定的财务会计处理方法及处理结果是错误的或虚假的。

比对鉴别法又可以衍生出核对法、比较法等方法。但它们之间存在明显差异:从方法的内容方面讲,采用比对鉴别法必须依据特定的原理与方法制作出参照客体,方可进行比对鉴别,而核对法与比较法是不需要设定参照客体的;从客体形式方面讲,比对鉴别法是一个由鉴定人设定的参照客体与一个实际客体之间的比较,而核对法与比较法则是两个或两个以上的实际客体之间的核对与比较;从结果方面讲,比对鉴别法可以直接判定比对客体正确与否,而核对法则需要借助其他检验结果才能确认其中的某一核对客体是否正确,比较法则无须判定比较客体的正确性。

2. 比对鉴别法的适用范围

比对鉴别法主要适用于对会计分录、账户余额、会计报表项目数字和各种财务指标计算结果正确性以及会计处理记录真实性、正确性的鉴别。

3. 比对鉴别法的操作步骤

法务会计鉴定中的比对鉴别法可分为以下三个步骤。

(1) 根据比对内容,确定制作参照客体所适用的引用技术标准。引用技术标准是指在财务会计领域中对某些会计事项如何处置及其是否合法、正确所作的统一规定,如使用平衡分析法进行论证时引用的会计恒等式、使用比对鉴别法进行论证时引用的《会计基础工作规范》《企业会计准则》和《企业会计制度》等会计工作遵循的规章和准则。

(2) 根据相关证据及引用技术标准,设计、制作参照客体。在实际鉴定中,应将参照客体按照比对的内容制作成书面文件。

(3) 将参照客体按照比对的内容与鉴定证据中的比对客体逐一进行比较、对照,从而确认比对客体的内容是否正确或真实。

4. 比对鉴别法的应用举例

(1) 基本案情。某市反贪局接到群众举报,该市一家医院的电脑收费员张某,其收入与支出不匹配,有贪污医院医疗收费的嫌疑。由于张某对犯罪行为拒不供认,反贪局聘用法务会计人员进行会计鉴定,协助调查张某作案的手段。

鉴定人员对医院电脑收费系统的数据库进行详细分析后,最终揭露了张某的作案手法。张某负责医疗收费,而且擅长计算机数据库技术。张某利用医院电脑收费系统管理方面存在的漏洞,人为混淆"自费病人"和"医保病人"两类群体的收费和退费,从中"挤出"钱款予以侵吞。具体来说,对于高额结账付款的自费病人,在收费开票时,将存根联进行空白处理,并作退费记号,然后物色缴费的医保病人,预留其医保IC卡刷卡时的个人信息,粘贴到上述自费病人的存根联上,以造成原存根联上是医保病人付费的假象。再盗取电脑权限擅自进入医院计算机信息系统门诊收费数据库,删除有退费记号的自费病人的记录,用自己伪造的医保病人的记录予以替代,最后根据电脑中修改后的记录打印出日报表到财务部门上缴医疗款,达到于无形中贪污有形资金的目的。

(2) 鉴定过程。会计软件系统遵循财务会计账账相符、账证相符、账实相符的基本原理,一旦账账不符,就会引起计算机系统内部出错,经济犯罪活动必定留下痕迹。首先,鉴定人员采用平衡分析法对该医院急诊电脑收费系统中 2016 年 7—12 月的明细库和总库进行调查,发现操作员名称为"张某"的明细库中,数据记录流水号是连续的,而总库中的流水号有缺号、跳号等现象。由于明细库与总库数据之间的平衡性,将总库和明细库的数据进行关联,恢复总库中被张某篡改的自费病人医药费专用收据 163 张。然后,鉴定人员采用比对鉴别法,核对对应的专用收据存根联,发现同一号码的收据联和存根联存在病人姓名、收费项目、所用药品、收费金额等不符的现象,收据联现金收入数大于存根联现金收入数,共 83 741 元。通过比对鉴别法进一步调查实收数与解款数之间的差额,经查,2016 年 7—12 月,张某操作的收费日报和与之对应的医药费收据存根联现金收入数不符的有 5 笔,差额为 4 176.80 元,如表 3-8 所示。

表 3-8 比对鉴别结果

日 期	发票起讫号	实收数(元)	解款数(元)	差额(元)
2016 年 9 月 21 日—2016 年 9 月 29 日	110001-450076	2 406.90	2 070.90	336.00
2016 年 10 月 4 日—2016 年 10 月 5 日	110077-450168	2 964.90	2 642.90	322.00
2016 年 10 月 12 日—2016 年 10 月 21 日	110169-450281	4 532.90	3 395.00	1 137.90
2016 年 10 月 24 日—2016 年 11 月 4 日	110282-450426	4 221.10	3 418.90	802.20
2016 年 11 月 15 日—2016 年 11 月 30 日	110427-450559	5 406.80	3 828.10	1 578.70
合 计		19 532.60	15 355.80	4 176.80

(3) 鉴定结论。本案例主要采用了平衡分析法和比对鉴别法,最终确认了犯罪嫌疑人张某在 2016 年 7—12 月,采用修改收费系统数据库的方法,开具急诊医药费专用收据阴阳发票 163 张,收据联现金收入数大于存根联现金收入数 83 741 元,并采取修改医药费现金收入日报表的方法,5 次少交现金收入款 4 176.80 元。

二、法务会计鉴定的辅助方法

法务会计鉴定的辅助方法主要包括因素递增法、因素排除法和还原法。法务会计鉴定的其他具体方法(如审阅核对法、范围限定法、顺查法和逆查法等)是在法务会计鉴定辅助方法的基础上衍生的产物。

(一) 因素递增法

1. 因素递增法的基本原理

因素递增法是指在鉴定过程中逐步增加鉴别分析因素的一种会计鉴定技术方法。采用因素递增法进行会计鉴定时,首先应将需要进行鉴别分析的各种因素按对其实施鉴别分析的难易程度由易到难的顺序排列,然后逐步将各个因素纳入鉴别分析的范围,最终仍存在无法进行鉴别分析的因素时,可在鉴定意见中附加鉴定条件。

2. 因素递增法的操作步骤

因素递增法是在会计鉴定中遇到鉴定证据不全,或对鉴定证据的真实性、可靠性存有异议等情形时通常使用的一种鉴定技术。特别是采用直接鉴定法鉴定财务问题时,由于存在大量的瑕疵凭证,往往需要进行大量的瑕疵凭证调查和识别工作,因而如果将各种因素都解决后再实施详细检验,会延长鉴定时间。如果采用因素递增法,可以先根据无瑕疵凭证实施鉴定,然后根据瑕疵凭证甄别进度,逐步增加影响鉴定意见的各种因素,最终作出鉴定意见。

下面以无账簿记录的现金应结存额问题鉴定为例,说明因素递增法的具体步骤。

第一步,按鉴别分析的难易程度划分财务凭证。将所有财务凭证划分为有争议凭证和无争议凭证两类。尚须确认其记载内容真实性的财务凭证属于有争议凭证,无须确认其记载内容真实性的财务凭证属于无争议凭证。有争议凭证包括各种无法直接使用的凭证,如当事人对凭证内容的真实性存在争议的凭证、鉴定人发现内容有虚假嫌疑的凭证、性质或类型尚无法确认的凭证(如发票记载款项是使用现金收付的还是转账收付的)。对当事人有争议凭证及有虚假嫌疑的凭证应当由送检人核查,其他瑕疵凭证可由鉴定人进行鉴别判断后处理。

第二步,根据无争议凭证的内容,计算和确定现金收付业务的累计发生额和现金应结存额。

第三步,采用各种检验方法,识别瑕疵凭证。常用的检验方法有:① 根据凭证的有关项目内容进行鉴别判断,如根据原始凭证的抬头、粘连、印章等验证该凭证属于自制凭证还是外来凭证;② 结合核对银行存款进行鉴别判断,如通过验证未达单位账项来确认现金交款单所列现金是否存入银行;③ 结合检验与收付款项有关的其他资料进行识别判断,如通过验证采购或销售业务的结算账项来验证现金付款业务是否发生等。对经过鉴别分析仍不能解决的凭证,应将其视为有争议凭证,通知送检人核查。将已经识别清楚的各种财务凭证,按照收付款业务的类型,分别计入第一步结果中的累计发生额,并调整计算现金应结存额。

第四步,在鉴定结束前,根据送检人对有争议凭证的核查结果,将其纳入第三步形成的收付款业务的累计发生额,并调整现金应结存额,作为鉴定意见。

在鉴定结束前仍然存在有争议凭证的情况下,法务会计鉴定人员应当出具限定性结论,并将有争议凭证内容对基本鉴定意见的影响作为附加判定条件。

3. 因素递增法的应用举例

(1) 基本案情。2011年,A公司与B公司共同出资设立AB公司,A公司占出资额的49%，B公司占出资额的51%。公司章程规定：AB公司当年税后利润在弥补亏损和提取公积金、公益金后剩余利润，按照双方在注册资本中的出资比例进行分配，公司的利润每年分配一次，在每个会计年度的前三个月内，制定上一年度的利润分配方案及双方应分配的利润额。AB公司成立以后，由B公司负责管理经营。AB公司自2011年成立至2015年，未向A公司分配利润。A公司于2016年年初向当地市中级人民法院提起诉讼，要求AB公司支付红利350万元。

（2）鉴定过程。当地市中级人民法院经双方当事人一致同意聘请某会计师事务所就AB公司2011—2015年的盈余进行会计鉴定。在鉴定过程中，鉴定人员以公司审计报告结论为基础，逐一考虑其他影响会计盈余因素的真实性与合理性，以确定AB公司的会计盈余。审计报告显示，2011—2015年企业亏损为4 903 708.13元，但影响该审计报告结论的两项内容明显存在问题：其一，2014年和2015年，AB公司提供运输费发票的三家单位均未登记注册（即不存在），故该三家单位开具运输发票的8 790 113.5元应调增为利润；其二，AB公司2011—2015年计提坏账准备金13 918 450.04元，其中关联企业占86.76%，计款12 075 647.25元，违反了《企业所得税税前扣除办法》的相关规定，应调增公司利润12 075 647.25元。两项合计20 865 760.75元。相抵后，尚有盈利15 962 052.62元。此外，按照公司法，分配给股东的利润须是公司税后利润，而且要依法提取法定公积金10%，如果2011—2015年AB公司每年均盈利，还要依法提取法定公益金5%~10%。假定均发生在税前补亏期五年内，则公司盈利15 962 052.62元首先要缴纳企业所得税。2008年1月1日以后，企业所得税税率为25%，则税后利润应为11 971 539.47元（15 962 052.62×75%）。

（3）鉴定结论。鉴定人员运用因素递增法计算了AB公司的会计盈余，结论认为，税后利润为11 971 539.47元。按照公司法和公司章程，还应提取法定公积金、法定公益金；如果再出现税后补亏，提取法定公益金和税后补亏。尽管如此，公司盈余仍高于714万元（350/49%）。这样，按A公司所占49%的股份计，原告请求分配利润350万元，低于应分配的利润，一审法院作出判决，支持原告A公司利润分红350万元的诉讼请求。

（二）因素排除法

1. 因素排除法的基本原理

因素排除法是指在涉及确认因果关系的会计鉴定中，通过检验、鉴别和分析，逐步排除与初步结论意见有关的其他可能因素，从而确认其中某一原因或结果的一种会计鉴定技术。因素排除法主要适用于确认财务会计错误关系等因果关系问题的法务会计鉴定。

采用因素排除法进行法务会计鉴定时，首先应将能够导致某一财务会计后果产生的所有原因或某一财务会计现象能够导致的所有后果全部列示出来，然后通过检验财务会计资料及相关证据并鉴别分析相关因素的影响，全力排除其他原因的作用或导致其他后果的可能，最终确认导致某一后果的原因或某一现象所产生的后果。

2. 因素排除法的主要类别

按照排除因素与财务事实的关系，因素排除法可分为直接排除法和间接排除法。

(1) 直接排除法。直接排除法是指某项财务事实的发生由若干个互不相关的原因引起，若能直接排除某种原因以外其他所有原因，则不能排除的某种原因就是我们应当认定的客观事实。如：若已知 W 事项已经发生，而引发 W 事项发生的全部原因只有 A、B、C、D、E 五种，若通过科学的分析论证排除 B、C、D、E，则我们应当认定引发 W 事项发生的唯一原因就是 A。

(2) 间接排除法。间接排除法是指某项财务事实的发生由若干个互不相关的原因引起，而每种原因成立必须具备若干个子因素之一，若能排除某种原因成立的所有子因素，则间接排除了某种原因的存在，以此类推，最终唯一不能排除的某种原因就是应当认定的客观事实。例如，若已知 W 事项已经发生，而引发 W 事项发生的全部原因有且仅有 X、Y 两种，若假设 Y 是引发 W 事项发生的原因，但 Y 成立必须具备 A、B、C、D、E 五个子因素之一，倘若能一一排除所有使 Y 成立的 A、B、C、D、E 五个子因素，那么 Y 就被排除，反过来 X 就是引发 W 事项发生的唯一原因。排除法在财物短缺损失原因鉴定中的作用特别突出。

3. 因素排除法的应用举例

(1) 基本案情。甲电梯公司（以下简称"甲方"）与乙建筑公司（以下简称"乙方"）签订了一份建筑合同，合同约定甲方的厂房由乙方承建，工程预算总造价为 50 万元，工程款结算方式是平时按监理单位审核确认的工程进度预付，完工验收合格后结清。该工程于 2015 年 6 月 15 日开工，截至 2016 年 1 月 8 日，甲方累计预支了工程进度款 45 万元，乙方开具了预收款的非正式发票给甲方。2016 年 3 月 16 日，工程完工验收合格，当日，甲方出纳张某签发现金支票从银行提取现金 5 万元交给乙方出纳李某，乙方出纳李某开具金额为 50 万元的建筑安装统一专用发票给甲方，双方结清了厂房工程款。但由于乙方出纳李某业务生疏，一直没有向甲方索取预收款的非正式发票。2017 年甲方例行会计大检查时发现，该厂房的实际造价与合同金额不符，重复支出 45 万元，但甲方管理部门无法确认该 45 万元被谁占有。案件移送司法机关后，甲方委托某会计师事务所进行会计鉴定，经对有关财务会计资料的检验，发现甲方现金日记账记录如下：依据非正式发票支付 45 万元，依据正式发票支付 50 万元，未见扣回预付款 45 万元的财务记录。会计账簿记录如下：依据非正式发票记入"在建工程"账户 45 万元，依据正式发票记入"在建工程"账户 50 万元，该项目"在建工程"账户累计发生额为 95 万元。根据对乙方单位财务会计资料的检验，该项目的营业收入为 50 万元。会计师事务所与张某的谈话笔录记载：张某承认存在重复支出，但不承认重复支出款项被自己占有，辩解自己由于工作差错，在结算工程款的当天，按合同总金额全额付款给乙方工程款 50 万元而非 5 万元，忘记抵扣已预付的款项，重复支出款项是被乙方占有。乙方出纳李某则否认自己多拿 45 万元工程款的事实。

(2) 鉴定过程。从该案的案情看，重复支出款项的去向只有两种可能：其一是被甲方有关人员占有，其二是被乙方有关人员占有。如果前者属实，即可认定为舞弊行为。首先，我们不妨假设张某的辩解成立，即张某在结算工程款的当天，按正式发票金额付款给乙方 50 万元的辩解成立。那么，50 万元的支付只能采取以下五种方式（即子因素）之一：第一，从当月的库存现金中支付；第二，从银行存款中提现支付；第三，通过银行转账支付;第四,从当月收现中坐支;第五,从以前形成的对乙方的债权中抵扣。然后,鉴定人员采用间接排除法对上述五种付款方式逐一排除。经法务会计鉴定人员查证:支付日库存现金余额为 16 580 元,不足以支付 50 万元的工程款,第一种付款方式被排除;查证银行提现记录,当月所提现金均注明用途,鉴定人员一一验证了这些用途的真实性,第二种付款方式被排除;根据银行转账记录,证实了甲乙双方从未发生银行转账业务,排除了第三种付款方式;当月甲方现金收入大多是零星收入,其中大额收入由销售电梯产生,总价款 280 万元,经查证均为客户将货款送交甲方的开户银行,凭银行的现金交款单回单联到甲方开具收据,财务凭证上表现为交款日期在前、开票日期在后,即这 280 万元现金并未经过张某之手,就谈不上张某坐支该笔款的可能,排除了第四种付款方式;根据双方单位债权债务明细账,双方之前未曾有债权债务往来,排除了第五种付款方式。至此,已完全排除了重复支出款项被乙方占有的可能,就反证了该款被甲方占有。

(3) 鉴定结论。上述重复支出款项被乙方占有的可能被排除,因此,法务会计鉴定人员得出结论,甲方经办人张某存在蓄意舞弊。后经鉴定人员查证,发现作案当月有金额相等的以前年度的现金支票存根入账,这就证明了犯罪嫌疑人张某以前挪用了大量的资金,而且支票存根不入账,现在用重复支付工程款的手法抵顶挪用款并予以侵吞。

(三) 还原法

1. 还原法的基本原理

还原法是指以原始凭证记载的经济业务发生时间为准,对会计核算资料进行调整并重新计算各期的核算结果,以还原各期财务状况或财务成果真实情况的一种法务会计鉴定技术。还原法适用于某时期连续各月期末财务状况、财务成果的确认,也可以用于某时期连续各月账户余额正确性鉴定中的参照客体的制作。

2. 还原法的具体方法

(1) 手工还原法。采用还原法制作正确的账户余额时,其主要步骤如下所述。

第一步,通过检验原始凭证,将不属于本期发生的经济业务的原始凭证挑出,并按实际业务的发生时间分别登记调入、调出账项登记汇总表,并分别计算出合计额。登记时应注意两点:一是应根据鉴定要求及对检查进行初检的结果,适当地确定还原资料的时间范围,即确定是对哪一时期的会计资料进行调整;二是对调整范围外应调入范围内的或应调出至调整范围外的账项一律不作调整。

第二步,根据各期调出、调入账项的合计额,编制账项还原计算表。

第三步,计算还原后的账户余额。

第四步,验证还原结果。调整后的最后余额应当与原账户同期余额相同。

(2) 软件还原法。采用 Excel 进行还原操作,可将某账户记录的业务(可省略摘要栏内容)制成 Excel 电子表格,与账户内容不同的是,需要同时输入每笔业务的实际发生时间,然后按照实际发生时间进行排序,即可得到还原后的各月账户余额。

下面以资金账户为例,采用 Excel 进行还原操作,其步骤如下所述。

① 按照账户格式制成 Excel 电子表格和审阅账户的摘要栏内容,但需要增加实际发生时间列。

② 按照记账凭证顺序，逐笔填列原始凭证的内容，对原始凭证中没有列示日期的，按照记账凭证所列示日期填列实际发生时间。

③ 按照实际发生时间进行排序，即可得到还原后的各月货币资金的实际余额。

3. 还原法的应用举例

(1) 基本案情。某公司核对库存商品时，发现三年前已经销售的商品未记账，追查中发现出纳员有贪污公款嫌疑。该出纳员多次交出赃款共计24万元。出纳员供述的贪污公款情况如下：公司三年前先后取得了24万元的销售收入，因各种客观因素导致收入没有记账，但收入的款项均已存入本公司的银行账户；一年前，交接现金出纳工作时，发现现金溢余24万元，经查找未能发现溢余原因，便拿回家中。公司管理层怀疑出纳员三年前就故意藏匿销售收入而进行贪污。为了查明出纳员的作案时间，公司决定委托某会计师事务所进行会计鉴定，以解决该公司三年前至一年前存入银行账户的资金来源中有无未记账收入业务问题。

(2) 鉴定过程。法务会计鉴定人员(注册会计师)通过逐笔核对该公司银行存款发生额，确认此期间该公司存入银行的所有账款均为有销售收入的资金来源，根据动态平衡法原理，判定该公司没有未记账收入款项存入银行的情形。犯罪嫌疑人不认可该项鉴定意见，坚称三年前收入的款项确实存入了银行账户，提出了重新鉴定的申请。在重新鉴定时，法务会计鉴定人员(注册会计师)在检验中发现，该公司三年前至一年前存入银行现金业务中有很多被跨期记账的情形，特别是存入银行的现金业务中次月记账的金额较大，这可能与账外收入资金存入银行有关。为此，司法会计鉴定人采用还原法调整了该公司各月现金结存额。

(3) 鉴定结论。对三年来的现金结存额进行还原后得出的检验结果如下：该公司三年前至一年前的现金结存额一直为负24万多元，一年前至案发的现金结存额一直为正值1万多元。法务会计鉴定人员根据上述检验结果和动态平衡原理判定：该公司三年前至一年前有24万元的未记账现金收入存入该公司银行账户，一年前至今未发生此类情形。最后，法院根据这一鉴定意见确认该出纳员贪污24万元公款的作案时间为一年前。

复习思考题

1. 法务会计观察与关联分析二者的关系如何？
2. 试分析本福特定律的适用条件。
3. 简述阿特曼Z得分基本模型包含的主要变量。
4. 平衡分析法的基本原理是什么？
5. 试分析间接因素排除法的推导过程。

第四章 法务会计财务分析

学习目标：正确理解财务报表及审计报告的结构、内容、作用，通过学习分析财务报表，分析企业的偿债能力、盈利能力、资产运营能力及其他财务报表使用者关注的各项能力。

内容提要：企业的投资者、债权人、经营者、政府及其相关部门（如国家税务机关）或其他利益相关者想要获取企业信息或决策依据时，须对企业进行财务分析。财务分析可以帮助决策者了解企业过去、评价企业现状、预测企业未来。法务会计财务分析是以会计核算和报表资料及其他相关资料为依据，采用一系列专门的分析技术和方法，对企业等经济组织过去和现在有关筹资活动、投资活动、经营活动、分配活动的盈利能力、营运能力、偿债能力以及企业股权结构等进行分析与评价的经济管理活动。本章结合实际案例，对法务会计人员如何进行财务分析作详细介绍。

第一节 财务会计报告及审计报告

一、财务会计报告

财务会计报告是指企业对外提供的反映企业某一特定日期的财务状况和某一会计期间的经营成果、现金流量等会计信息的文件。其目标是向财务会计报告使用者提供与企业财务状况、经营成果和现金流量等有关的会计信息，反映企业管理层受托责任履行情况，有助于财务会计报告使用者作出经济决策。

财务会计报告包括会计报表及其附注和其他应当在财务会计报告中披露的相关信息和资料。会计报表至少应当包括资产负债表、利润表、现金流量表等报表。小企业编制的会计报表可以不包括现金流量表。

（一）资产负债表

资产负债表（balance sheet / statement of financial position）是指反映企业在某一特定日期的财务状况的会计报表。其由会计要素中的资产、负债、所有者权益构成，根据"资产＝负债＋所有者权益"这一平衡公式，将符合资产、负债定义和确认条件的项目及其期末余额列入报表。根据上述平衡公式，企业资产扣除负债后由所有者享有的剩余权益,即为所有者权益(亦称股东权益)。

资产负债表记录了企业资产、负债及所有者权益的期初、期末余额,因而其揭示的是企业在一定时点(期初或期末)的财务状况,是企业经营活动的静态体现。通过分析资产负债表,能够了解企业长期偿债能力、短期偿债能力和利润分配能力,从而判断企业经营稳健与否或经营风险的大小,以及公司经营管理总体水平的高低等。

资产负债表如表4-1所示。

表4-1 资产负债表

编制单位:XX公司　　　　　　　2019年12月31日　　　　　　　　　　单位:元

资　　产	期末余额	年初余额	负债及股东权益	期末余额	年初余额
流动资产:			**流动负债:**		
货币资金			短期借款		
交易性金融资产			交易性金融负债		
应收票据			应付票据		
应收账款			应付账款		
预付款项			预收款项		
应收利息			应付职工薪酬		
应收股利			应交税费		
其他应收款			应付利息		
存货			应付股利		
一年内到期的非流动资产			其他应付款		
其他流动资产			一年内到期的非流动负债		
流动资产合计			其他流动负债		
			流动负债合计		
非流动资产:			**非流动负债:**		
可供出售金融资产			长期借款		
持有至到期投资			应付债券		
长期应收款			长期应付款		
长期股权投资			专项应付款		
投资性房地产			预计负债		
固定资产			递延收益		
在建工程			递延所得税负债		

(续表)

资　产	期末余额	年初余额	负债及股东权益	期末余额	年初余额
工程物资			其他非流动负债		
固定资产清理			**非流动负债合计**		
生产性生物资产			**负债合计**		
油气资产			**股东权益：**		
无形资产			股本		
开发支出			资本公积		
商誉			减：库存股		
长期待摊费用			专项储备		
递延所得税资产			其他综合收益		
其他非流动资产			盈余公积		
			一般风险准备		
			未分配利润		
			归属于母公司股东权益合计		
			少数股东权益		
非流动资产合计			**股东权益合计**		
资产总计			**负债和股东权益总计**		

公司法定代表人：　　　　主管会计工作负责人：　　　　会计机构负责人：

（二）利润表

利润表（trading profit and loss account/income statement）是指反映企业在一定会计期间的经营成果的会计报表。其由会计要素中的收入、费用、利润构成，根据"收入—费用＝利润"这一公式，将符合收入、费用定义和确认条件的项目及其本期累计发生额列入报表。根据该公式，如果企业经营良好，在一定的会计期间取得的收入超过发生的费用，利润为正数，表明企业在该会计期间盈利；反之，如果企业经营不当，在一定的会计期间发生的费用超过取得的收入，利润为负数，表明企业在该会计期间亏损。

利润表记录了企业在某一会计期间实现的收入、发生的费用以及实现的利润或发生的亏损情况，是企业经营成果的动态体现。通过分析利润表，可以解释、评价和预测企业的经营成果和获利能力、偿债能力，还可以帮助企业决策者管理和控制成本支出，根据收入与费用配比情况及时作出采购、生产、销售、筹资和人事等方面的调整，使企业各项活动趋于合理。

利润表如表4-2所示。

表 4-2　利润表

编制单位：XX公司　　　　　　　　2019年12月　　　　　　　　　　　　单位：元

项　　目	本月金额	本年累计数	上年同期数
一、营业收入			
减：营业成本			
营业税金及附加			
销售费用			
管理费用			
财务费用			
资产减值损失			
加：公允价值变动收益（损失以"－"号填列）			
投资收益（损失以"－"号填列）			
其中：对联营企业和合营企业的投资收益			
二、营业利润（亏损以"－"号填列）			
加：营业外收入			
减：营业外支出			
其中：非流动资产处置损失			
三、利润总额（亏损总额以"－"号填列）			
减：所得税费用			
四、净利润（净亏损以"－"号填列）			
少数股东损益			
归属于母公司股东的净利润			
五、其他综合收益			
六、综合收益总额			

公司法定代表人：　　　　　　　主管会计工作负责人：　　　　　　　会计机构负责人：

（三）现金流量表

现金流量表（cash flows statement）是指反映企业在一定会计期间的现金和现金等价物流入和流出的会计报表。其组成内容与资产负债表和利润表相一致。为如实反映企业现金（包含银行存款）的增减变动情形，将资产负债表、利润表中各个项目根据其用途划分为经营活动、投资活动及筹资活动三个类别。根据"当期现金净增加额＝经营现金净流量＋投资现金净流量＋筹资现金净流量"这一基本公式，应当在现金流量表中分别反映企业上述三种活动产生的现金流量总额及它们相抵后的结果。

现金流量表弥补了资产负债表未能反映资产、负债、所有者权益变动情况的不足，并克服了根据权责发生制编制的利润表中实现的利润与企业现实购买力相脱节的缺陷。通过分析现金流量表,可以评价企业创造现金能力、预测未来获取现金能力,其对企业偿债能力和支付能力的评价相较于利润表来说更为可靠、稳健,还可以帮助报表使用者评价利润表中收益的质量,并对企业的筹资活动、投资活动作出合理的评价和及时的调整。

现金流量表如表 4-3 所示。

表 4-3 现金流量表

编制单位:XX公司　　　　　　　2019 年 12 月　　　　　　　　　　单位:元

项 目	本月金额	本年累计金额	上年同期数
一、经营活动产生的现金流量			
销售商品、提供劳务收到的现金			
收到的税费返还			
收到的其他与经营活动有关的现金			
经营活动现金流入小计			
购买商品、接受劳务支付的现金			
支付给职工及为职工支付的现金			
支付的各项税费			
支付的其他与经营活动有关的现金			
经营活动现金流出小计			
经营活动产生的现金流量净额			
二、投资活动产生的现金流量			
收回投资收到的现金			
取得投资收益收到的现金			
处置固定资产、无形资产和其他长期资产收回的现金净额			
处置子公司及其他营业单位收到的现金净额			
收到的其他与投资活动有关的现金			
投资活动现金流入小计			
购建固定资产、无形资产和其他长期资产支付的现金			
投资支付的现金			
取得子公司及其他营业单位支付的现金净额			

(续表)

项　　目	本月金额	本年累计金额	上年同期数
支付的其他与投资活动有关的现金			
投资活动现金流出小计			
投资活动产生的现金流量净额			
三、筹资活动产生的现金流量			
吸收投资所收到的现金			
其中：子公司吸收少数股东投资收到的现金			
取得借款收到的现金			
收到的其他与筹资活动有关的现金			
筹资活动现金流入小计			
偿还债务支付的现金			
分配股利、利润或偿付利息支付的现金			
其中：子公司支付给少数股东的股利、利润			
支付的其他与筹资活动有关的现金			
筹资活动现金流出小计			
筹资活动产生的现金流量净额			
四、汇率变动对现金及现金等价物的影响额			
五、现金及现金等价物净增加额			
加：期初现金及现金等价物余额			
六、期末现金及现金等价物余额			

公司法定代表人：　　　　主管会计工作负责人：　　　　会计机构负责人：

（四）会计报表附注

会计报表附注（accounting statement notes）是指对在会计报表中列示项目所作的进一步说明，以及对未能在这些报表中列示项目的说明等。其目的是帮助报表使用者全面、准确地理解会计报表，一般应包含以下内容：

① 不符合会计假设的说明；

② 重要会计政策和会计估计的说明及其变更情况、变更原因，重大会计差错更正的说明，上述变更对财务状况和经营成果的影响；

③ 或有事项和资产负债表日后事项的说明；

④ 关联方关系及其交易的说明；

⑤ 重要资产转让及其出售说明；

⑥ 企业合并、分立的说明；
⑦ 重大投资、融资活动的说明；
⑧ 会计报表中重要项目的明细资料；
⑨ 会计报表中重要项目的说明及有助于理解和分析会计报表的需要说明的其他事项。

二、审计报告

(一) 审计报告概念

2019年修订的《中国注册会计师审计准则第1501号——对财务报表形成审计意见和出具审计报告》中对审计报告的定义如下："审计报告，是指注册会计师根据审计准则的规定，在执行审计工作的基础上，对财务报表发表审计意见的书面文件。"审计报告由企业以外的第三方独立审计机构出具，是具有审计资格的会计师事务所的注册会计师对企业财务报表是否在所有重大方面公允地反映了公司的财务状况、经营成果和现金流量发表的意见。

(二) 审计意见

审计意见分为无保留意见和非无保留意见两种。

1. 无保留意见

如果认为财务报表在所有重大方面按照适用的财务报告编制基础的规定编制并实现公允反映，注册会计师应当发表无保留意见。《中国注册会计师审计准则第1501号——对财务报表形成审计意见和出具审计报告》要求，如果对财务报表发表无保留意见，除非法律法规另有规定，审计意见应当使用"我们认为，后附的财务报表在所有重大方面按照[适用的财务报告编制基础（如企业会计准则等）]的规定编制，公允反映了……"的措辞。

无保留意见审计报告（以珠海格力电器股份有限公司2018年年度审计报告为例）中审计意见段如下所示。

审 计 报 告

众环审字〔2019〕050129号

珠海格力电器股份有限公司全体股东：

一、审计意见

我们审计了珠海格力电器股份有限公司（以下简称"贵公司"）的财务报表，包括2018年12月31日合并及母公司的资产负债表，2018年度合并及母公司的利润表、合并及母公司的现金流量表和合并及母公司的所有者权益变动表以及财务报表附注。

我们认为，后附的财务报表在所有重大方面按照企业会计准则的规定编制，公允反映了贵公司2018年12月31日合并及母公司的财务状况以及2018年度合并及母公司的经营成果和现金流量。
……

中审众环会计师事务所(特殊普通合伙)　　　　中国注册会计师：龚静伟
　　　　　　　　　　　　　　　　　　　　　　　　　　　（项目合伙人）
　　　　中国·武汉　　　　　　　　　　　　　　中国注册会计师：吴梓豪
　　　　　　　　　　　　　　　　　　　　　　　　　2019年4月26日

下面介绍带强调事项段和其他事项段的无保留审计意见审计报告。

如果认为必要，注册会计师可以在审计报告中提供补充信息，以提醒使用者关注下列事项：① 尽管已在财务报表中列报或披露，但对使用者理解财务报表至关重要的事项；② 未在财务报表中列报或披露，但与使用者理解审计工作、注册会计师的责任或审计报告相关的事项。

强调事项段是指审计报告中含有的一个段落，该段落提及已在财务报表中恰当列报或披露的事项，而且根据注册会计师的职业判断，该事项对财务报表使用者理解财务报表至关重要。如果认为有必要提醒财务报表使用者关注已在财务报表中列报或披露且根据职业判断对财务报表使用者理解财务报表至关重要的事项，注册会计师应当增加强调事项段。

带强调事项段的无保留审计意见审计报告(以恒生电子股份有限公司2018年年度审计报告为例)中审计意见段及强调事项段如下所示。

审 计 报 告

天健审〔2019〕908号

恒生电子股份有限公司全体股东：
一、审计意见

我们审计了恒生电子股份有限公司(以下简称"恒生电子公司")财务报表，包括2018年12月31日的合并及母公司资产负债表，2018年度的合并及母公司利润表、合并及母公司现金流量表、合并及母公司所有者权益变动表，以及相关财务报表附注。我们认为，后附的财务报表在所有重大方面按照企业会计准则的规定编制，公允反映了恒生电子公司2018年12月31日的合并及母公司财务状况，以及2018年度的合并及母公司经营成果和现金流量。

二、形成审计意见的基础
……
三、强调事项

我们提醒财务报表使用者关注，如财务报表附注十二或有事项1及十四其他重要事项(三)1所述，恒生电子公司之子公司杭州恒生网络技术服务有限公司(以下简称网络技术公司)于 2016 年 12 月 13 日收到中国证券监督管理委员会行政处罚决定书(〔2016〕123 号),该处罚决定书决定"没收杭州恒生网络技术服务有限公司违法所得 109 866 872.67 元,并处以 329 600 618.01 元罚款"。网络技术公司已于 2017 年 8 月 25 日收到北京市西城区人民法院行政裁定书(〔2017〕京 0102 行审 87 号),裁定对中国证券监督管理委员会做出的行政处罚决定书(〔2016〕123 号)准予强制执行。网络技术公司于 2018 年 3 月 8 日收到北京市西城区人民法院执行通知书、报告财产令及执行裁定书(文号均为〔2018〕京 0102 执 2080 号),网络技术公司逾期不履行前述行政裁定书确定的义务,北京市西城区人民法院将依法强制执行。网络技术公司于 2018 年 7 月 19 日收到北京市西城区人民法院失信决定书及限制消费令(文号均为〔2018〕京 0102 执 2080 号),网络技术公司被纳入失信被执行人名单,网络技术公司及其法定代表人被下达了限制消费令。截至本财务报表批准日,网络技术公司部分银行账户已被冻结。基于上述行政处罚事项,网络技术公司 2015—2016 年度累计预提罚没支出 439 467 490.68 元,截至 2018 年 12 月 31 日网络技术公司净资产余额为－422 532 985.12 元。截至本财务报表批准日,网络技术公司已缴纳上述罚没相关款项 25 297 395.61 元,尚未缴纳余额为 414 170 095.07 元,且未来存在因未及时足额缴纳而被加处罚款的可能性。本段内容不影响已发表的审计意见。

......

天健会计师事务所(特殊普通合伙)   中国注册会计师:黄加才
                 (项目合伙人)
  中国·杭州   中国注册会计师:沈霞芬
                  2019 年 3 月 28 日

  其他事项段是指审计报告中含有的一个段落,该段落提及未在财务报表中列报或披露的事项,而且根据注册会计师的职业判断,该事项与财务报表使用者理解审计工作、注册会计师的责任或审计报告相关。值得注意的是,其他事项段的内容是未被要求在财务报表中列报或披露的其他事项,不包括法律法规或其他职责准则禁止注册会计师提供的信息。注册会计师如果拟在审计报告中增加其他事项段,应当就该事项拟使用的措辞与公司管理层沟通。

  带其他事项段的无保留审计意见审计报告(以深圳市全新好股份有限公司 2018 年年度审计报告为例)中的审计意见段及强调事项段如下所示。

审计报告

中兴财光华审会字〔2019〕第 326009 号

深圳市全新好股份有限公司全体股东:
  一、审计意见
  我们审计了深圳市全新好股份有限公司(以下简称"全新好公司")财务报表,包括 2018 年 12 月 31 日的合并及公司资产负债表,2018 年度的合并及公司利润表、合并及公司现金流量表、合并及公司股东权益变动表以及财务报表附注。

我们认为,后附的财务报表在所有重大方面按照企业会计准则的规定编制,公允反映了全新好公司 2018 年 12 月 31 日的合并及公司财务状况以及 2018 年度的合并及公司经营成果和现金流量。

……

五、其他事项

全新好公司 2017 年 12 月 31 日的合并及公司资产负债表,2017 年度的合并及公司利润表、合并及公司现金流量表、合并及公司股东权益变动表以及财务报表附注由中审众环会计师事务所(特殊普通合伙)审计,并于 2018 年 4 月 23 日出具了因五起重大未决诉讼与仲裁无法获取充分审计证据的带强调事项段的保留意见审计报告。

中兴财光华会计师事务所	中国注册会计师:
(特殊普通合伙)	(项目合伙人)
中国·北京	中国注册会计师:
	2019 年 4 月 29 日

2. 非无保留意见

如果注册会计师根据获取的审计证据,得出财务报表整体存在重大错报的结论,或者注册会计师无法获取充分、适当的审计证据,不能得出财务报表整体不存在重大错报的结论,应当发表非无保留意见。非无保留意见包括三种类型,分别为保留意见、否定意见或无法表示意见。

表 4-4 列示了注册会计师对导致发表非无保留意见的事项的性质及其对应的注册会计师的审计意见类型。

表 4-4 非无保留意见的类型

导致发表非无保留意见的事项的性质	对财务报表产生或可能产生影响的广泛性	
	重大但不具有广泛性	重大且具有广泛性
财务报表存在重大错报	保留意见	否定意见
无法获取充分、适当的审计证据	保留意见	无法表示意见

(1)保留意见。当存在下列情形之一时,注册会计师应当发表保留意见:① 在获取充分、适当的审计证据后,注册会计师认为错报单独或汇总起来对财务报表影响重大,但不具有广泛性;② 注册会计师无法获取充分、适当的审计证据以作为形成审计意见的基础,但认为未发现的错报(如存在)对财务报表可能产生的影响重大,但不具有广泛性。

保留意见审计报告(以獐子岛集团股份有限公司 2018 年年度审计报告为例)中的保留意见段及形成保留意见的基础段如下所示。

审 计 报 告

大华审字[2019]005106号

獐子岛集团股份有限公司全体股东：

一、保留意见

我们审计了獐子岛集团股份有限公司（以下简称"獐子岛公司"）财务报表，包括2018年12月31日的合并及母公司资产负债表，2018年度的合并及母公司利润表、合并及母公司现金流量表、合并及母公司股东权益变动表以及相关财务报表附注。

我们认为，除"形成保留意见的基础"部分所述事项产生的影响外，后附的财务报表在所有重大方面按照企业会计准则的规定编制，公允反映了獐子岛公司2018年12月31日的合并及母公司财务状况以及2018年度的合并及母公司经营成果和现金流量。

二、形成保留意见的基础

1. 獐子岛公司截至2018年12月31日累计未分配利润余额为－15.41亿元，资产负债率达87.58%，流动资产低于流动负债，2019年度需要偿还的借款额达25.76亿，2019年第一季度预计亏损超4 000.00万。獐子岛公司已经在财务报表附注三（二）中披露了可能导致对持续经营能力产生重大疑虑的主要情况或事项，以及獐子岛公司管理层针对这些事项和情况的应对计划。我们认为，连同财务报表附注十四所示的其他事项，仍然表明存在可能导致对獐子岛公司持续经营能力产生重大疑虑的重大不确定性，我们未能就与改善持续经营能力相关的未来应对计划取得充分、适当的证据，因此我们无法对獐子岛公司自报告期末起未来12个月内持续经营能力做出明确判断。

2. 如财务报表附注十四所示，因涉嫌信息披露违法违规，獐子岛公司于2018年2月9日收到中国证券监督管理委员会的调查通知书（编号：连调查字[2018]001号），决定对獐子岛公司进行立案调查。截至审计报告签发日，证监会的立案调查工作仍在进行中，尚未收到证监会就上述立案调查事项的结论性意见或决定，我们无法判断立案调查结果对獐子岛公司财务报表的影响程度。

3. 截至2018年12月31日，獐子岛公司持有的云南阿穆尔鲟鱼集团有限公司长期股权投资7 144.50万元，獐子岛公司大连永祥分公司固定资产账面价值22 203.92万元，大连獐子岛中央冷藏物流有限公司固定资产账面价值24 900.54万元，无形资产账面价值3 386.80万元，獐子岛集团（荣成）食品有限公司在建工程账面价值2 274.35万元，獐子岛渔业集团韩国有限公司固定资产账面价值50.82亿韩元，折合人民币3 112.50万元，在建工程账面价值8亿韩元，折合人民币489.98万元，无形资产账面价值62.46亿韩元，折合人民币3 825.67万元（以下统称"长期资产"），上述长期资产所产生的净现金流量或者实现的营业利润不佳，存在资产减值迹象，獐子岛公司针对上述长期资产未计提减值准备。在审计的过程中，我们未能获取到充分、适当的证据来估计上述长期资产的预计可收回金额，亦无法确定对上述长期资产需要计提的减值准备金额。

4. 如财务报表附注六注释2所示，截至2018年12月31日，獐子岛公司合并财务报表中对深圳市正瑞诚实业发展有限公司的应收账款余额为 2 078.74 万元,按照账龄组合计提的应收账款坏账准备余额为人民币 175.44 万元。由于该应收款项超过正常的信用期限,我们无法获取充分、适当的审计证据预计该笔应收账款的可回收金额,因此我们无法确定是否对上述坏账准备作出调整。

我们按照中国注册会计师审计准则的规定执行了审计工作。审计报告的"注册会计师对财务报表审计的责任"部分进一步阐述了我们在这些准则下的责任。按照中国注册会计师职业道德守则,我们独立于獐子岛公司,并履行了职业道德方面的其他责任。我们相信,我们获取的审计证据是充分、适当的,为发表审计意见提供了基础。

……

大华会计师事务所(特殊普通合伙)　　　　　　　中国注册会计师:董超
　　　　　　　　　　　　　　　　　　　　　　　(项目合伙人)
　　　中国·北京　　　　　　　　　　　　　　　中国注册会计师:李斌
　　　　　　　　　　　　　　　　　　　　　　　2019 年 4 月 26 日

(2) 否定意见。在获取充分、适当的审计证据后,如果认为错报单独或汇总起来对财务报表的影响重大且具有广泛性,注册会计师应当发表否定意见。据文献统计,注册会计师一般很少出具否定意见的审计报告。1998 年 4 月 29 日,重庆渝港钛白粉有限公司公布了 1997 年度的报告,其中在财务报告部分,刊登了重庆会计师事务所于 1998 年 3 月 8 日出具的否定意见的审计报告。这是我国证券市场中有关上市公司的首份否定意见的审计报告,在该报告的意见段,注册会计师指出:"我们认为,由于本报告第二段所述事项的重大影响,贵公司 1997 年 12 月 31 日资产负债表、1997 年度利润表及利润分配表、财务状况变动表未能公允地反映贵公司 1997 年 12 月 31 日财务状况和 1997 年度经营成果及资金变动情况。"

(3) 无法表示意见。如果无法获取充分、适当的审计证据以作为形成审计意见的基础,但认为未发现的错报(如存在)对财务报表可能产生的影响重大且具有广泛性,注册会计师应当发表无法表示意见。

无法表示意见审计报告(以康得新复合材料集团股份有限公司 2018 年年度审计报告为例)中的无法表示意见段如下所示。

审 计 报 告

瑞华审字〔2019〕48540007 号

康得新复合材料集团股份有限公司全体股东:

一、无法表示意见

我们接受委托,审计康得新复合材料集团股份有限公司(以下简称"康得新公司")财务报表,包括 2018 年 12 月 31 日的合并及公司资产负债表,2018 年度的合并及公司利润表、合并及公司现金流量表、合并及公司股东权益变动表以及相关财务报表附注。

我们不对后附的康得新公司财务报表发表审计意见。由于"形成无法表示意见的基础"部分所述事项的重要性,我们无法获取充分、适当的审计证据以作为对财务报表发表审计意见的基础。

二、形成无法表示意见的基础

1. 大股东资金占用的情形

2019年1月20日,康得新公司公告:在证券监管部门调查过程中,同时经公司自查,发现公司存在被大股东占用资金的情况;截至本报告日止,康得新公司管理层无法准确认定公司存在大股东占用资金的具体情况,我们也无法获取与上述大股东资金占用事项相关的充分、适当的审计证据,无法判断大股东资金占用事项对康得新公司财务报表产生的影响。

2. 公司大额销售退回的真实性和准确性

康得新公司在对2018年度经营活动进行自查的过程中,对公司账面原已确认的部分营业收入进行了销售退回账务处理,对此我们无法实施充分适当的审计程序,也未能取得充分、适当的审计证据,所以无法判断该事项的真实性和公司账务处理的准确性。

3. 货币资金的真实性、准确性和披露的恰当性

康得新公司2018年年末货币资金余额人民币153.16亿元。对其中122.10亿元的银行存款余额,虽然我们实施了检查、函证等审计程序,但是未能取得充分适当的审计证据,同时也无法实施进一步有效的替代程序以获取充分、适当的审计证据予以确认,因此我们无法判断公司上述银行存款期末余额的真实性、准确性及披露的恰当性。

4. 其他非流动资产中下列款项的交易实质

如财务报表附注六之17所述,于2018年6月开始,康得新公司之全资子公司张家港康得新光电材料有限公司(以下简称"康得新光电")与中国化学赛鼎宁波工程有限公司(以下简称"赛鼎宁波")签订一系列委托采购设备协议,用于1.02亿先进高分子功能膜项目及裸眼3D项目。截至2018年12月31日,康得新光电按照合同约定支付人民币21.74亿元的设备采购预付款。截至本报告日止,我们未收到赛鼎宁波的回函,康得新公司也尚未收到上述各项采购材料及裸眼3D模组设备,康得新管理层未能提供合理的解释及支持性资料以说明预付赛鼎宁波款项的交易实质,我们无法实施进一步的审计程序或者替代审计程序获取充分、适当的审计证据。因此,我们无法确定该事项的确认、计量及列报是否准确、恰当。

5. 应收账款的可回收性及坏账准备计提的准确性

如财务报表附注六之3所述,截至2018年12月31日,康得新公司应收账款账面余额人民币6 093 542 800.07元,相应计提坏账准备人民币1 228 183 245.06元,其中公司对预计无法偿还的除关联方以外的部分单项金额重大的应收账款进行单项计提813 635 617.82元;在确定应收账款预计可收回金额时需要评估相关客户的信用情况,包括了解客户资信以及实际还款情况等因素,需要运用重大会计估计和判断;

公司管理层未能提供对单项金额重大并单独计提的坏账准备所依据的资料,亦未能提供上述剩余应收款项可回收性评估的充分证据。我们在审计中实施了包括函证、访谈、复核等审计程序,但未能获取充分、适当的审计证据,我们也无法实施进一步的审计程序或者替代审计程序。因此,我们无法确定是否有必要对应收账款、坏账准备及财务报表其他项目做出调整。

6. 存货跌价准备计提的准确性

如财务报表附注六之6所述,康得新公司2018年年末对存货计提了495 535 870.47元的存货跌价准备。康得新公司未能对其中456 964 125.85元的存货跌价准备提供充分适当的审计证据,包括对管理层计算的可变现净值所涉及的重要假设如销售价格、预计的销售费用等。导致我们无法执行重新计算的验证程序,以获取充分、适当的审计证据。我们无法确认该部分存货跌价准备计提的准确性。

7. 可供出售金融资产期末计量的准确性

如财务报表附注六之8所述,截至2018年12月31日,康得新公司可供出售金融资产为账面价值人民币4 227 669 966.67元,该类金融资产占康得新资产总额的12.34%。截至本报告日止,管理层未能提供可供出售金融资产公允价值的估值报告,我们无法对上述可供出售金融资产期末计量实施有效的替代程序以获取充分、适当的审计证据,所以无法确认康得新公司账面可供出售金融资产计量的准确性和披露的完整性。

8. 商誉减值的准确性

如财务报表附注六之14所述,截至2018年12月31日,康得新公司商誉账面原值人民币59 085 939.44元,康得新公司2018年年末对该商誉计提减值准备41 555 849.91元;由于公司未能提供该项商誉减值计提的充分依据,我们无法判断康得新公司期末商誉减值计提的准确性,也无法确定是否需要对财务报表的相关项目做出调整。

9. 重大不确定性的影响

如财务报表附注十三之3及十四之2所述,康得新公司因信息披露违规被中国证券监督管理委员会立案调查;公司资金短缺,无法偿还到期债务而涉及较多的诉讼。截至本报告日止,上述事项正在进行中,尚未有最终结论,我们无法判断其对康得新财务报表可能产生的影响。

10. 其他事项

由于康得新公司董事会无法保证所提供的财务报表及附注内容的真实、准确、完整,不存在虚假记载、误导性陈述或重大遗漏,我们也无法实施进一步有效的程序以获取充分、适当的审计证据证明公司提供的财务报表及附注内容的真实、准确、完整,因此我们无法判断后附的康得新公司2018年度财务报表及附注的真实性、准确性及披露的恰当性。

……

瑞华会计师事务所(特殊普通合伙)　　　　　中国注册会计师:江晓
　　　　　　　　　　　　　　　　　　　　　(项目合伙人)
　　中国·北京　　　　　　　　　　　　　　中国注册会计师:王支建
　　　　　　　　　　　　　　　　　　　　　2019年4月29日

(三) 审计报告与已审计会计报表的关系

财务报表审计的目标是注册会计师通过执行审计工作，对财务报表的下列方面发表审计意见：① 财务报表是否按照适用的会计准则和相关会计制度的规定编制；② 财务报表是否在所有重大方面公允反映被审计单位的财务状况、经营成果和现金流量。

财务报表审计属于鉴证业务，注册会计师的审计意见旨在提高财务报表的可信赖程度。尽管审计不能发现报表中可能存在的全部错误和舞弊，但却为报表的真实性和可靠性提供合理保证，增强了报表使用者对财务报表的正确理解。此外，在审计过程中，注册会计师可能会发现一些企业账务处理过程中有损合法性、公允性的做法，并提出审计调整要求。如果企业管理层根据注册会计师的审计调整意见进行了相应的调整，注册会计师一般会对调整后的财务报表出具无保留意见审计报告；如果企业管理层拒绝按照注册会计师提出的调整意见对财务报表进行调整，注册会计师会将其认定为错报，并根据错报的性质、数额等因素评价错报的影响。如果认为尚未更正错报的汇总数可能是重大的，注册会计师应当考虑出具非无保留意见的审计报告。

(四) 审计报告与司法会计鉴定报告的关系

司法鉴定是指在诉讼活动中鉴定人运用科学技术或者专门知识对诉讼涉及的专门性问题进行鉴别和判断并提供鉴定意见的活动。根据专业的不同，司法鉴定可分为法医类鉴定、物证类鉴定、声像资料鉴定、其他等多种类别。司法会计鉴定属于司法鉴定，具体是指鉴定人受司法机关或当事人委托，运用会计学的原理和方法，通过检查、计算、验证和鉴证对会计凭证、会计账簿、会计报表和其他会计资料等财务状况进行检验、鉴别和判断并提供鉴定结论的活动。

司法会计鉴定基于诉讼而产生，所需材料由委托方(司法机关)提供，鉴定机构和鉴定人不得自行调查获得材料或私自接收当事人提供的材料作为鉴定依据。司法会计鉴定的目的是帮助司法机关查明案情，解决案件中的专门性问题，并且仅限于对财务会计专门性问题发表意见。其载体为司法会计鉴定报告，鉴定人按照统一规定的文本格式，就司法机关或当事人委托的有争议的财务事项，发表意见、出具结论。

审计基于所有权与经营管理权的分离，为确立受托经济责任关系而产生，材料可以由委托方、被审计单位提供，也可以由审计人员自行调查取得。其本质是一项社会经济监督、鉴定和评价活动。

第二节 财务报表分析

会计报表反映了企业当期的财务状况和经营成果，决策者或报表使用者可通过专门的分析技术和方法，对企业的偿债能力、盈利能力、短期支付能力及资产运用效率等方面进行分析，以得出较为准确、可靠的分析结论。由于不同的报表使用者与企业的利益关系不同，其关注的内容也不尽相同，如企业债权人关注企业偿债能力、盈利能力，企业投资者关注企业的经营状况、盈利能力及资本结构等。因此，在进行法务会计财务分析时，应首先确定分析目的。本节将对企业的偿债能力、盈利能力、营运能力进行介绍。

一、偿债能力分析

企业偿债能力是指企业偿还到期债务(包括本金与利息)的能力。按照偿还期限的长短划分,企业的负债包括短期(流动)负债和长期(非流动)负债两种类型。

(一)短期偿债能力分析

短期负债(在资产负债表中称为流动负债)是指企业在一年内或超过一年的一个营业周期内应偿还的债务。在资产负债表中,流动负债项目包括短期借款、交易性金融负债、应付票据、应付账款、预收款项、应付职工薪酬、应交税费、应付利息、应付股利、其他应付款、一年内到期的非流动负债等。企业的短期偿债能力是非常重要的:对债权人来说,企业具有充分的短期偿债能力才能保证其债权安全;对经营者、投资者来说,如果企业的短期偿债能力发生问题,企业不得不通过出售长期投资或拍卖固定资产来筹集资金,偿付借款。只有当企业的短期偿债能力较强,才能降低经营成本,增加盈利。

短期偿债能力的衡量指标分为表内分析指标和表外因素。表内分析指标包括营运资本、流动比率、速动比率、现金比率。表外因素包括增强短期偿债能力的因素和降低短期偿债能力的因素;增强短期偿债能力的因素有可动用的银行授信额度、可快速变现的非流动资产、偿债能力的声誉等;降低短期偿债能力的因素有与担保有关的或有负债事项(不包括预计负债)、经营租赁合同中的承诺付款事项(不包括融资租赁)等。

1. 绝对数指标:营运资本

营运资本是指流动资产超过流动负债的部分。营运资本的数额越大,财务状况越稳定。其计算公式如下:

$$营运资本 = 流动资产 - 流动负债$$

对于企业而言,营运资本越多,流动负债的偿还能力就越有保障。其重要原因是企业的部分长期资本用于部分流动资产,不需要在一年内偿还。因此,营运资本也指长期资本用于流动资产的部分。其计算公式如下:

$$长期资本 = 股东权益 + 非流动负债$$

$$\begin{aligned}营运资本 &= 流动资产 - 流动负债\\ &= (总资产 - 非流动资产) - (总资产 - 股东权益 - 非流动负债)\\ &= 股东权益 + 非流动负债 - 非流动资产\\ &= 长期资本 - 非流动资产(长期资产)\end{aligned}$$

当营运资本为负数,表明长期资本小于长期资产,有部分长期资产是由流动负债提供资金来源的。由于流动负债在一年内需要偿还,而长期资产在一年内不能变现,企业不得不设法另外筹措资金来弥补短期债务的"缺口"。

【例】格力电器2017年、2018年的营运资本计算和分析如下:

$$2017年营运资本 = 171\,554\,189\,887.78 - 147\,490\,788\,889.61$$
$$= 24\,063\,400\,998.17(元)$$

2018年营运资本=199 710 948 768.77 − 157 686 125 987.72
=42 024 822 781.05(元)

表 4-5 格力电器 2017 年及 2018 年营运资本比较数据表

项目	2017 年		2018 年		增长		
	金额(元)	结构(%)	金额(元)	结构(%)	金额(元)	结构(%)	增长(%)
流动资产	171 554 189 887.78	100	199 710 948 768.77	100	28 156 758 881	100	16.41
流动负债	147 490 788 889.61	85.97	157 686 125 987.72	78.96	10 195 337 098	36.21	6.91
营运资本	24 063 400 998	14.03	42 024 822 781	21.04	17 961 421 783	63.79	74.64

从上表的数据可以看出：与 2017 年相比，格力电器 2018 年的流动资产增加了 28 156 758 881 元，增长了 16.41%；流动负债增加了 10 195 337 098 元，增长了 6.91%；营运资本增加了 17 961 421 783 元，增长了 74.64%。由于流动资产的增长超过了流动负债，营运资本也随之增长，企业的短期偿债能力增加。但营运资本并非越高越好，虽然提高营运资本有利于降低企业的融资风险，但过高的营运资本不利于企业盈利能力的提高。

2. 相对数指标：流动比率、速动比率、现金比率

营运资本的比较分析主要是与本企业年初数据的比较。但由于它是绝对数，不便于不同历史时期及不同企业之间的比较。因此，实务中很少直接使用营运资本作为偿债能力的指标，营运资本的合理性主要通过流动比率、速动比率、现金比率来评价。

(1) 流动比率，即流动资产与流动负债的比率，表明企业每 1 元流动负债可以由多少流动资产偿还。一般情况下，流动比率越高，企业短期偿债能力越强。如果流动比率过低(下限为 100%)，表示企业采取了较为激进的财务政策，可能难以如期偿还到期债务。如果流动比率过高，则表明企业采取了较为保守的财务政策，流动资产占有较多，资金使用效率较低，继而影响企业的获利能力。计算公式如下：

$$流动比率 = \frac{流动资产}{流动负债}$$

上述流动资产包括了变现能力较差的存货、持有代售资产、一年内到期的非流动资产和基本不能变现的预付费用。如果存货中有超储积压物资，会造成企业短期偿债能力较强的假象。

(2) 速动比率，即企业速动资产与流动负债的比率，表明企业每 1 元流动负债可以由多少速动资产偿还。速动比率可以显示企业在不出售存货的条件下迅速偿还债务的能力。其计算公式如下：

$$速动比率 = \frac{速动资产}{流动负债}$$

速动资产是指流动资产减去变现能力弱且不稳定的存货、预付账款、待摊费用、待处理流动资产损失等,可以在较短时间内变现的资产,包括货币资金、交易性金融资产、应收款项等。之所以将存货认为是非速动资产,是因为存货的变现速度可能非常慢,或其已经陈旧过时、损失报废,或已作抵押,变现损失过大。速动比率弥补了流动比率的不足。

表 4-6 速动资产与流动资产的关系

流动资产						
速 动 资 产			非 速 动 资 产			
货币资金	交易性金融资产	应收款项	存货	预付账款	一年内到期的非流动资产	其他流动资产

(3) 现金比率,即一定时期内企业现金类资产与流动负债的比值,可以衡量企业实时偿还债务的能力。现金类资产是指货币资金、交易性金融资产,即速动资产扣除应收款项。

$$现金比率 = \frac{库存现金 + 银行存款 + 短期有价证券}{流动负债}$$

现金比率以现金类资产作为偿付流动负债的基础,但现金持有量过大会对企业资产利用效果产生副作用,因而该比率不宜过大。

(二) 长期偿债能力分析

企业的长期债务是指偿还期在一年以上的负债,包括长期负债、应付债券、长期应付款等。长期负债一般利率高于短期负债,每次筹集的资金数额较大,一般适用于购建固定资产。因为固定资产周转周期长、变现速度慢,其资金的筹措不可能来自短期负债。

企业偿还长期债务的资金来源为自有资产和盈利,因此,企业的长期偿债能力应从资产结构和盈利两方面分析。在进行资产结构分析时,主要通过资产负债率、产权比率、有形净资产负债率、权益乘数(或所有者权益比率)等比率进行衡量。在对企业盈利进行分析时,主要通过利息保障倍数、债务本息偿付保障倍数等比率进行判断。

1. 资产负债率

资产负债率是企业负债总额占企业资产总额的百分比。它表明了债权人提供的资产占企业全部资产的比重,反映了企业负债经营的能力。其计算公式如下:

$$资产负债率 = \frac{负债总额}{资产总额}$$

资产负债率越高,说明企业的财务风险越大。但资产负债率过低,则意味着企业对财务杠杆利用不够。企业在确定负债大小时,须考虑财务杠杆的因素。当企业总体的资金报酬率高于负债的利息率时,负债越多,企业盈利越多;当企业总体的资金报酬率低于负债的利息率时,负债越多,企业盈利越少。因此,资产负债率的高低取决于企业管理层对企业资产收益率的预测状况,以及对未来财务风险的承受能力。

2. 产权比率

产权比率又称净资产负债率,是企业负债总额与所有者权益之间的比率。产权比率根据企业资金来源不同反映了企业资产结构,即债权人提供的资金占投资者提供的资金的比重。它可以用来衡量企业的风险程度和对债务的偿还能力。其计算公式如下:

$$产权比率 = \frac{负债总额}{所有者权益}$$

产权比率越高,企业的财务风险越大,长期偿债能力越弱;反之,企业财务风险越小,债权人的利益就越能得到保障。

3. 有形净资产负债率

有形净资产负债率是企业债务总额占有形净资产的百分比。有形净资产是指所有者权益总额减去无形资产、递延资产后的净值,即所有者权益中的有形资产。由于商誉、商标、专利权、非专利技术等无形资产的价值具有很大的不确定性,这些无形资产不一定能够用来偿债。尤其是企业面临破产或经营状况非常糟糕时,企业账面上的无形资产可能一文不值。在这种情况下,衡量企业的长期偿债能力时,应保守处理,将无形资产从所有者权益中予以扣除。其计算公式如下:

$$有形净资产负债率 = \frac{负债总额}{所有者权益 - 无形资产净值}$$

和产权比率一样,该指标越大,表明企业的财务风险越大;反之,则财务风险越小。

4. 所有者权益比率、权益乘数

所有者权益比率是企业所有者权益占资产总额的百分比。其计算公式如下:

$$所有者权益比率 = \frac{所有者权益总额}{资产总额}$$
$$= 1 - 资产负债率$$

所有者权益比率越大,表明企业资产中所有者投资所形成的资产越多,偿还债务的能力越强。

所有者权益比率与资产负债率之和等于1。因此,所有者权益比率越大,资产负债率越小。

所有者权益比率的倒数是权益乘数,即资产总额相当于所有者权益总额的倍数。其计算公式如下:

$$权益乘数 = \frac{资产总额}{所有者权益总额}$$

权益乘数越大,表明所有者投入的资产占全部资产的比重越小,企业负债的程度越高;反之,所有者投入的资产占全部资产的比重越大,企业负债的程度越低。权益乘数和资产负债率的关系可以表示如下:

$$权益乘数 = \frac{1}{1-资产负债率}$$

5. 利息保障倍数

利息保障倍数是指一个企业息税前利润与利息支出的比率。息税前利润是指支付利息和所得税之前的利润。其计算公式如下：

$$利息保障倍数 = \frac{息税前利润}{利息费用}$$

$$= \frac{利润总额 + 利息费用}{利息费用}$$

$$= \frac{净利润 + 所得税 + 利息费用}{利息费用}$$

计算时不能用净利润，是由于企业的利息费用在所得税之前列支，企业在扣除利息费用后再计算所得税，因而所得税的多少对利息费用的支付不会产生影响。计算时不能用利润总额，因为利润总额是扣除了利息费用后的余额，利息费用这部分亦是企业经营所获得的收益，只不过这部分收益付给了债权人。

利息保障倍数反映了企业盈利与利息支出之间的关系，是衡量企业长期偿债能力的重要指标。利息保障倍数越大，企业的长期偿债能力越强；反之，则长期偿债能力越弱。

6. 债务本息偿付保障倍数

债务本息偿付保障倍数是在利息保障倍数的基础上，进一步考虑债务本金和可用于偿还本金的固定资产折旧而计算的反映偿债能力的指标。该指标考虑了折旧、摊销和所得税率。其计算公式如下：

$$债务本息偿付保障倍数 = \frac{息税前利润 + 固定资产折旧 + 无形资产摊销}{利息费用 + 偿还本金额(1-所得税率)}$$

分子中，由于固定资产折旧和无形资产摊销虽然影响了企业当年度的损益，但是并不影响当年度的经营现金流，折旧和摊销的现金支出在以前购置年度已经发生，所以将折旧和摊销加回，更真实地反映企业当期可供支配的现金状况；分母中，将应偿还的本金转化成了"税前"金额，因为企业偿还借款本金用的是企业税后净利润，那么为了偿还1块钱的本金，需要多于1块钱的息税前利润，在做计算的时候，分子使用的是息税前利润，相应地，要将分母也变为"税前"的。

与利息保障倍数类似，债务本息偿付保障倍数大于1，说明企业具有偿还当期债务本息的能力。该指标越高，企业的长期偿债能力越强。

偿债能力的案例分析详见本章案例评析中的案例一。

▶ 二、盈利能力分析

盈利能力是指企业在一定时期内赚取利润的能力，一般用利润率来衡量。利润率指标主要有销售利润率、销售毛利率、成本费用利润率、总资产报酬率、净资产收益率、每股收益、市盈率等。

(一) 销售利润率和销售毛利率

销售利润率是指企业一定时期销售利润占销售收入的百分比,该指标以企业每单位销售收入能够带来多少利润来衡量企业的盈利能力。计算公式如下:

$$销售利润率 = \frac{销售利润}{销售收入}$$

上述销售利润是指企业销售收入扣除销售成本、销售费用、销售税金及附加后的利润,即主营业务利润。

销售毛利率是销售毛利占销售收入的百分比。销售毛利是指销售收入与销售成本的差额。其计算公式如下:

$$销售毛利率 = \frac{销售毛利}{销售收入}$$

销售毛利率随行业的不同而有所差别,可用来评价企业对管理费用、销售费用、财务费用的承受能力。

(二) 成本费用利润率

成本费用利润率是指企业一定时期内的利润总额占成本费用总额的百分比,其以企业收益与支出的关系来评价企业的盈利能力。计算公式如下:

$$成本费用利润率 = \frac{利润总额}{成本费用总额}$$

成本费用总额是指销售成本、销售费用、管理费用、财务费用之和。该比率越高,表明企业取得利润时所付出的代价越小,成本费用控制得越好,企业盈利能力越强。

实务中,根据企业对成本利润率内涵的不同考虑,有销售成本利润率(利润总额与销售成本之比)等不同的指标计算方式。这些指标值越高,企业盈利能力越强。

(三) 总资产报酬率

总资产报酬率是指企业在一定时期内取得的息税前利润占资产平均余额的百分比,反映了企业运营资产而产生利润的能力。计算公式如下:

$$总资产报酬率 = \frac{息税前利润}{总资产平均余额}$$

$$= \frac{息税前利润}{销售收入} \times \frac{销售收入}{总资产平均余额}$$

$$= 销售息税前利润率 \times 总资产周转率$$

$$总资产平均余额 = (期初资产总额 + 期末资产总额) \div 2$$

上述公式中,分母总资产中包含了负债,这部分所产生的收益对应的是利息费用,因而分子应与分母对应,采用息税前利润,即扣除利息费用前的利润总额。根据上述公式,影响总资产报酬率的因素有两个:一是销售息税前利润率,表示每1元的营业收入所能带来的息税前利润额,该指标反映了企业商品生产经营的盈利能力,盈利能力越强,销售息税前利润率越高;二是总资产周转率,表示每1单位资产能够带来的收入,该指标反映了企业资产运营能力,企业资产运用效率越高,总资产周转率越高。

(四) 净资产收益率

净资产收益率是指企业一定时期内的净利润与平均净资产的比率。该比率反映了股东投入企业的自有资金获取净利润的能力,是评价企业资本经营效率的关键指标。计算公式如下:

$$净资产收益率 = \frac{净利润}{平均净资产}$$

净利润是企业税后未分配的利润,能够体现投资者投入资本的盈利能力。净资产是归属于投资者的资产,即资产负债表上所有者权益部分。平均净资产是指企业期初和期末净资产的平均值。净资产收益率越高,表明投资者投入资本获取利润的能力越强,资本经营效率越高,企业盈利能力越强。

通过对净资产收益率的分解,我们还可以得到如下关系式[①]:

$$净资产收益率 = \left[总资产报酬率 + (总资产报酬率 - 负债利息率) \times \frac{负债平均余额}{净资产平均余额}\right] \times (1 - 所得税税率)$$

上述公式表明,影响净资产收益率的主要因素有总资产报酬率、负债利息率、资本结构和所得税税率等。

(五) 每股收益

每股收益是指每股发行在外的普通股所能分摊到的净收益额。其计算公式如下:

$$每股收益 = \frac{净利润 - 优先股股利}{普通股发行加权平均股数}$$

---

① 公式推导过程如下:

$$净资产收益率 = \frac{利润总额}{净资产平均余额} \times (1 - 所得税税率) = \frac{利润总额 + 利息支出 - 利息支出}{净资产平均余额} \times (1 - 所得税税率)$$

$$= \left[\frac{利润总额 + 利息支出 - 利息支出}{总资产平均余额} \times \frac{总资产平均余额}{净资产平均余额} - \frac{利息支出}{净资产平均余额}\right] \times (1 - 所得税税率)$$

其中, $\frac{利润总额 + 利息支出}{总资产平均余额} =$ 总资产报酬率,总资产平均余额 = 净资产平均余额 + 负债平均余额, $\frac{利息支出}{净资产平均余额} =$ 负债利息率。因此,上述公式可写成:

$$净资产收益率 = \left[\frac{总资产}{报酬率} \times \left(1 + \frac{负债平均余额}{净资产平均余额}\right) - \frac{利息支出}{净资产平均余额}\right] \times (1 - 所得税税率)$$

$$= \left[\frac{总资产}{报酬率} + \frac{总资产}{报酬率} \times \frac{负债平均余额}{净资产平均余额} - \frac{利息支出}{净资产平均余额} \times \frac{负债平均余额}{负债平均余额}\right] \times (1 - 所得税税率)$$

$$= \left[\frac{总资产}{报酬率} + \frac{总资产}{报酬率} \times \frac{负债平均余额}{净资产平均余额} - \frac{负债平均余额}{净资产平均余额} \times 负债利息率\right] \times (1 - 所得税税率)$$

$$= \left[\frac{总资产}{报酬率} + (总资产报酬率 - 负债利息率) \times \frac{负债平均余额}{净资产平均余额}\right] \times (1 - 所得税税率)$$

优先股股东对股利的受益权优先于普通股股东,因而在计算普通股股东所能享有的收益额时,应将优先股股利扣除。股数应进行加权计算,因为本期内若发行普通股,只能在增加以后的这段时间内产生权益,减少的普通股在减少以前仍产生收益,加权平均数能够正确反映本期发行在外的实际普通股股数。例如,某公司2019年年初发行在外的普通股股份有6 000万股,当年10月1日又增发了2 000万股,则该年度普通股流通在外的平均数应为6 500万股(即6 000+2 000×3÷12)。

每股收益是上市公司财务报表中最受投资者关注的指标之一,能够直接反映公司的盈利能力。该比率越高,说明公司盈利能力越强,普通股股东可获得的收益越多。

(六)市盈率

市盈率是指股票价格与每股收益的比率。其计算公式如下:

$$市盈率 = \frac{每股市价}{每股收益}$$

市盈率可用来判断企业股票与其他股票相比所具有的潜在价值。同时也传递给投资者这样一个重要信息:投资者为一个公司的盈利能力付多少钱。市盈率越高,说明投资者付出的对价越高,意味着他们期待着更高的盈利增长。因此,发展前景较好的企业通常有着较高的市盈率。但是,当市盈率过高时,说明股价高、风险大,购买时应谨慎。市盈率的高低应比照行业平均市盈率作出判断。

盈利能力的案例分析详见本章案例评析中的案例二。

三、营运能力分析

资产营运能力主要是指企业营运资产的利用效率。营运资产的效率是指各项资产的周转速度,周转速度越快,资产的利用效率越高。营运能力通常使用资产周转速度指标来衡量。资产周转速度指标包括资产周转率(次数)和资产周转期(天数)。

资产周转率是指一定时期内(通常为一年),资产从投入到收回所循环的次数。其计算公式如下:

$$资产周转率 = \frac{资产周转额}{资产平均余额}$$

资产平均余额是反映企业一定时期内资产占用的动态指标,从理论上说,应计算期内每日资产余额的平均额,但为了计算方便,通常按期初和期末的算术平均计算。资产平均余额的计算公式如下:

$$某资产平均余额 = \frac{该项资产期初余额 + 该项资产期末余额}{2}$$

资产周转期表示资产从投入到收回所需要的天数。其计算公式如下:

$$周转期 = \frac{计算期天数}{资产周转率}$$

计算期天数理论上应使用计算期内的实际天数,但为了计算方便,全年按 360 天计算,季度按 90 天计算,月度按 30 天计算。

分析资产周转率(期)的指标主要包括流动资产周转率(期)、应收账款周转率(期)、存货周转率(期)、总资产周转率(期)。

(一) 流动资产周转率(期)

企业流动资产在总资产中占有较高的比重,而且周转期短、形态易变,其周转率(期)是评价企业资产利用率的重要指标。其计算公式如下:

$$流动资产周转率 = \frac{营业收入}{平均流动资产总额}$$

$$流动资产周转期 = \frac{360}{流动资产周转率}$$

该指标越高,表明企业流动资产周转速度越快,利用越好。在较高的周转速度下,会相对节约流动资产存量,其意义相当于流动资产投入的扩大,提高了单位资金的盈利率。

(二) 应收账款周转率(期)

应收账款周转率表示年度内应收账款转化为现金的平均次数,体现了应收账款的变现速度和企业的收账效率。其计算公式如下:

$$应收账款周转率 = \frac{营业收入}{应收账款平均余额}$$

$$应收账款周转期 = \frac{360}{应收账款周转率}$$

应收账款周转率高,表明企业收款迅速,可节约营运资金,有利于减少坏账损失和收账费用。

(三) 存货周转率(期)

存货是企业最重要的流动资产之一,与其他流动资产相比,存货的变现能力相对较弱。存货过多,将导致企业的资金过多地被占用在存货上,不仅影响企业的资金周转,还会增加存货的存储成本及磨损或霉变等损失。但存货量不足,就无法满足企业正常生产经营的需要。存货周转率反映了企业存货在一定时期内周转的次数,周转期是指企业从取得存货、投入生产到实现销售所需要的天数。其计算公式如下:

$$存货周转率 = \frac{销售成本}{平均存货}$$

$$存货周转期 = \frac{360}{存货周转率}$$

上述公式中,平均存货等于期初存货与期末存货的平均值。存货周转率越高越好,周转率越高,表明存货的流动性越强,转换为现金或应收账款的速度就越快。

(四) 总资产周转率(期)

总资产周转率是指企业在一定时期内总资产周转的次数,是综合评价企业全部资产管理质量和利用效率的重要指标。其计算公式如下:

$$总资产周转率 = \frac{营业收入}{平均资产总额}$$

$$总资产周转期 = \frac{360}{总资产周转率}$$

平均资产总额是指企业资产总额年初数与年末数的平均值。总资产周转率越大,表明总资产周转速度越快,销售能力越强,资产利用效率越高。

营运能力的案例分析详见本章案例评析中的案例三。

第三节 企业内部控制分析

一、内部控制概念

(一)概念

内部控制是指一个单位为了实现其经营目标,保护资产的安全完整,保证会计信息资料的正确可靠,确保经营方针的贯彻执行,保证经营活动的经济性、效率性和效果性而在单位内部采取的自我调整、约束、规划、评价和控制的一系列方法、手段与措施的总称。

(二)内部控制要素

企业建立与实施有效的内部控制,应当包括以下五个要素[①]。

(1) 内部环境。内部环境是企业实施内部控制的基础,一般包括治理结构、机构设置及权责分配、人力资源政策、企业文化等。

(2) 风险评估。风险评估是指企业及时识别、系统分析经营活动中与实现内部控制目标相关的风险,合理确定风险应对策略。

(3) 控制活动。控制活动是指企业根据风险评估结果,采用相应的控制措施,将风险控制在可承受度之内。

(4) 信息与沟通。信息与沟通是指企业及时、准确地收集、传递与内部控制相关的信息,确保信息在企业内部、企业与外部之间进行有效沟通。

(5) 内部监督。内部监督是指企业对内部控制建立与实施情况进行监督检查。

(三)目标

内部控制包括五大目标:合理保证企业经营管理合法合规,资产安全,财务报告及相关信息真实完整,提高经营效率和效果,促进企业实现发展战略[②]。

上市公司应当对本公司内部控制的有效性进行自我评价,披露年度自我评价报告,

[①] 财政部会同证监会、审计署、银监会、保监会制定的《企业内部控制基本规范》(财会〔2008〕7号)第五条。该规范自2009年7月1日起在上市公司范围内施行,鼓励非上市的大中型企业执行。

[②] 《企业内部控制基本规范》第三条。

并可聘请具有证券、期货业务资格的会计师事务所对内部控制的有效性进行审计。

二、内部控制措施

企业应当结合风险评估结果,通过手工控制与自动控制、预防性控制与发现性控制相结合的方法,运用相应的控制措施,将风险控制在可承受度之内。企业内部控制措施通常包括不相容岗位分离控制、授权审批控制、会计系统控制、财产保护控制、预算控制、运营分析控制和绩效考评控制等。

(一) 不相容岗位分离控制

不相容岗位分离控制要求企业全面系统地分析、梳理业务流程中所涉及的不相容职务,实施相应的分离措施,形成各司其职、各负其责、相互制约的工作机制。不相容岗位通常包括可行性研究与决策审批、决策审批与执行、执行与监督检查等。

(二) 授权审批控制

授权审批控制要求企业根据常规授权和特别授权的规定,明确各岗位办理业务和事项的权限范围、审批程序和相应责任。企业应当编制常规授权的权限指引,规范特别授权的范围、权限、程序和责任,严格控制特别授权。常规授权是指企业在日常经营管理活动中按照既定的职责和程序进行的授权。特别授权是指企业在特殊情况、特定条件下进行的授权。企业各级管理人员应当在授权范围内行使职权和承担责任。例如,采购人员必须在授权批准的金额内办理采购业务,超出此金额必须得到主管的审批。

企业的重大决策、重大事项、重要人事任免及大额资金支付业务等,应当按照规定的权限和程序实行集体决策审批或者联签制度。任何个人不得单独进行决策或者擅自改变集体决策意见。

(三) 会计系统控制

会计系统控制要求企业严格执行国家统一的会计准则制度,加强会计基础工作,明确会计凭证、会计账簿和财务会计报告的处理程序,保证会计资料真实完整。

企业应当依法设置会计机构,配备会计从业人员。从事会计工作的人员必须取得会计从业资格证书。会计机构负责人应当具备会计师以上专业技术职务资格。

大中型企业应当设置总会计师。设置总会计师的企业,不得设置与其职权重叠的副职。

(四) 财产保护控制

财产保护控制要求企业建立财产日常管理制度和定期清查制度,采取财产记录、实物保管、定期盘点、账实核对等措施,确保财产安全。企业应当严格限制未经授权的人员接触和处置财产。

(五) 预算控制

预算控制要求企业实施全面预算管理制度,明确各责任单位在预算管理中的职责权限,规范预算的编制、审定、下达和执行程序,强化预算约束。

(六) 运营分析控制

运营分析控制要求企业建立运营情况分析制度,经理层应当综合运用生产、购销、投资、筹资、财务等方面的信息,通过因素分析、对比分析、趋势分析等方法,定期开展运营情况分析,发现存在的问题,及时查明原因并加以改进。

(七) 绩效考评控制

绩效考评控制要求企业建立和实施绩效考评制度,科学设置考核指标体系,对企业内部各责任单位和全体员工的业绩进行定期考核和客观评价,将考评结果作为确定员工薪酬以及职务晋升、评优、降级、调岗、辞退等的依据。

三、内部控制审计

接受企业委托从事内部控制审计的会计师事务所,应当根据《企业内部控制基本规范》及其配套办法和相关执业准则,对企业内部控制的有效性进行审计,出具审计报告。会计师事务所及其签字的从业人员应当对发表的内部控制审计意见负责。为企业内部控制提供咨询的会计师事务所,不得同时为同一企业提供内部控制审计服务。

企业内部控制的案例分析详见本章案例评析中的案例四。

案例评析

案例一:上能电气股份有限公司首发上市失败

上能电气股份有限公司(以下简称"上能电气"),成立于2012年,主营光伏逆变器,属于新能源行业,于2017年申请上市,然而却于2017年9月22日被证监会否决,首发上市失败。我们分析其财务数据,不难发现其存在的问题。

1. 现金流为负数

2014—2016年,其营业收入分别为2.11亿元、3.46亿元、5.48亿元,净利润分别为2 113.68万元、3 363.19万元、3 629.41万元,经营性现金流净额分别为 -2 210.88万元、-2 541.48万元、-19.02万元。现金流为负,是一个重要的财务信号,表明企业处于"亚健康"的状态。

2. 应收账款、存货余额存在问题

由于其现金流连续三年为负,尤其是应收账款和存货两个科目的数额存疑。2014、2015、2016、2017上半年,其应收账款余额分别为1.15亿元、1.51亿元、2.63亿元、3.4亿元,逐年上升;存货余额分别为1.83亿元、3.11亿元、2.52亿元、3.45亿元。应收账款和存货科目余额的和占流动资产的比例分别为84.42%、79.11%、79.48%、78.92%。这些数据表明上能电气的应收账款回收慢,存货大量囤积。监管层对此予以关注,并向上能电气发出询问,请发行人代表进一步说明:① 报告期内经营活动现金流净额连续三年为负数的原因和合理性;② 应收账款和存货余额大幅增长的原因,应收账款周转率、存货周转率与同行业可比上市公司是否存在重大差异及其原因,发行人对主要客户的信用政策和实际执行情况,应收账款在信用期内回款比例较低的原因,发行人是否存在放宽信用政策扩大销售的情形,应收账款坏账准备、存货跌价准备计提是否审慎、充分。上能电气作出解释：① 客户主要是国电集团、华能集团、华电集团等大集团的下属子公司，信誉较好；② 给客户设了信用期，一般为验收后的 15—30 天，最长 90 天。

3. 短期偿债能力差

由于上能电气现金流表现很差，长期没有经营获得的现金净流入，会导致企业自身的经营压力越来越大，并影响其持续经营。证监会就此进行询问，请发行人代表进一步说明：① 发行人资产负债率、流动比率、速动比率等偿债指标与同行业可比公司是否一致，资产负债结构是否合理，现金流量是否正常，是否具备独立的、充分的银行融资能力，是否存在短期偿债风险和持续经营风险；② 发行人所在行业经营环境是否已经或将要发生重大变化，是否或已经对发行人持续盈利能力产生重大不利影响；③ 相关信息和风险是否已充分披露。请保荐代表人发表核查意见。通过对上能电气的偿债能力进行分析，我们发现 2014—2016 年，其资产负债率分别为 80.14%、84.11%、80.65%，流动比率分别为 1.19、1.11、1.19 倍，速动比率分别为 0.56、0.52、0.73 倍。这三项指标表明其资金流动和短期偿债能力较差。对此，上能电气作出解释：公司短期偿债能力相对较弱，资产负债率相对较高，主要是由于公司尚处于快速发展的阶段，而资金需求已成为制约公司发展的主要因素之一。若本次公开发行股票并上市成功，将大大提高公司的偿债能力，优化公司的资本结构，解决公司发展过程中的资金需求。

然而，上能电气并未说明这样的情况是否有行业因素影响，也未说明其他可对比公司的数据如何。

4. 缺乏独立融资能力、关联方资金拆借

企业回收账款慢，存货囤积，导致经营现金流差，债务压力大，企业若想持续经营，不得不依靠外部融资。根据上文分析，其偿债能力差，一般很难取得银行贷款。然而，上能电气却取得贷款 23 笔，其方法是与关联方签订采购合同，但不实际履行，以此为由申请贷款。此外，上能电气还向关联方借款。除了向龙达纺织借款付利息外，向江苏日风、上海日风、龙瑞信、丁峰这四家关联企业借款都未支付任何利息。

上述种种暴露了上能电气内部控制存在重大问题，最终因资金占用、合法经营等问题被证监会拒之门外。

案例二：广东日丰电缆股份有限公司首次提出 IPO 申请遭质疑被否

广东日丰电缆股份有限公司（以下简称"日丰电缆"）是一家自主研发并专业制造电线电缆的企业，主要从事电气设备和特种装备配套电缆的研发、生产和销售，产品主要为橡套类电缆，包括家电配线组件、特种装备电缆和通信电缆三大类，三者合计占营业收入的比例平均在 95% 以上。日丰电缆于 2016 年首次提出 IPO 申请。其发行计划显示，本次募集资金将主要用于特种重机用高柔性电缆及节能家电用环保配线组件项目和偿还银行贷款，其中特种重机用高柔性电缆及节能家电用环保配线组件项目投资总额 27 350 万元,偿还银行贷款 8 000 万元。2017 年 1 月 4 日上会,但因业绩波动、毛利率合理性等质疑被否。

日丰电缆的基本数据如下:2013 年至 2016 年 1—6 月,日丰电缆营业收入分别为 81 154.94 万元、85 559.55 万元、67 708.10 万元和 36 682.75 万元,净利润分别为 3 168.83 万元、3 206.04 万元、2 310.03 万元和 2 484.35 万元,扣除非经常性损益后的净利润分别为 3 008.74 万元、3 089.92 万元、1 853.88 万元和 2 343.85 万元。2016 年净利润预测为 5 215.49 万元。

从上述数据可以看出,2015 年日丰电缆业绩下滑明显。其中,营业收入同比下滑 20.86%,净利润跌破 3 000 万元,同比下滑 27.95%,扣除非经常性损益后的净利润同比大幅下滑 40%。2016 年上半年的净利润超过上年整年,但营业收入仅比 2015 年增加了 0.33%,基本持平,低于 2013 年、2014 年。

当企业业绩波动异常时,我们抓住这些异常信号,分析其财务指标,往往能发现很多问题。

1. 财务费用于 2016 年大幅下降,却未披露原因

对比各个年份的数据发现,日丰电缆 2016 年净利润翻倍增长是当年财务费用大幅下降造成的。公司每年借款 6 亿元以上,每年贷款利息高达 2 000 多万元。然而在 2016 年上半年,贷款利息却只有 469.66 万元,全年预测数仅有 821.59 万元,公司却并未披露财务费用突然大幅下降的原因。

表 4-7　日丰电缆 2014—2016 年利润表　　　　　　　　单位:万元

项　目	2014 年度已审实现数	2015 年度已审实现数	2016 年度预测数		
			1—6 月已审实现数	7—12 月预测数	全年预测数
一、营业收入	85 559.55	67 708.10	36 682.75	47 108.70	83 791.45
减:营业成本	68 557.78	54 338.93	29 309.56	38 624.68	67 934.24
营业税金及附加	402.00	398.15	103.09	209.25	312.34
销售费用	3 246.96	2 673.72	1 112.75	1 499.53	2 612.28
管理费用	6 119.22	5 420.81	2 797.11	3 082.30	5 879.41
财务费用	2 884.38	2 009.26	469.66	351.93	821.59
资产减值损失	664.09	657.27	136.58	171.34	307.92
加:公允价值变动收益	—	−14.89	14.89	—	14.89
投资收益	—	—	−17.36	—	−17.36
二、营业利润(亏损以"−"号填列)	3 665.12	2 195.07	2 751.53	3 169.67	5 921.20
加:营业外收入	156.42	581.69	172.89	80.67	253.56
减:营业外支出	19.93	43.59	7.73	20.27	28.00

(续表)

项　　目	2014年度已审实现数	2015年度已审实现数	2016年度预测数		
			1—6月已审实现数	7—12月预测数	全年预测数
三、利润总额（亏损总额以"-"号填列）	3 801.61	2 733.17	2 916.69	3 230.07	6 146.76
减：所得税费用	595.57	423.14	432.34	498.93	931.27
四、净利润（净亏损以"-"号填列）	3 206.04	2 310.03	2 484.35	2 731.14	5 215.49

2. 毛利率远高于同行，而且走势异常

2013—2015年，日丰电缆的家电配线组件毛利率分别为18.33%、20.34%、19.82%，而同业可比上市公司［华声股份（002670）］的毛利率为14.97%、15.88%、13.57%。

监管层对此提出询问："请发行人代表进一步说明，发行人主要产品家电配线组件毛利率远高于可比上市公司且变动趋势相反的原因，相关数据的来源情况。请保荐代表人发表核查意见。"对此，日丰电缆解释如下：① 根据有关部门关于高新技术企业研发支付核算、归集的审核要求，日丰电缆把所有研发成本全部计入了管理费用，导致毛利率高。② 可比同业公司的产品主要为空调连接线组件，日丰电缆比它多了一个小家电配件组件业务，小家电配件组件毛利率比空调连接线毛利率高6%~8%。然而，日丰电缆并未拿出小家电配件组件的上市公司数据进行对比，该理由并未被监管层接受。

3. 现金流暴涨，与营业收入的变动趋势相反。

2013—2016年，日丰电缆的经营性现金流量净额分别为-4 600.42万元、4 678.56万元、1.47亿元。2014年、2015年连续两年都增长了1亿元，而2015年营业收入下降了1.78亿元。难道是应收账款收回来了？然而，公司2013—2015年以及2016年上半年应收账款账面余额分别为25 773.22万元、25 097.15万元、19 401.85万元和24 133.99万元，占资产总额的比例分别为38.12%、34.54%、32.05%和41.62%，应收账款占资产总额的比例较高。

监管层提出询问："请发行人代表进一步说明，报告期内的应收账款情况及回款情况，对公司经营活动现金流净额的影响，报告期公司贷款偿还情况、贷款余额变化情况，对公司生产经营、财务费用和经营业绩的影响。请保荐代表人说明核查过程、依据和结论。"

对此，日丰电缆并未给出合理解释。其首发上市失败。

案例三：北京新水源景科技股份有限公司首发失败

北京新水源景科技股份有限公司（以下简称"新水源景"）主营业务为在以自主研

发的水资源管理信息化软件为核心的基础上,集成各种物联网传感设施,向客户提供水资源管理信息化综合解决方案,主要向客户提供农业节水灌溉管理系统、水资源监控与管理系统和智慧农业管理系统。其于2016年1月8日报送了第一版招股书,于2017年3月20日报送最新版本招股书,但最终因资产运营能力存疑于2017年3月28日被创业板发审委否决,首发失败。

2014—2016年,新水源景的营业收入分别为9 425万元、1.22亿元、1.41亿元,净利润为1 597万元、2 782万元、2 524万元。截至2016年12月31日,发行人固定资产原值为272.90万元,其中机器设备43.78万元、办公设备145.82万元。2014—2016年应收账款分别为4 535万、6 255万、9 120万,营业收入占比分别为48.12%、51.31%和64.60%(营业收入占比指应收账款占营业收入的百分比,即应收账款周转率的倒数)。

发行人募集资金项目——新一代农业用水智能管理系统升级项目,投资总额19 837.30万元,其中建筑工程费用3 700.00万元、设备购置费用1 775.00万元、实施费用5 230.00万元(包括专家咨询及合作费400万元、技术培训费250万元)、办事处费用5 000.00万元(包括办公经费及市场开拓费)。项目达产后年均增加营业收入12 600万元,年均增加净利润4 989.90万元。

分析上述数据,存在以下两个问题。

(1) 固定资产与营收严重不匹配,营运能力存在重大疑问。报告期末机器设备原值44万元,对应年度营业收入1.4亿余元;募投项目预计设备购置费用1 775万元,预计增加营业收入1.26亿。44万元对应营业收入1.4亿元(该固定资产周转率高达318次)、1 775万元对应营业收入1.26亿元(募投项目固定资产周转率仅为7次)。对此,监管层提出询问,请发行人代表说明募集资金实施前后,固定资产中的机器设备与收入的配比关系。

(2) 应收账款增速明显快于营收增长率。2014—2016年,新水源景的应收账款分别为4 535万、6 255万、9 120万,占营收比重为48.12%、51.31%和64.60%,即应收账款周转率在降低。应收账款的异常通常会引发监管层对营业收入确认的关注,因此,监管层要求发行人代表结合目前净利润减少、应收款增加等情况,说明前述测算的依据及实现的可能性,并请保荐代表人:① 说明募集资金实施前后,项目实施模式是否发生变化;② 对上述信息披露是否真实、准确、完整发表核查意见。此外,还请发行人代表说明:① 一次性实施验收项目和分部实施分部验收项目在合同签订时是否已经约定,如有约定,请发行人代表说明约定和描述方式;② 一次性实施验收项目和分部实施分部验收项目收入确认取得的内部和外部依据有什么不同;③ 一次性实施验收项目和分部实施分部验收项目应收账款的回收情况有无差异。请保荐代表人说明核查过程和核查结论。

新水源景未能给出合理解释,最终因其资产运营能力存在重大疑问以及财务数据存在疑点,被创业板发审委出具了否决意见,其首发上市失败。

案例四：江苏联动轴承股份有限公司上市申请被否决

江苏联动轴承股份有限公司（以下简称"江苏联动"）主要从事精密轴承、离合器等机械传动部件研发、生产和销售，产品主要应用于家用电器、汽车、机床等领域。

江苏联动的前身为联动轴承，由自然人沈锡兴以及尤志明（沈锡兴外甥）于2000年1月分别以货币出资95万元、5万元设立。2006年7月，尤志明将持有的股份平价转让给沈佳豪，沈佳豪是公司创始人沈锡兴的儿子。2011年1月，南京实盛科技有限公司以货币80万元对江苏联动进行增资，其中，20万元作为公司注册资本，剩余60万元计入公司资本公积；2011年3月，上海朴易投资管理有限公司以货币369万元对公司进行增资，其中42.5823万元作为公司的注册资本，剩余326.4177万元计入公司的资本公积。2011年8月，上海朴易将其持有的公司出资额42.5823万元以383.6589万元转让给无锡沈氏投资有限公司，南京实盛科技将其持有的公司出资额20万元以85.315万元转让给无锡沈氏投资有限公司。2015年8月，联动轴承整体变更为股份有限公司——江苏联动，此时的江苏联动股东仅有三个——沈氏投资、沈锡兴、沈佳豪。沈氏投资持股80.61%，沈锡兴持股9.89%，沈佳豪持股9.5%，其中，沈氏投资也是由沈锡兴和沈佳豪分别出资80%、20%持有。因此，江苏联动的实际控制人为沈锡兴和沈佳豪。

2014—2016年，江苏联动分别实现营业收入2.18亿元、2.19亿元和2.31亿元，同期净利润为2549.96万元、3271.77万元和3302.42万元。2014年12月31日和2015年5月31日，公司股东会利润分配决议通过利润分配方案，分别分配股利3047.81万元和8700万元，该分红款项扣除个人所得税后均在2015年度发放。对比同期净利润发现，两次分红均远高于当年的净利润。尤其是2015年8700万元的巨额现金股利超出当年净利润5500万元。2015年，由于支付2014年应付股利并进行现金股利的分配导致公司的资产结构发生变化，流动比率和速动比率明显降低。

江苏联动与实际控制人发生多次关联交易，如江苏联动从2010年1月起开始租赁实际控制人沈佳豪所有的湖滨路地块，租赁期间为5年，租赁至2015年，约定租金为14.1万元/年。实际控制人沈锡兴、控股股东沈氏投资多次占用江苏联动资金，其中，2014年股东累计拆出资金4310万元。

对此，监管层提出询问："请发行人代表说明上述关联交易的必要性和合理性、实际控制人控股权集中是否影响公司治理结构和内部控制。请保荐代表人发表核查意见。"

江苏联动作出回复："其一，发行人积累了较多未分配利润，为了保证营运资金充足、生产稳定，股东决定不分红，只是在有财务投资需求时向发行人拆借资金；其二，报告期初，发行人的公司治理制度和内控制度不完善，企业规范运作的意思尚不强，发行人与股东之间的资金往来较为随意，未及时履行决策程序；其三，发行人在报告期初独立性不强，发行人资产尚未与控股股东及实际控制人的资产有效独立，大股东也没意识到占用发行人资金对公司盈利能力、资金安全等方面的影响。"

最终，由于发行人内部控制制度缺失，监管层否决了其上市申请。

复习思考题

1. 资产负债表、利润表、现金流量表及附注的内容分别包括哪些?
2. 试分析审计报告与已审计会计报表的关系。
3. 如何对企业的短期偿债能力、长期偿债能力进行分析?
4. 销售利润率、销售毛利率、成本费用利润率、总资产报酬率、净资产收益率、每股收益、市盈率分别如何计算?
5. 资产周转率(期)的指标主要包括哪些?分别如何进行计算?
6. 试阐述内部控制要素及措施。

第五章　法务会计舞弊检查

学习目标：了解法务会计舞弊三角形理论、GONE理论和企业舞弊风险因子理论及其基本要素，掌握舞弊风险因子理论的具体内容，学会利用法务会计舞弊相关理论解释财务报表舞弊的动因，理解会计报表之间存在的勾稽关系，掌握财务报表舞弊的检查方法。

内容提要：本章基于舞弊三角形理论、GONE理论和企业舞弊风险因子理论，分析了财务报表舞弊的动因。根据舞弊的对象和内容不同，将舞弊分为雇员舞弊和管理舞弊，本章进一步阐述了这两类舞弊的特征和形式，为防止、发现和纠正这两类舞弊提供依据。针对财务报表舞弊，让学生从会计报表之间的勾稽关系入手，合理运用分析程序、检查和追踪现金流量等方法，以识别和检查财务报表舞弊行为。

第一节　舞弊相关理论

舞弊检查是法务会计的重要内容。对于舞弊的定义，理论界尚未形成一个统一的观点。第六版《辞海》中将舞弊解释为"用欺骗手法做违法乱纪的事"。《韦伯斯特新大学词典》则认为：舞弊是一种故意掩盖事实真相的行为，它以诱使他人丧失有价值的财务或法定的权利为目的。《中国注册会计师审计准则第1141号——财务报表审计中与舞弊相关的责任》对舞弊这样定义：舞弊是指被审计单位的管理层、治理层、员工或第三方使用欺骗手段获取不当或非法利益的故意行为。美国注册舞弊审查师协会给出的舞弊定义较为宽泛：舞弊是指个人为了攫取他人的利益而采取的歪曲事实和误导的行为，包括各种欺诈他人的手段。从上述定义可以看出，舞弊的范围比较宽泛，本章主要关注由管理层舞弊导致的上市公司出现的舞弊性财务报告现象，因为这种舞弊可能导致的经济后果是最严重的。关于企业舞弊动因的理论主要有企业舞弊形成的三角形理论、企业会计舞弊与反会计舞弊的GONE理论和企业舞弊风险因子理论等。

一、舞弊三角形理论

舞弊三角形理论最初是由美国ACFE的创始人、原美国会计学会会长、美国著名的内部审计专家史蒂文·阿伯雷齐特(Steve Albrecht)提出的。他认为,尽管舞弊形成的因素很多,但最为主要的有三个方面的基本要素:① 感受到的压力;② 舞弊的机会;③ 自我合理化。这三个方面的要素构成了所谓的舞弊三角形理论,三个因素缺一不可。就像燃烧需要满足三个条件(燃烧物、温度和氧气,如图 5-1 所示),舞弊的发生也必须同时满足三个条件,如图 5-2 所示。

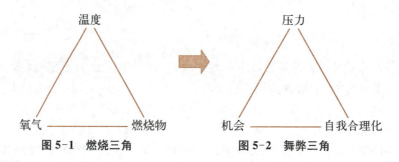

图 5-1　燃烧三角　　　　图 5-2　舞弊三角

舞弊者得到的作案机会越多,或承受的压力越大,实施舞弊所需要自我合理化的借口就越少;相反,某人的诚实程度越低,其实施舞弊活动所需的机会就越少,压力越小。我们可以运用这一理论探讨如何才能有效地预防舞弊的发生。人们一般会认为,预防舞弊发生的主要途径是完善公司内部控制,减少为舞弊者提供的机会,较少有人注意到对压力和自我合理化两个因素的调整。

(一) 压力

舞弊可以为舞弊者个人或组织带来短时的利益或好处,这样的利益或好处可以有效地缓解或消除舞弊者所承受的各种压力。大部分专家认为这些压力可以分为以下四种类型。

1. 与财务相关的压力

根据史蒂文·阿伯雷齐特的研究结论,有 95% 的舞弊案与舞弊者面临的财务问题有关。财务问题是诱发舞弊案的最为主要的因素。财务压力可以包括以下六个方面:贪婪,追求奢侈豪华的生活方式,过重的债务负担,不良的信用记录,蒙受重大财务损失,未预料到的财务需求。上述六个方面虽然没有涵盖所有的财务压力,但是研究表明,这六个方面的财务压力与多数舞弊案的发生有关。

2. 与恶习相关的压力

与财务压力紧密相关的压力是人的恶劣习惯所带来的压力。这些恶劣习惯主要是指赌博、吸毒和酗酒三类不良行为。这三种不良行为往往都会给人带来严重的财务问题。与恶习相关的压力被认为是最为糟糕的一类压力。赌博、吸毒和酗酒三种恶习经常被人们认为是驱动诚实的人开始实施舞弊的"触发器"。

3. 与工作相关的压力

尽管财务压力与不良嗜好可以诱发大部分的舞弊活动,但是某些人常常采用实施舞弊的办法消除工作带来的压力,如报复单位的管理者以发泄对雇主的不满。与工作相关的压力因素包括个人的良好表现没有被组织足够认可、对工作职位或岗位不满意、害怕失业丢掉饭碗、提职时被忽视、认为工资薪金过低等。

4. 其他压力

我们将无法归入上述三种类型但是能够诱发舞弊行为的压力一律归为其他压力。人们生活在一个充满各种各样压力的社会中,每一个人都面临着这样或那样的压力。有的人有过入不敷出的难堪;有的人做过愚蠢的投资;有的人上过当、受过骗;有的人为上瘾的不良嗜好而疯狂,为长期加班得不到报酬而气愤,为工作业绩得不到认可而苦恼,为得不到提升而恼怒,为他人快速升迁或暴富而嫉妒,为失恋而痛不欲生。这些生活中各种各样的压力如果没有得到很好的引导与释放,就很有可能成为诱发舞弊行为的导火索。

(二) 机会

在舞弊三角形中,舞弊发生的另一个重要因素是环境为舞弊者提供的机会。一般认为,至少有以下六个主要因素可以形成组织内部个人实施舞弊活动的机会。虽然形成舞弊机会的因素很多,但是这六个主要因素却表明了创造舞弊机会的系统缺陷,具体包括:缺少或能够绕过防止或发现舞弊活动的控制,无法评价雇员工作质量,疏忽了对员工的纪律约束,缺乏信息的沟通,无知、冷漠、低能,缺乏内部审计追踪。建立一个有效的内部控制架构是减少舞弊机会、预防与发现组织内部舞弊活动的最为重要的措施。这样的控制架构有三个组成部分:控制环境、会计制度和控制程序。

1. 控制环境

控制环境是指一个组织为其雇员所建立起来的工作氛围。建立良好和谐的控制环境是预防与阻止舞弊发生的重要环节。

2. 会计制度

内部控制架构的第二个组成部分是一套完善的会计制度。有效的会计制度可以提供一个能导致舞弊被发现的审计踪迹,也可以使舞弊难以隐藏。

3. 控制程序

内部控制的第三个组成部分是控制程序。对于任何类型的企业,都需要有如下五个基本的控制程序:职责分离与双重监管、授权制度、独立检查、安全保障的物理措施、文件与记录。

总之,控制环境、会计制度以及上述五项控制程序一并实施可以有效地消除或减少雇员和其他人进行舞弊的机会。良好的环境控制可以营造这样一种氛围:树立良好的诚实守信行为的榜样,聘用诚信的雇员,雇员的职责分明,会计系统提供详细的交易记录,设置必要的物理防护措施,使舞弊者难以接近重要资产,使舞弊行为难以藏身。

(三) 自我合理化

舞弊三角形理论的第三个因素是"自我合理化"。自我合理化是指人们在实施舞弊时通常会找各种借口或理由说服自己,让自己的舞弊行为成为自我想象中的可接受行为。自我合理化实质上是忠诚性的缺乏。忠诚性是自始至终都按照最高的道德价值标准来约束行动的一种能力。缺乏忠诚性的员工,在适当的动机和压力下就可能实施舞弊行为。这时,忠诚性缺乏就转化为自我合理化。自我合理化实际上是一种个人的道德价值判断。

几乎所有的舞弊都会涉及自我合理化的问题。大部分的舞弊者实施舞弊活动之前都会找一些似乎合理的借口或理由。以下是舞弊者常用到的自我合理化的理由：组织有负于我；我只是借些钱，我将来会还的；我不会伤害任何人；这是我应得的；我的出发点是好的；只要我们渡过财务难关，我们会恢复真实的账簿记录；我这样做是为了大家的利益；我是不得已才牺牲个人的诚信与声誉的。

"法不责众"是许多舞弊者运用最多的合理化理由。"我周围的许多人都在贪，我为什么就不能贪一点呢？"这是许多贪污者的真实想法。自我合理化与人的教育背景及素质有关。一般认为，员工受教育程度越高，其实施舞弊所需要的自我合理化的"门槛值"就会越高，他越是不容易说服自己实施舞弊。

二、GONE 理论

GONE 理论是由杰克·波罗格纳(Jack Bologna)和约瑟夫·威尔斯(Joseph Wells)在1993 年提出的。该理论是在舞弊三角形理论的基础上进一步拓展得到的，是理论界对舞弊风险因素的另一种解释方法。该理论认为舞弊由 G、O、N、E 四个因子组成，因而又称舞弊四因素理论。GONE 由四个英语单词的首字母组成："G"表示"greed"，即贪婪、贪欲；"O"表示"opportunity"，即机会；"N"表示"need"，即需要；"E"表示"exposure"，即暴露。合起来"gone"意为"过去的；用完了；无可挽救的"，暗示着在这四个因素共同作用下，舞弊或财产的侵占就会发生，受害者的财产利益等就将离他而去。这四个因子相互作用，密不可分，没有哪一个因子比其他因子更重要。它们共同决定了舞弊风险的程度，如图 5-3 所示。

图 5-3　舞弊 GONE 理论

用舞弊三角理论解析，GONE 理论之中："G"即"贪婪"，可归属于道德的范畴；"N"即"需要"，属于"压力"或"动机"；"O"是"机会"；增加的"E"即舞弊被发现的概率和被惩罚的严重程度，属于"机会"的一部分，因为舞弊行为被发现和揭露的可能性大小以及被发现和揭露后的惩罚强弱将会影响舞弊者是否实施舞弊行为。该理论对舞弊三角形理论具有明显的继承。

从这个理论可以看出，在防范财务舞弊的过程中，我们需要对 GONE 理论的四个方面同时控制，否则就很难将财务舞弊的风险控制在较低的水平。财务舞弊不仅含有内部动机，外部环境更加重要。企业缺乏内部控制、监管法律法规不到位，甚至只是恶劣的外部总体环境，都会像"破窗理论"一样对财务舞弊产生影响。因此，对于财务舞弊应该进行基于各种因素的联合控制，不给财务舞弊以任何可乘之机，从根源上杜绝财务舞弊产生的因素，否则就会导致财务舞弊治理的失败。下面将逐一对四个因子进行阐述。

（一）贪婪

贪婪，本义为渴望而不知满足，但在这里"贪婪"已超越了其本义，被赋予了道德的规范,指道德水平的低下。虽然它是个人主观方面的属性,但客观的社会价值、道德环境对其也造成影响。

贪婪因子是基于古典经济学假设"理性经济人"提出的,正是追求个体效用最大化的心理,容易导致企业实施财务舞弊。舞弊主体贪婪的心理特征在企业中可以体现在管理层的风险偏好水平、管理层持股比例以及管理层控制权和剩余索取权的不匹配等方面。管理层风险偏好和管理层持股比例更容易激发贪婪心理,使舞弊主体通过舞弊来攫取超过自身合法范围的额外利益,即舞弊收益。获得的舞弊收益越多,个人的贪婪心理越容易膨胀,由此形成实施财务舞弊的恶性循环。

道德对舞弊个人而言是一种心理因素,在行为产生与实现过程中其对行为主体的作用是无所不在的。它表现为一种个体价值判断,对符合自身价值判断的行为就推动其实施,对不符合自身价值判断的行为则予以否定放弃。舞弊者通常有不良的道德意识或在道德意识方面不良价值判断占据了上风,或个体已为违背良好的道德规范找到合理的借口,在这样不良道德观作用下,财务舞弊成为一种符合其价值判断的行为。

(二) 机会

机会是行为主体实施舞弊而避免被处罚的时机,即实现舞弊行为的可能的途径与手段。机会同潜在的舞弊者在组织中掌握一定的权力有关,由于资产必须在具体的岗位由雇员掌握和控制,这种机会不可能完全消除,只能尽力减少或消除,以确保这种风险要素低于一定水平。

上市公司实施财务舞弊的"机会"因子通常源于股权结构、董事会及监事会、内部控制等公司治理结构的缺陷和外部审计等问题。具体又可区分为内部因子和外部因子两大方面。

内部"机会"因子主要是指股权结构、董事会、监事会及内部控制等公司治理结构方面的问题。良好的公司治理结构首先来自合理的股权结构。股权结构决定了公司治理结构的基调与框架。一个合理的股权结构是保障公司实现利益相关者价值最大化的基础,是消除公司内部利益冲突、维护公司长期健康发展的根本,也是决定公司具体治理措施及安排有效开展的基石。合理的股权结构可以保证董事会、监事会及内部控制等公司治理具体安排的有效设计及落实。股权结构主要涉及两类因素:一是股权构成,即各个不同类型的股东集团分别持有多少股份,在我国主要指国家股、法人股和流通股比例;二是股权集中度,即主要股东的持股比例。股权适度集中能在一定程度上产生利益趋同效应,使控股股东和中小股东的利益趋于一致,有利于公司治理效率的提升。但是,股权过度集中将产生利益侵占效应,即在控股股东和非控股股东发生利益冲突时,控股股东可能以牺牲小股东的利益为代价来追求自身利益。可见,股权集中度越高,控股股东产生的利益侵占效应越大,公司发生财务报告舞弊的可能性通常越大。

外部"机会"因子主要是指外部审计监管方面的问题。财务报告披露前必须由注册会计师实施审计,外部审计作为防范财务报告舞弊的最后一道防线,其不足或无效无疑为财务报告舞弊提供了机会。尽管现行审计委托制度规定,由股东大会决定注册会计师的聘用、解聘或者不再续聘,但在内部人控制情况下,股东大会往往只是名义上的委托人。当注册会计师客观地出具审计意见而不利于管理层时,管理层可能以解聘或者不再续聘相胁迫,因而小型会计师事务所可能迫于经济压力而被管理层"俘获"为同谋。相比之下,大型会计师事务所由于客户多、承受力强、独立性高,一般不容易屈从于管理层的压力。

(三)需要

需要是指个人基本生活消费需求的满足程度。需要是一种行为的动机,舞弊者的需要由一系列复杂繁多的因素构成,最基本的动机是经济需求。

动机是会计行为产生的关键,正当的会计行为动机产生适当的会计行为,而不良的行为动机则容易在外界刺激下产生不正当的会计行为,即会计舞弊。可见,"需要"是会计舞弊的直接动因。舞弊的"需要"来源于公司期望获取不当利益,这些利益或来自资金渴求,或来自对良好股价表现的期待,抑或是源于企业经营者谋求自身利润分红计划等。这种需求不正当利益的行为被定义为"不当套利",和有效资本市场中的假说"合理套利"相对,具体表现就是虚假信息破坏了市场配置资源的有效性,从而导致资源配置不当或者市场调节能力低下。由于现实市场中存在的高额信息成本、代理成本等交易费用,市场参与者无法有效地以较低交易费用为代价甄别出上市公司传递出的"虚假"信号与"真实"信号,因此,上市公司的舞弊"需求"持续存在,公司也正是在舞弊"需求"的刺激下将财务报告的"真实且公允"披露变为财务报告舞弊。

(四)暴露

GONE 理论首次提出"暴露"这一外部环境因子,使得划分舞弊内外因子成为可能。"暴露"有两部分内容:一是舞弊行为被发现、揭露的可能性;二是对舞弊者惩罚的性质及程度。舞弊行为为达到目的,总是具有一定欺骗性和隐蔽性的,发现这种行为的可能性的大小就会影响舞弊者在行为实施之前对舞弊行为结果成功与否的判断。惩罚的性质与程度也会关系到行为实施前的判断,从而给潜在的舞弊者以威慑力。从舞弊的"暴露"因子看,舞弊行为被发现和披露的可能性越大,公司财务报告舞弊的可能性就越低。另外,对舞弊者的惩罚性质及程度越严重,公司财务报告舞弊的成本就越高,则公司财务报告舞弊的可能性也就越小。因此,基于暴露概率的分析和惩罚力度的考虑,二者的提高均会极大地减少财务舞弊的发生。

上述四个因子实质上表明了舞弊产生的四个条件,即当舞弊者有很强的贪婪之心,而且又对财富有着十分迫切的需求,只要有适当的机会,并认为事后不会被发现或者即使被发现,受到严厉处罚的预期较小时,他就一定会实施舞弊,从而导致"you can consider your money gone"(被欺骗者的钱、物、权益等离他而去)。由此便产生了一种说法,即"在贪婪、机会、需要和暴露四个因子共同作用的特定环境中,一般都会滋生舞弊,会使舞弊受害者的钱、物、权益等离他而去"。

具体而言,财务报表舞弊的主体是管理层,他们的"贪婪"是为了提高自身报酬或控制权收益,这种贪婪可转化为对财务报表进行舞弊的"需要",而当管理层在机会主义价值观的作用下,加上其拥有的财务报表编制权和信息不对称的相对优势,就产生了财务报表舞弊的"机会",而"暴露"则主要取决于注册会计师揭露财务报告舞弊的可能性大小以及对舞弊者惩罚的严重程度。显然,舞弊四因素理论的"贪婪"和"需要"是从舞弊者自身的角度对舞弊"必要性"的考虑,更大程度上与行为人个体有关;而"机会"和"暴露"是从外部角度对舞弊被发现后果的考虑,更多同个体所处的组织环境有关。

三、舞弊风险因子理论

舞弊风险因子理论也是由杰克·波罗格纳和约瑟夫·威尔斯提出来的。该理论在 GONE 理论基础上作了进一步完善。风险因子理论有五个要素,分别是道德品质、动机、舞弊机会、发现可能性、舞弊受惩罚的性质和程度。这五个因子可归类为个别风险因子与一般风险因子。舞弊风险因子与 GONE 理论因子的关系如表 5-1 所示。

表 5-1 舞弊风险因子理论与 GONE 理论要素比较

舞弊风险因子理论		GONE 理论
个别风险因子	道德品质	G(贪婪)因子
	动机	N(需求)因子
一般风险因子	舞弊机会	O(机会)因子
	舞弊被发现的概率	E(暴露)因子
	舞弊发现后惩罚性质和程度	

(一) 个别风险因子

个别风险因子是指不在团体或者组织控制范围之内的因素。个别风险是由个体的道德扭曲和动机不良引起的,主要包括道德品质和动机。

1. 道德品质

道德品质方面的问题与个人的内在特性相关。财务舞弊不仅仅是一种经济行为,从深层次方面来看更是一种道德扭曲,道德品质扭曲指的是个体行为缺乏诚信道德。

2. 动机

动机指的是体制上存在漏洞和不足会给舞弊者带来利益。舞弊者实施舞弊的动机有很多,如管理层或治理层个人经济利益受到公司业绩或状况的影响等。财务舞弊行为个体有诸如上市圈钱、偷税漏税、获得流通市场暴利等行为的,就是不良动机。

(二) 一般风险因子

一般风险因子是团体或组织可以控制的因素。一般风险是暴露的可能性小以及受惩罚程度轻等问题所引起的风险,包括潜在的舞弊机会、舞弊被发现的概率以及舞弊被发现后受到惩罚的性质和程度。

1. 潜在的舞弊机会

潜在的舞弊机会主要是指舞弊者从本岗位的权力和责任以及相关制度的设置考虑,可能发生财务舞弊的机会或者具体情形。舞弊发生的机会因子是不可能完全消除的,但是可以采取一些手段将机会因子控制在合理水平之内。

2. 舞弊被发现的概率

舞弊被发现的概率高会起到抑制舞弊的作用。内部控制系统决定了舞弊被发现的概率,尽管内部控制措施不能完全让所有舞弊行为消失,但是在理论上,它们能够防止和发现大多数重大舞弊行为。所以,如果舞弊发生的机会水平一定,那么降低舞弊风险可以通过提高发现舞弊的概率来实现。

3. 舞弊发现后惩罚的性质和程度

发现舞弊本身形成不了一定的震慑作用,还必须有严格的惩罚措施对舞弊者加以威慑。虽然就目前而言,还没有对舞弊与惩罚的关系的研究,但是从证券市场经验来看,舞弊发现后受到惩罚的性质和程度具有一定的威慑力。舞弊者所在组织和团体应该明确制定相关惩罚政策并严格实行。

第二节 雇员与管理舞弊

企业舞弊问题自 20 世纪 70 年代以来受到广泛关注,进入 20 世纪 90 年代后更是大有猖獗之势,尤其是企业财务报告的舞弊。美国《国家审计准则第 82 号通知》将舞弊限制在较窄的范畴内:舞弊是指公司或企业故意错报、漏报财务报告的行为,即进行欺诈性的财务报告,可称为"管理舞弊"(management fraud),以及员工对公司资产的侵占行为,称为"非管理舞弊"或"雇员舞弊"(employee fraud)。也就是说,企业舞弊者既包括管理层又包括雇员,一般认为,管理层的舞弊在财务报告中可能更严重,并且也更难以为审计人员察觉。从诸多已被发现的舞弊案例可以看出企业舞弊的共性:管理层、雇员和第三者中的一个或多个利用欺骗的手段来获取不正当或非法的经济利益或故意误导信息使用者对财务报表的判断。

管理舞弊是管理层蓄谋的舞弊行为,主要目的是虚增资产、收入和利润,虚减负债、费用,通过发布误导性或严重歪曲的财务报告来欺骗投资者和债权人。其手段包括伪造、变造凭证或记录,隐瞒或删除交易或事项,记录虚假的交易或事项,蓄意使用不当的会计政策等。非管理舞弊是公司内部的雇员以欺骗性手段不正当地获取组织的钱财或其他财产的行为。这种舞弊一般使公司利益受到损害,通常的做法是制造虚假单据、实施越权行为、欺骗以及违背员工行为守则等。其手段主要包括资产的盗用和资产的滥用。

一、雇员舞弊

(一)雇员舞弊行为的基本特征

雇员舞弊是指非高级管理层的雇员利用职务之便或内部管理制度中的缺陷,非法获取单位资产或其他个人利益的行为。雇员舞弊与其他类型的舞弊相比有其自身的特征,主要表现在以下三个方面。

1. 对利益的追求是雇员舞弊最突出的特征

企业提供完成任务的各种条件和手段,并根据雇员个人任务的完成情况,即根据他们的劳动数量和质量付给报酬;雇员个人要承担对企业的各项职责和义务。但是,企业和个人由于经济利益的驱使,双方都有可能为了各自的利益而弄虚作假,欺骗对方。雇员通过非法的手段追求额外报酬(包括物质的和非物质的),如工资、资金、地位等的动机无处不在。私欲充斥在雇员工作的每一个环节,它只有表现形式与程度的不同,并不能完全消除。

2. 内部控制制度的缺陷是雇员舞弊的温床

有了动机不一定会产生舞弊,舞弊的产生还有赖于一定的外部条件。内部控制的缺陷使雇员舞弊能在松散的环境中实施。

3. 舞弊成本是雇员舞弊所要考虑的重要方面

舞弊成本包括制造舞弊的成本和事后被发现遭到惩戒的损失。如果舞弊成本远远小于舞弊带来的利益,则在很大程度上会促成雇员舞弊的发生。

(二) 雇员舞弊行为的基本形式

雇员舞弊有很多手法和方式,主要包括以下四类。

1. 现金收入舞弊

现金收入舞弊是指雇员从企业的现金收入中盗取一部分现金的舞弊行为。这一舞弊活动主要发生在那些能接触到现金收支的职员身上,尤其是在内部控制较为薄弱的小型企业。

2. 虚构职员工资名单舞弊

虚构职员工资名单舞弊是指通过虚构职员工资名单或者伪造职员工资名单,虚报冒领职工工资收入的一种舞弊行为。这种行为在小型的劳动密集型企业中,尤其是那些职员流动速度快的低薪企业中,发生的可能性比较大。

3. 虚列加班时间舞弊

虚列加班时间舞弊是指通过编报根本不存在的加班时间来计算和获取收入的舞弊手法。一般来说,虚列加班时间几乎在每个企业都会发生,但相对而言在大型企业中更易实现。

4. 虚构卖方舞弊

虚构卖方是职员通过企业账户直接支付或对虚列的应付账款进行支付的一种职员舞弊行为。在小公司中,舞弊职员可简单地给他自己开出现金支票提现,待银行对账单到来时,就用伪造的或作废的支票注销或替换用来舞弊的支票,因而这类舞弊行为通常发生在那些调整银行账户或知道银行账户不一致的职员身上。

此外,雇员舞弊还包括收受回扣或贿赂,挪用、贪污、私分,将在正常情况下会给机构带来利润的潜在赢利的交易转移给雇员或其他机构,泄露机构秘密或向机构提供不实信息等企业舞弊行为。

二、管理舞弊

(一) 管理舞弊及其特征

管理舞弊是指组织管理层蓄谋策划的舞弊行为,它主要通过粉饰会计报表或隐瞒重要事实来达到目的。美国反欺诈性财务报告委员会(Committee of Sponsoring Organizations of the Treadway Commission,COSO)发布的《财务报告舞弊:1987—

1997》表明,高级管理层的舞弊主要表现为财务报告舞弊。组织管理层凌驾于组织内部控制制度之上,因而从某种意义上讲,其造成的危害往往更严重,更应引起法务会计人员的关注。

1. 舞弊动机(或压力)剖析

一般来说,组织管理层舞弊是为了使组织本身度过困难期,是"为组织谋利益"。因为他们期望组织现在面临的这个困难是暂时的,相信在用虚假会计信息获得所需的贷款、增发新股或配股后能使组织顺利地度过困难期。下列现象通常是组织管理层舞弊的"信号":组织面临实现利润预算或经营目标的巨大压力;行业状况不容乐观,外部竞争激烈;营运资本缺乏或扩张过快导致负面效应;管理人员频繁变动;关联方交易大量增加且十分繁杂;异常的销售实现;等等。

2. 舞弊机会剖析

组织管理人员身份的特殊性使得其有更多的舞弊机会,例如:任意改变组织的内部控制制度,使内部控制形同虚设或控制无效;利用职权频繁调动或聘用重要职位的工作人员,使其听命于自己;越权甚至违规处理经济事项;充分利用关联方交易或处于税收优惠政策时期的子公司为母公司服务等。

3. 舞弊借口(道德取向)剖析

为了回报投资者,或为了使组织顺利摆脱当前的财务困境、渡过难关,这种借口通常出现在组织有融资需求时,如上市、配股等;而管理层为其个人谋利益时,往往认为自己对组织做出了很大的贡献,侵占组织资产并不为过。

(二) 管理舞弊的常用方法

1. 关联方交易舞弊

所谓关联方交易舞弊,是指管理层利用关联方交易掩饰亏损,虚构利润,并且未在报表及附注中按规定做恰当、充分的披露,由此生成的信息将会对报表使用者产生极大误导的一种舞弊方法。通常,上市公司会采用以下四种关联交易来虚构利润。

(1) 关联购销舞弊。所谓关联购销舞弊,是指上市公司利用关联方之间的购销活动进行的舞弊。我国会计准则规定,当上市公司和子公司、兄弟公司之间发生购销往来时,须在合并报表中予以抵销;当上市公司和母公司之间发生购销往来时,由于上市公司提供的是单个报表,而非合并报表,因此无法抵销,但须在附注中详细披露关联方及关联方交易的内容。

(2) 受托经营舞弊。受托经营舞弊是指管理层利用我国目前缺乏受托经营法规的制度缺陷,采用托管经营的方式服务于利润操纵的目的,它是报表欺诈的一种新方法。在实务中,上市公司往往将不良资产委托给关联方经营,按双方协议价收取高额回报。这样不仅避免了不良资产生成的亏损,还凭空获得一笔利润,而这笔回报又常常是挂在往来账上的,没有真正的现金流入,因而只是一种虚假的"报表利润"。

(3) 资金往来舞弊。尽管我国法律不允许企业间相互拆借资金,但仍有很多上市公司因募集到的资金没有好的投资项目,就拆借给母公司或其他不纳入合并报表的关联方,并按约定的高额利率收取资金占用费,以此虚增利润。

(4) 费用分担舞弊。所谓费用分担舞弊,是指上市公司通过操纵与关联方之间应各自分摊的销售和管理费用,实现调节利润的目的的舞弊方法。在上市公司和集团公司之间常常存在着关于费用支付和分摊的协议,这就成为上市公司操纵利润的一种手段。当上市公司利润不佳时,集团公司会通过种种手段,如调低上市公司费用交纳标准、代替承担上市公司各项费用,甚至退还以前年度交纳的费用等,"帮助"上市公司提高利润。

2. 资产重组舞弊

资产重组有资产置换、并购、债务重组等形式,多发生在关联方之间。我国《企业会计准则——非货币性交易》规定,企业以非货币性交易取得的资产应以换出资产的账面价值,加上应支付的相关税费,作为换入资产的入账价值,这项规定减小了公司利用资产转让、置换和出售进行欺诈的空间。下面主要讨论利用并购和债务重组虚构利润的两种舞弊方法。

(1) 并购舞弊。所谓并购舞弊,是指通过操纵并购日期、交易内容和会计方法的选用,达到虚增利润的目的的舞弊方法。对于并购的会计处理有购买法和权益联营法两种。在购买法下,只有购买日以后被购并公司实现的利润才能纳入收购公司本期利润中;而在权益联营法下,对纳入公司本期利润的时间规定不明,使管理层有了可乘之机。另外,购买法中对于购买日的确定也常常是舞弊者钻空子的地方。整个并购过程中有很多关键时点,如双方签订协议日、政府批准日、公司股东变更注册日和实际接管日。尽管财政部在《股份有限公司会计制度——会计科目和会计报表》的补充规定中对购买日的确定做出了规定,但在实务中,如何确定购买日仍然具有弹性。这就使许多上市公司有机会在临近资产负债表日时,利用突击购买虚增利润。

(2) 债务重组舞弊。债务重组舞弊是指管理层利用债务重组中产生的收益对利润进行调节的一种舞弊行为。由于在债务重组中会产生一定的重组收益,因此,一些上市公司就在债务重组上做起了文章。

3. 地方政府协助舞弊

地方政府协助舞弊亦称为地方政府援助舞弊,是指上市公司凭借地方政府的援助达到操纵利润的目的的舞弊方法。地方政府援助的主要形式有税收优惠和财政补贴两种。

(1) 税收优惠。税收优惠具有很强的政策导向作用。正确制定并运用这种措施,可以很好地发挥税收的调节功能,促进国民经济的健康发展。同时,税法又明确规定,除税法规定的减免税项目外,地方政府不能再开减免税的口子。但为了扶持上市公司,许多地方政府相互比照,越权给上市公司税收返还政策,使得很多上市公司实际所得税税率甚至比15%还要低。

(2) 财政补贴。地方政府还常采用财政补贴的形式帮助上市公司实现一定的盈利目标,这些补贴往往数额巨大,而且缺乏正当理由。

4. 利用不当的会计政策和会计估计舞弊

管理层还常常通过选用不恰当的会计政策和会计估计等方法操纵利润。对同一交易或事项往往有多种可供选择的会计处理方法,加上我国的具体会计准则还没有涉及企业核算的方方面面,因而很多上市公司就利用会计政策和会计估计的选择和变更来操纵利润,粉饰经营业绩。从实践来看,上市公司常利用借款费用、股权投资、固定资产折旧等核算方法的选择,合并政策的选择,以及收入、费用的确认方法的选择等来操纵公司利润。

5. 掩饰交易事项或事实舞弊

掩饰交易事项或事实舞弊是指上市公司通过利用会计报表项目掩饰交易或事实真相,或者未能在报表附注中完全披露交易真相的一种欺诈方法。众所周知,"其他应收款"和"其他应付款"是我国上市公司财务报表中的"垃圾桶"和"利润调节器",管理层常常利用这两个报表项目操纵公司利润。一般来说,"其他应收款"明细账中的内容经常涉及收不回的坏账、已经支付的费用或失败的投资,所以它是隐藏潜亏的"垃圾桶";而"其他应付款"则常常是调节各期收入和利润的"调节器",当收入多的时候,先在这儿存放一下,以备不景气的年度使用。

第三节 财务报告舞弊

舞弊根据性质和内容不同,可分为与虚假财务报告相关的舞弊和与侵占资产相关的舞弊两人类别。财务报告舞弊是为了欺骗报告使用者而对财务报告中列示的数字或财务报表附注进行有意识的错报或忽略。它包括:对财务报告据以编制的会计记录或凭证文件进行操纵、伪造或更改;对财务报告的交易、事项或其余重要信息的错误提供或有意忽略;与数量、分类、提供方式或披露方式有关的会计原则的有意误用。

一、财务报告舞弊风险因素

根据前述舞弊三角形理论和舞弊风险因子理论,与虚假财务报告相关的舞弊风险因素如表 5-2 所示,与侵占资产相关的舞弊风险因素如表 5-3 所示。法务会计人员应当运用职业判断,考虑被审计单位的规模、复杂程度、所有权结构及所在行业等,以确定舞弊风险因素的相关性和重要程度。

表 5-2 与虚假财务报告相关的舞弊风险因素

舞弊发生的因素	舞弊风险因素细类	舞弊风险因素具体示例
动机或压力	财务稳定性或盈利能力受到经济环境、行业状况或企业经营情况的威胁	竞争激烈或市场饱和,而且伴随着利润率的下降
		难以应对技术变革、产品过时、利率调整等因素的急剧变化
		客户需求大幅下降,所在行业或总体经济环境中经营失败的情况增多
		经营亏损使企业可能破产、丧失抵押品赎回权或遭恶意收购
		在财务报表显示盈利或利润增长的情况下,经营活动产生的现金流量经常出现负数,或经营活动不能产生现金流入
		高速增长或具有异常的盈利能力,特别是与同行业其他企业相比时
		新发布的会计准则、法律法规或监管要求

(续表)

舞弊发生的因素	舞弊风险因素细类	舞弊风险因素具体示例
动机或压力	管理层为满足第三方要求或预期而承受过度的压力	投资分析师、机构投资者、重要债权人或其他外部人士对盈利能力或增长趋势存在预期（特别是过分激进的或不切实际的预期），包括管理层在过于乐观的新闻报道和年报信息中作出的预期
		需要进行额外的举债或权益融资以保持竞争力，包括为重大研发项目或资本性支出融资
		满足交易所的上市要求、偿债要求或其他债务合同要求的能力较弱
		报告较差财务成果将对正在进行的重大交易（如企业合并或签订合同）产生可察觉的或实际的不利影响
	管理层或治理层的个人财务状况受到企业财务业绩的影响	在所在企业中拥有重大经济利益
		其报酬中有相当一部分（如奖金、股票期权、基于盈利能力的支付计划）取决于所在企业能否实现激进的目标（如股价、经营成果、财务状况或现金流量等方面）
		个人为所在企业的债务提供了担保
	管理层或经营者面临财务或经营指标过高要求的压力	治理层为管理层设定了过高的销售业绩或盈利能力等激励指标
机 会	企业所在行业或其业务的性质为编制虚假财务报告提供了机会	从事超出正常经营范围的重大关联方交易，或者与未经审计或由其他会计师事务所审计的关联企业进行重大交易
		企业具有强大的财务实力或能力，使其在特定行业中处于主导地位，能够对与供应商或客户签订的条款或条件作出强制规定，从而可能导致不适当或不公允的交易
		资产、负债、收入或费用建立在重大估计的基础上，这些估计涉及主观判断或不确定性，难以印证
		从事重大、异常或高度复杂的交易（特别是临近期末发生的复杂交易，对该交易是否按照"实质重于形式"原则处理存在疑问）
		在经济环境及文化背景不同的国家或地区从事重大经营或重大跨境经营
		利用商业中介，而此项安排似乎不具有明确的商业理由
		在属于"避税天堂"的国家或地区开立重要银行账户或者设立子公司或分公司进行经营，而此类安排似乎不具有明确的商业理由
	组织结构复杂或不稳定	难以确定对企业持有控制性权益的组织或个人
		组织结构过于复杂，存在异常的法律实体或管理层级
		高级管理人员、法律顾问或治理层频繁更换

(续表)

舞弊发生的因素	舞弊风险因素细类	舞弊风险因素具体示例
机会	对管理层的监督失效	管理层由一人或少数人控制（在非业主管理的实体中），而且缺乏补偿性控制
		治理层对财务报告过程和内部控制实施的监督无效
	内部控制要素存在缺陷	对控制的监督不充分，包括自动化控制以及针对中期财务报告（如要求对外报告）的控制
		由于会计人员、内部审计人员或信息技术人员不能胜任而频繁更换
		会计系统和信息系统无效，包括内部控制存在值得关注的缺陷的情况
态度或借口	管理层态度不端或缺乏诚信	管理层未能有效地传递、执行、支持或贯彻企业的价值观或道德标准，或传递了不适当的价值观或道德标准
		非财务管理人员过度参与或过于关注会计政策的选择或重大会计估计的确定
		企业、高级管理人员或治理层存在违反证券法或其他法律法规的历史记录，或由于舞弊或违反法律法规而被指控
		管理层过于关注保持或提高企业的股票价格或利润趋势
		管理层向分析师、债权人或其他第三方承诺实现激进的或不切实际的预期
		管理层未能及时纠正发现的值得关注的内部控制缺陷
		为了避税的目的，管理层表现出有意通过使用不适当的方法使报告利润最小化
		高级管理人员缺乏士气
		业主兼经理未对个人事务与公司业务进行区分
		股东人数有限的企业股东之间存在争议
		管理层总是试图基于重要性原则解释处于临界水平的或不适当的会计处理
	管理层与现任或前任注册会计师之间关系紧张	在会计、审计或报告事项上经常与现任或前任注册会计师产生争议
		对注册会计师提出不合理的要求，如对完成审计工作或出具审计报告提出不合理的时间限制
		对注册会计师接触某些人员、信息或与治理层进行有效沟通施加不适当的限制
		管理层对注册会计师表现出盛气凌人的态度，特别是试图影响注册会计师的工作范围，或者影响对执行审计业务的人员或被咨询人员的选择和保持

表 5-3　与侵占资产相关的舞弊风险因素

舞弊发生的因素	舞弊风险因素细类	舞弊风险因素具体示例
动机或压力	个人的生活方式或财务状况问题	接触现金或其他易被侵占(通过盗窃)资产的管理层或员工负有个人债务,可能会产生侵占这些资产的压力
	接触现金或其他易被盗窃资产的员工与企业之间存在紧张关系	已知或预期会发生裁员
		近期或预期员工报酬或福利计划会发生变动
		晋升、报酬或其他奖励与预期不符
机会	资产的某些特性或特定情形可能增加其被侵占的可能性	持有或处理大额现金
		体积小、价值高或需求较大的存货
		易于转手的资产,如无记名债券、钻石或计算机芯片
		体积小、易于销售或不易识别所有权归属的固定资产
	与资产相关的不恰当的内部控制可能增加资产被侵占的可能性	职责分离或独立审核不充分
		对高级管理人员的支出(如差旅费及其他报销费用)的监督不足
		管理层对负责保管资产的员工的监管不足(如对保管处于偏远地区的资产的员工监管不足)
		对接触资产的员工选聘不严格
		对资产的记录不充分
		对交易(如采购)的授权及批准制度不健全
		对现金、投资、存货或固定资产等的实物保管措施不充分
		未对资产作出完整、及时的核对调节
		未对交易作出及时、适当的记录(如销货退回未作冲销处理)
		对处于关键控制岗位的员工未实行强制休假制度
		管理层对信息技术缺乏了解,从而使信息技术人员有机会侵占资产
		对自动生成的记录的访问控制(包括对计算机系统日志的控制和复核)不充分
态度或借口	管理层或员工不重视相关控制	忽视监控或降低与侵占资产相关的风险的必要性
		忽视与侵占资产相关的内部控制,如凌驾于现有的控制之上或未对已知的内部控制缺陷采取适当的补救措施
		企业员工在行为或生活方式方面发生的变化可能表明资产已被侵占
		容忍小额盗窃资产的行为
	对所在单位存在不满甚至敌对情绪	企业员工的行为表明其对单位感到不满,或对单位对待员工的态度感到不满

二、财务报表勾稽关系

"经济越发展,会计越重要","会计越重要,报表越复杂"。一方面,多样化且复杂化的经济业务需要在报表中得到反映;另一方面,企业的盈余治理手段也在不断翻新。这些因素使得财务报表越来越复杂,同时也使得财务报表分析演变为更专业化的工作。计算几个简单的财务比率已经无法实现财务报表分析的目的,不能满足现实的需要。分析者只有具备较强的财务会计知识才能够正确地理解愈发复杂的财务报表,对于那些关注报表细节、试图了解企业财务报表中是否存在问题的分析者(如股票交易所的财务分析职员、证券公司的财务分析师、审计人员等)来说更是如此。因此我们认为,分析者应该基于报表勾稽关系进行财务报表分析。

所谓基于报表勾稽关系的财务报表分析,是指分析者以财务报表中各个项目之间的勾稽关系作为主要分析工具,通过考察报表中某项目的金额及相关项目的金额来分析企业的会计政策选择、账务处理思路以及报表数字背后的交易或事项,并通过报表及其附注证明或证伪自己的假设,进而对企业的财务状况、经营成果和现金流量状况做出判定。这一方法要求分析者认识不同会计政策和会计处理方式对三张表的影响,能够把握报表项目之间的勾稽关系。

(一)会计报表项目之间基本勾稽关系

会计报表项目之间基本勾稽关系包括:资产=负债+所有者权益;收入-费用=利润;现金流入-现金流出=现金净流量;资产负债表、利润表及现金流量表分别与其附表、附注、补充资料等相互勾稽等。在会计报表基本勾稽关系中,前三项勾稽关系分别是资产负债表、利润表及现金流量表的基本平衡关系,一般没有问题,但是在调查程序上还是应予以必要的关注。

(二)资产负债表与利润表间勾稽关系

根据资产负债表中的短期投资、长期投资,复核、估算利润表中"投资收益"的合理性。例如,关注是否存在资产负债表中没有投资项目而利润表中却列有投资收益,以及投资收益大大超过投资项目的本金等异常情况。

根据资产负债表中的固定资产、累计折旧金额,复核、估算利润表中"管理费用—折旧费"的合理性。结合生产设备的增减情况和开工率、能耗消耗,分析主营业务收入的变动是否存在产能和能源消耗支撑。

评估利润及利润分配表中"未分配利润"项目与资产负债表"未分配利润"项目数据勾稽关系是否恰当。注意,利润及利润分配表中"年初未分配利润"项目"本年累计数"栏的数额应等于"未分配利润"项目"上年数"栏的数额,应等于资产负债表"未分配利润"项目的期初数。

(三)现金流量表与资产负债表、利润表相关项目的勾稽关系

资产负债表"货币资金"项目期末与期初差额,与现金流量表"现金及现金等价物净增加"勾稽关系是否合理。一般企业的"现金及现金等价物"所包括的内容大多与"货币资金"口径一致。

销售商品、提供劳务收到现金≈(主营业务收入+其他业务收入)×(1+16%)+预收账款增加额−应收账款增加额−应收票据增加额

购买商品、接受劳务支付现金≈(主营业务成本+其他业务成本+存货增加额)×(1+16%)+预付账款增加额−应付账款增加额−应付票据增加额

现金流量表中的"现金及现金等价物净增加额"一般与资产负债表"货币资本"年末数和年初数之差相等,前提是企业不存在现金等价物。同理,现金流量表中的"期初现金及现金等价物余额""期末现金及现金等价物余额"就分别是资产负债表中"货币资金"的年初余额、期末余额。

利润表中的"营业收入"、现金流量表中的"销售商品、提供劳务收到的现金"、资产负债表中的"应收账款"等项目之间存在勾稽关系,可以简单估算:营业收入−应收账款=销售商品、提供劳务收到的现金,当然,还要考虑应交税费中的有关税金的变动数。

同理,利润表中的"主营业务成本"、现金流量表中的"购买商品、接受劳务支付的现金"、资产负债表中的"应付账款"等项目之间也存在勾稽关系。

三、舞弊检查方法

注册会计师在决定采用何种审计程序收集审计证据时,有七大类程序可供选择:检查、观察、询问、函证、重新计算、重新执行、分析程序[①]。这些类别也被称为审计证据的类型或收集审计证据的方法,每一项审计程序总能获得一类或多类证据。借助注册会计师查找重大错报的审计方法,针对舞弊检查,法务会计人员可以采用以下八种方法:分析程序、检查、询问、换位思考、盘点、函证、利用专家工作、追踪现金流量。

(一)分析程序

分析程序是指调查人员通过分析不同财务数据之间和财务数据与非财务数据之间的内在关系,发现与其他数据不一致或与预期值差异重大的波动,据以识别企业中存在的犯罪风险因素。舞弊者即使能够篡改某些财务信息或非财务信息,也无法改动所有的信息。信息之间有一定的勾稽关系,分析程序就是利用不同信息之间的相关性来识别舞弊风险因素。因此,分析程序在识别上具有很好的效果。分析程序包括与同行业比较的分析、与过去数据比较的分析以及与预算比较的分析等。

(二)检查

犯罪者的舞弊行为在相关书面资料中会有一定程度的反映。检查就是指调查人员对企业中以书面形式存在的资料进行审阅,从而判断所发生交易或事项的合理性和真实性的一种识别方法。合理性判断的是所记录的交易或事项是否是企业的日常经营活动,是否合乎情理,是否违反了相关法律的规定,是否与其他记录的资料矛盾。真实性判断的是资料的真实性,是否完整、连贯,是否具有逻辑性。

(三)询问

企业管理层舞弊可能会指使其他人员去完成,其他人员必然知道一些管理层的犯

---

① 中国注册会计师协会:《审计》,中国财政经济出版社,2017,第48页。

罪线索。但是,其他人员也有可能出于报复管理层的动机而提供一些虚假的信息。所以,对相关人员进行适当询问可以很好地识别风险因素。询问有三个步骤,即确定询问对象、拟定询问内容以及记录询问。在询问时,调查人员应当充分运用语言技巧,对被询问者察言观色,既要从被询问者处获取想要的信息,又要避免被询问者告诉正被调查的舞弊者,而使得存在舞弊或犯罪行为的管理者有了防备。

(四)换位思考

换位思考就是设身处地为他人着想,即想人所想。换位思考法是指调查人员在调查过程中假设自己是企业舞弊的实施者,在面对存在的压力、机会和借口时,将会采取何种把企业财产据为己有和掩盖自己犯罪行为的方式和手段。然后,调查人员对其假设推导出来的犯罪方式和手段进行调查,以获取舞弊者的犯罪证据。换位思考的方法有利于迅速地识别和发现舞弊者犯罪的痕迹,及时、高效地取得犯罪证据。调查人员应当通过模拟舞弊者的思维方式去调查其舞弊行为。

(五)盘点

盘点法是调查人员对企业的实物财产,包括有价证券、现金、存货等进行清算和盘点,以证实账面数和实有数是否相符的一种取证方法。舞弊者可能已经把实物财产转移出去,占为己有,但账面上并没有记录减少。通过实物财产的盘点,能够及时地发现企业财产的减少,取得支持舞弊犯罪的证据,保护企业财产的安全和完整。盘点法的流程是确认财产的账面数、盘点实际库存数、对比账面数和实有数是否一致,以及调查账面数和实有数不一致的原因。

(六)函证

函证是指调查人员向相关部门发询证函,以证实企业财产真实存在性的一种取证方法。盘点法只能证实财产存在,并不能证明存在的财产为企业所拥有或所有权属于企业。函证法就是从外部获取财产所有权是否归属企业的证据。函证法包括积极式函证和消极式函证。在对舞弊犯罪进行调查时,主要采用积极式函证,不管财产是否属于被调查的企业,被询证者都要回函。

(七)利用专家工作

调查人员不是万能的,在一些超出调查人员能力的领域,调查人员有必要请专家来帮忙解决。利用专家工作主要包括两个方面,即资料真伪的识别和财产价值的评估。被调查的企业可能提供虚假的财务资料或其他资料,以达到掩盖舞弊犯罪行为的目的。资料真伪的识别就是请求专家鉴定资料的真假性,例如,舞弊者窃取企业的商业承兑汇票到银行贴现,然后购买假的商业承兑汇票来补充,调查人员没有这方面的能力,就应当请相关专家对商业承兑汇票的真伪进行鉴定,以识别舞弊者的阴谋。盘点和函证只能证明存在的财产属于被调查的企业所有,但无法证明存在的财产价值是否正确,舞弊者很可能利用财产价值的不公允来侵占企业财产。财产价值的评估就是请相关专家对企业的财产进行评估,以判断企业财产价值的公允性。例如,企业舞弊者对财产进行重估价,通过不适当的估价方法把资产的价格估高,以掩盖侵占企业财产而导致财产价值减少的现象。调查人员可能不了解舞弊者提供的估价方法,可以请这方面的专家来对财产进行估价并对企业提供的估价方法进行评价,以揭示舞弊行为。

(八) 追踪现金流量

现金是流动性最强的资产,对人的诱惑也是最大的,舞弊往往与谋取现金有关。对侵占现金的调查应当以现金流动的路径为着手点。追踪现金流量法是指调查人员根据现金的流程实施调查,检查现金流转的各个环节,以证实现金是否被侵占。现金流量包括三个方面,即现金的流入环节、在企业内部流动环节、流出环节。在追踪现金流量时,要注意调查现金流入与流出的时点和金额是否合理,以及是否存在截取企业现金的犯罪行为。

案例评析

案例一:帕玛拉特事件舞弊三角形分析

帕玛拉特(Parmalat)是典型的意大利家族式企业集团,在全球30个国家开展业务,共拥有3.6万余名雇员,年收入超过75亿欧元,并一度被视为意大利北部成功企业的代表。2003年12月,帕玛拉特还是意大利最大的乳品巨头,转眼之间,爆炸新闻接二连三:其资产负债表出现了143亿欧元的黑洞;公司提出破产保护申请;帕玛拉特股票急剧波动直至最终停牌;司法、财政机构迅速介入;债权人公开宣布追讨投资;创始人兼公司董事长卡利斯托·坦齐银铛入狱……短短2周多时间,号称牛奶帝国的帕玛拉特就终结了它的神话。针对帕玛拉特公司的舞弊三角形分析如下。

1. 压力因素

在帕玛拉特案件中,帕玛拉特管理层面临着怎样的压力呢?这要从帕玛拉特公司的历史谈起。20世纪60年代初,坦齐创建帕玛拉特公司。20世纪80年代,公司首先进行食品行业内的产品多元化发展。20世纪90年代中期,公司开始了世界范围大规模的扩张。这种跨地区的扩张需要大量资金支持。在公司进行产品多元化发展后,坦齐又开始走上行业多元化的道路,整个坦齐家族集团不仅拥有帕尔玛足球俱乐部,还经营旅游、建筑公司等。由于跨行业经营的困难等原因,其中一些公司由于经营不善和投资不利产生了巨额亏损,维持其经营也需要巨额资金。同时,意大利开始了大规模的私有化,为了鼓励私人购买,公有企业出售价格是相对较低的,这对于那些企图扩张的企业来说,能够筹集到资金购买这些国有企业就相当于吃到了便宜的"馅饼"。跨地区扩张所需的大量资金支持、跨行业扩张产生亏损的弥补和廉价收购国企的现金需要,都使帕玛拉特的管理层患上了资金饥渴症。1990年,帕玛拉特在米兰股票交易所上市,从公众手里筹得资金后,管理层就迫不及待地将公众公司(即帕玛拉特)的资金转移至其家族企业,将公众公司掏空。由于资本市场是坦齐资金来源最便捷也最为重要的方式,所以公司管理层不惜粉饰报表,以造就"表面的繁荣"来蒙蔽投资者。这就是帕玛拉特管理层舞弊的动机,即企业舞弊的压力因素。

2. 机会因素

管理层具备了舞弊的动机,又是什么给他们舞弊造就了机会呢?

首先,家族型上市公司使内部治理无法发挥制衡作用。帕玛拉特属于家族型公众公司,家族集团在企业中占有绝对数额的股份。意大利股票市场规模小、不活跃,又没有强有力的机构投资者向董事会派驻董事以制约大股东,再加上意大利证券监管机构监管不力,股票市场上非控股股东力量无法对控股股东形成有效制约。坦齐既是家族企业的首领,也是上市公司的首领,董事会为大股东所控制,为其掏空上市公司——向家族公司转移资产、操纵财务报表大开方便之门。

其次,各种外部治理机制失效。

(1) 在欧洲大陆国家,公司治理主要以银行为主。在这种模式下,公司控制权市场不发达,很少发生敌意购并行为。

(2) 家族企业的高层一般都是家庭成员,因而另一种外部治理机制——经理市场在家族企业中无法发挥作用。

(3) 意大利属德日公司治理模式,允许作为上市公司债权人的银行持有公司股份,从而影响上市公司的行为。但那些贷款给帕玛拉特的银行没有积极地发挥作用制约公司的行为,因为很多贷款是关系贷款。

(4) 除向银行贷款,帕玛拉特还发行了巨额的债券,为帕玛拉特发行债券的都是国际上有名的投资银行,其中包括花旗银行、J. P. 摩根等,它们都利用自己的影响为赚取手续费而唯利是图,并没有对帕玛拉特形成有效的监督。有国际性投资银行支持,又有资产负债表上大量的现金作保证,投资者自然对帕玛拉特债券青睐有加。对于帕玛拉特管理层的舞弊行为,银行难辞其咎。

最后,注册会计师在帕玛拉特事件中也扮演了不光彩的角色。审计帕玛拉特在开曼群岛的子公司——Bonlat 财务报表的均富会计师事务所在案发后声称他们也是"受害者",因为公司提供了虚假的审计资料给他们。但对于如此大额(近40亿欧元)的现金资产,注册会计师为何凭一张传真文件就相信了它的存在呢?他们的职业谨慎到哪里去了呢?公司的财务状况他们最清楚,公司那么多现金不用来偿还债务,而放在加勒比海不知名的小岛上,注册会计师的职业怀疑到哪里去了呢?此案中,他们以自己是"受害者"为由而推卸责任,"默许"了舞弊的发生。

3. 借口因素

舞弊的动机和机会有了,公司管理层又找什么借口,使自己能够心安理得呢?公司创始人坦齐承认,他曾向家族公司转移过5亿欧元的资产,并希望用自己持有的公司股票偿还给投资者。言下之意,他虽然挪用了资产,但只要还了就行。对于财务欺诈,坦齐说他只知道大概数字,至于操作则全是CFO的责任。公司CFO唐纳也是舞弊的参与者之一,而他说伪造银行文件以虚增资产、制造复杂财务结构以隐瞒负债等财务欺诈都是坦齐授意的,他只是执行而已。总之,管理层采取自欺欺人的说法,使自身行为合理化。

案例二:基于报表勾稽关系的财务报表舞弊识别

一位股票投资者在阅读上市公司年报时发现了一个有趣的问题。在某上市公司2020年的年报中,利润表中2020年主营业务收入为6.52亿元,现金流量表中2020

年销售商品、提供劳务收到的现金为5.23亿元,收入与现金流相差1亿多元;同时在资产负债表中,公司2020年年末的应收票据、应收账款合计只有近0.14亿元。这使这位分析者产生了疑惑,近一个亿的收入为什么在现金流量表与资产负债表中未能体现出来?究竟是该公司的报表存在问题,还是其他什么原因?

这位分析者留意到了三张表之间的勾稽关系。其基本思路如下:对于利润表中所实现的"主营业务收入",企业要么收到现金,则反映于现金流量表中的"销售商品、提供劳务收到的现金",要么形成应收款项,则反映于资产负债表中的"应收账款"和"应收票据"。

但是,正如前面所指出的那样,这种勾稽关系的成立依赖于某些前提条件。导致上述情形出现的常见原因有以下三类。

第一类是企业在确认主营业务收入时,既没有收到现金流,也没有确认应收账款或应收票据。例如:企业在确认主营业务收入时冲减了"应付账款";企业在确认主营业务收入时冲减了以前年度的"预收账款";企业在补偿贸易方式下确认主营业务收入时冲减了"长期应付款";企业用以货易货方式进行交易,但不符合非货币性交易的标准(补价高于25%);等等。

第二类是企业在确认主营业务收入时,同时确认了应收账款或应收票据,但是其后应收账款或应收票据的余额减少时,企业并非全部收到现金(留意报表中"应收账款"项目是应收账款余额扣除坏账预备后的应收账款账面价值)。例如:对应收账款计提了坏账准备;企业对应收账款进行债务重组,对方以非现金资产抵偿债务或者以低于债务面值的现金抵偿债务;企业年内发生清产核资,将债务人所欠债务予以核销;企业利用应收账款进行对外投资;企业将应收账款出售,售价低于面值;企业将应收票据贴现,贴现所获金额低于面值;企业给予客户现金折扣,收到货款时折扣部分计入了财务费用;企业委托代销产品,按照应支付的代销手续费,借记"营业费用",同时冲减了应收账款;等等。

第三类是企业合并报表范围发生了变化。例如,企业在年中将年初纳入合并报表的子公司出售(或降低持股比例至合并要求之下),则在年末编制合并利润表时将子公司出售前的利润表纳入合并范围,但资产负债表没有纳入,因此使得勾稽关系不成立。

分析者可以通过阅读报表及相关附注证实或证伪上述三类原因的存在。假如没有发现上述原因及其他特别原因存在的证据,那么很有可能是该公司的报表存在舞弊,则分析者需要重点关注该公司的收入确认、应收账款与其他应收款、现金流量情况等。

通过对上述案例的分析,我们可以看到,基于报表勾稽关系的财务报表舞弊识别是一种更为注重对报表结构、报表各项目间关系的理解的检查思路。由于在我国现阶段,现实中存在着一定的虚假会计信息,报表粉饰行为盛行,所以应该强调基于报表勾稽关系的财务报表分析与舞弊识别。

复习思考题

1. 试解释舞弊三角形理论的三大要素。
2. 如何理解 GONE 理论的四个舞弊因素?
3. 财务报告舞弊检查方法有哪些?
4. 简述管理舞弊的常用方法。
5. 现金流量表与资产负债表、利润表相关项目存在哪些勾稽关系?

第六章 法务会计诉讼支持

学习目标： 了解国内外对法务会计诉讼支持的诠释，把握法务会计诉讼支持的服务对象、业务内容及法务会计人员参与诉讼支持的理论基础。熟悉诉讼支持的法务会计证据如何发挥作用、其与诉讼证据的区别。掌握法务会计人员在诉讼支持各阶段的权利义务、作证方式、诉讼地位等。了解损失计量的概念、特征、原则及技术方法，掌握损失计量在虚假陈述损失赔偿额计算方面的应用。

内容提要： 诉讼支持是法务会计研究的重要领域之一，而且在经济社会中发挥着越来越重要的作用。本章结合理论探讨、案例分析，对法务会计诉讼支持进行介绍，重点阐述了法务会计诉讼支持的基本原理及概念、服务对象及业务内容、证据呈现方式及法务会计人员诉讼地位，并结合案例分析了法务会计诉讼支持的损失计量问题。

第一节 诉讼支持的法务会计概述

一、诉讼支持与法务会计

法务会计与法庭和诉讼支持是紧密联系在一起的，美国著名的会计学家威廉姆·S.霍普伍德等对法务会计给出的定义如下："法务会计是指按照与法庭要求相一致的方式，运用调查和分析技能解决财务问题。法务会计不局限于那些最终导致法律诉讼的财务调查。然而，如果调查和分析确实以法律诉讼为目的，那么它们必须符合有管辖权法院的要求。"[①]

对于诉讼支持，一种观点认为："法务会计的诉讼支持是由法务会计专业人员，针对相关的诉讼活动尤其是涉及会计法律事实的经济类诉讼，在现有的财务会计资料基础上，展开一系列调查取证活动，并以专家证人或司法鉴定人的身份出庭作证或者为当事人提供会计咨询等专业服务。"[②]另一种观点认为："作为法务会计最主要的业务，诉讼

[①] 威廉姆·S.霍普伍德、杰伊·J.莱纳、乔治·R.杨：《法务会计》，张磊主译，东北财经大学出版社，2009，第156页。

[②] 张苏彤：《法务会计的诉讼支持研究》，中国政法大学出版社，2012，第13页。

支持就是在诉讼中,由专门的法务会计人员帮助律师、审判人员、检察人员等查明相关的财务事实,提出专家意见,并且以专家证人或是鉴定人的身份参与庭审,进行作证、质证等活动。"①

综上所述,法务会计人员在法律实施的过程中提供专家意见和证据支持,协助司法人员、律师等法律工作者查证相关财会事实,为解决、处理法律问题提供专业服务。法务会计所提供的专业服务包括专家证据服务、专家辅助服务和专业咨询服务。专家证据服务是指法务会计人员以专家证人或鉴定人的身份出席法庭,就案件涉及的财会专门问题发表专家意见。专家辅助服务是指法务会计人员以专家助理的身份作为法律事项承办人、当事人或其代理人的助手,随时为其解答、处理相关的财务会计问题。专家咨询服务是指法务会计人员以专业顾问的身份受法律事项承办人、当事人或其代理人的委托,为其提供会计调查、取证、评估损失、追踪财产、解答会计问题等服务②。

按照所要处理的法律事项是否进入诉讼程序,可以将法务会计服务分为基于诉讼的服务与非诉讼服务两类。基于诉讼的法务会计是指为采用诉讼方式处理的法律事项提供会计专业服务,严格遵守诉讼程序和证据规则,法务会计人员常以鉴定人或专家证人身份出具鉴定报告、出庭作证。非诉讼法务会计是指对采用非诉讼方式处理的法律事项提供法务会计专业服务,没有严格的程序和规则,其内容主要是专家辅助和专业咨询服务,业务方式灵活多变,可以由解决问题扩展到预防问题的发生,如改善公司内控制度、预防舞弊和损失的发生等。

目前,法务会计诉讼支持业务是法务会计业务的主要部分,在西方国家已经比较成熟,但在我国其理论研究还不够完善,研究很少涉及个人,如离婚财产分割、保险赔偿等问题。在实际工作中也存在一定问题,如自侦自鉴、对检查材料的认定不规范、法务会计技术鉴定标准不统一等。实践中经常会出现鉴定结果不一致的情况,导致案件久拖不决、延误法定时效、超期羁押等,还可能引发各种鉴定机构和执法机关之间的分歧。

二、法务会计人员参与诉讼支持的理论基础

法务会计人员提供诉讼支持服务的理论基础,可以从证据、诉讼的角度进行论述③。

(一) 从证据的角度

诉讼的目的是使纠纷得以解决,在此过程中审判人员必须遵循以事实为依据、以法律为准绳的要求,才能保证审判结果的公正性,而证据无疑是审判人员认定事实的前提④。对于证据的认定,有自由心证与盖然性两种理论。自由心证包含自由与心证两个层次的含义⑤。前者是指对证据真实性、客观性与有效性的认定,审判人员具有自由

---

① 谭立:《法务会计的诉讼支持》,《人民检察》2005 年第 19 期。
② 王业可:《基于诉讼支持的法务会计研究》,浙江大学出版社,2013,第 15—16 页。
③ 张苏彤:《法务会计的诉讼支持研究》,中国政法大学出版社,2012,第 16—27 页。
④ 吴家友:《法官论证据》,法律出版社,2002,第 358 页。
⑤ 洪浩:《证据法学》,北京大学出版社,2005,第 29 页。

裁量权,可以凭借自己的理性和经验做出判断;后者则是指审判人员对于自身做出的判断在内心达到了深信不疑的程度,即在内心形成了确信。盖然性是指某一事件发生的概率,高度盖然性则是指某一事件发生的概率大。对于证据的认定,高度盖然性就要求法官对于案件事实的推定以及证据认定必须是大概率发生的结果。

无论是自由心证理论中对证据的判断,还是盖然性理论中对概率大小的判断,可以发现这些判断都是由审判人员作出的。然而,审判人员无法精通所有领域的专业知识,在大量的经济类案件中,若其中涉及的财务知识超越了审判人员所掌握的范围,那么证据的认定过程就会陷入瓶颈,并影响审判的公正性。为了确保结果的公正性,审判人员必须向外界寻求一定帮助来突破这一困境,由此法务会计人员向审判人员提供诉讼支持服务有其必要性。

此外,不仅审判人员需要法务会计人员的协助,当事人、律师等出于对胜诉的追求、对案件事实的认定,在准备证据材料的过程中也需要法务会计人员的专业辅助。

(二) 从诉讼的角度

法务会计人员参与诉讼支持的理论基础从诉讼角度来看,是以诉讼中的对抗制理论为视角。对抗制是指案件双方当事人都提出最有利于自己的事实,并就对方提出的证据通过交叉询问来质疑其合理性。对抗制是在分权与制衡理论下产生的,目的是以权力的制约来防止权力的滥用。在诉讼中,对抗制表现为诉讼对抗原则,双方当事人都有充分的机会对案情进行陈述并就对方当事人提出的主张进行质疑[1]。

虽然对抗制是英美法系的产物,但是在职权主义的诉讼中同样存在。在当前的法治环境下,任何诉讼模式都不同程度地体现出当事人之间的对抗性[2],只是在职权诉讼模式中,这种对抗性在程度上有所降低。在质证的过程中,当案件涉及专业的对财务会计事实的认定时,由于当事人、律师缺乏该领域的专业知识,对抗不能有效进行。为了保证对抗的有效性,在最大程度上帮助法官对有关财务内容的证据进行认定,让法务会计人员出庭作证就是一个很好的方式。法务会计人员作为专家证人参与诉讼,帮助当事人就专业性问题与对方当事人及其代理人进行质证,可以更好地协助审判人员查明案件事实。

三、法务会计诉讼支持业务服务对象

(一) 国家司法机关

在刑事诉讼中,法务会计人员的工作主要集中在侦查阶段,而侦查阶段的工作只有国家司法机关有权力进行,所以法务会计人员在此运用法务会计技术进行侦查工作的服务对象是国家司法机关。由国家司法机关聘请法务会计人员进行侦查或司法鉴定工作,法务会计人员对司法机关负责。被告人没有资格聘请鉴定人作司法鉴定,但可以向法庭提出申请,经同意后由法庭聘请。

---

[1] 宋冰:《程序、正义与现代化》,中国政法大学出版社,1998,第380页。
[2] 鲁千晓、吴新梅:《诉讼程序公正论》,人民法院出版社,2004,第180页。

(二)其他个人或组织

除了国家司法机关外,其他个人或组织也能以自己的名义聘请鉴定人,此种情况一般发生在民事诉讼、行政诉讼中。在此类诉讼中,当事人具有举证的权利和义务,法务会计人员可以协助当事人和辩护律师搜集、准备相关证据材料,分辨对方的强势点和弱势点,针对对方提出的分析结果等提出必要的反驳。

当然,在刑事诉讼、民事诉讼、行政诉讼中,当事人都可以聘请法务会计人员,咨询诉讼案件中的财务问题、损失计量问题等,并制定诉讼策略。

四、法务会计诉讼支持业务内容

法务会计人员常以专家证人、鉴定人等身份活跃于调查取证、庭前准备、审理与上诉等环节,其提供的诉讼支持业务内容广泛。根据会计学者张苏彤教授的考察,法务会计诉讼支持业务主要包括诉讼风险评估、收集重要书证、相关会计资料文件鉴定、参与诉讼策略制定、律师辩护状相关会计问题咨询、参与谈判、评论对方专家报告、准备详细陈述报告、在法庭陈述专家证言等。根据提供服务的性质不同,法务会计的诉讼支持业务可概括为以下六个方面①。

(一)评估诉讼风险并参与诉讼策略的制定

诉讼是一个耗时费力的过程,败诉往往会给当事人带来重大损失。法务会计人员可以帮助客户评估诉讼风险、预计诉讼成本,从经济的角度判定提起诉讼是否为最佳的解决方式。如果选择诉讼程序,法务会计人员可以进一步协助当事人和律师,结合相关的财务会计事实,从证据角度分析会计信息中存在的优势和弱点,评估对己方有利的事实,从而制定最有效的诉讼策略,争取胜诉机会。

(二)审查、鉴定和收集财务会计事实证据

诉讼过程中,当事人需要提供相关证据来支持己方的诉讼请求,而在经济类案件中,有相当一部分证据来自相关的会计记录、凭证等。法务会计人员熟悉会计记录形成的具体过程,结合相关凭证及行业、市场信息,可以得出支持己方主张或反驳对方当事人主张的证据,也可以协助律师获取、鉴别、解释和案件相关的会计信息。

因为法务会计人员熟悉会计实务操作,知道诉讼程序和证据规则,所以他们可以迅速、准确地对相关财务会计事实证据进行收集、恢复和固定,并发表具有说服力的意见,以支持委托方当事人的诉求、反驳对方当事人的主张。同时,法务会计人员通过对会计资料和相关文件的审查、鉴定,去伪存真,协助公安司法人员、当事人及其律师等查清相关财务会计事实,为案件、纠纷等的正确处理奠定坚实基础。

(三)咨询及参与谈判

在案件、纠纷等法律事项的处理过程中,司法人员、当事人及其律师等都可能遇到与财务会计相关的问题,此时就需要法务会计人员随时提供帮助。所以,法务会计人员可受聘为他们的专业顾问,提供及时的咨询服务或专项调查。双方当事人自行协商解

---

① 谷大君、毕克如:《法务会计基础与实务》,大连出版社,2011,第281—282页。

决纠纷时,法务会计人员可作为当事人及其律师的助手参与协商谈判,以说明、澄清相关的财务会计事实。

(四) 会计与审计准则遵守情况的认定

在弄虚作假、信息披露不实等会计违法犯罪案件中,对于虚假财务信息是否由会计人员故意或重大过失造成,会计、审计人员的行为是否遵守了公认的会计准则和审计准则的认定,是认定会计、审计人员是否应承担法律责任的首要前提。因此,在此类案件的财务会计事实查证中,法务会计人员的首要职责是对会计与审计准则的遵守情况进行认定,为法律工作者办案提供有力的专家证据。

(五) 损失计量

在涉及财产权益的案件或纠纷处理中,对于如何确定损失范围、损失内容和计算方法等专业性强、争议性大的问题,当事人及其律师常常难以解决。对于损失计算,我国的学术界、司法界和律师界曾提出过不下七种方法。选用方法不同,损失计算的结果也会有所不同,甚至可能差异很大,所以将损失计量这一难题交给专业人士完成更为适当、高效。

在美国,涉案律师可以聘用法务会计人员参与诉讼案件的损失计算活动。一方面,法务会计人员与律师进行充分沟通、检查相关书证,形成对案件的初步评价,并确定损失范围,考察计算方法的合理性以及相关法律的具体规定;另一方面,法务会计人员检查对方专家所提出的损失报告,对其主张进行分析,拟定相应对策。因此,利用法务会计人员的专业特长解决诉讼中的损失计量问题,已成为法务会计的一项主要业务。

(六) 出庭作证与质证

以专家证人或鉴定人的身份出庭发表专家意见,对相关问题进行说明,接受询问或质疑,并就财务会计事实方面的问题与对方当事人对质,以协助法官查明案件事实。

第二节 诉讼支持的法务会计证据

基于诉讼支持的法务会计鉴定证据是指在法务会计的诉讼活动中,法务会计主体据以进行鉴别分析、作出鉴定结论的事实根据。法务会计鉴定证据与年报审计证据不同,前者的证据是确凿和精确的,其取得必须进行详细的审计,是司法机关对被告量刑定罪、解决经济纠纷的依据。法务会计鉴定证据也不同于一般的诉讼证据,尽管二者都具有证实案件事实的法律效果,但法务会计鉴定证据相对于一般诉讼证据具有如下特点:① 是通过鉴定转化形成的关键性科学证据;② 通过专家鉴定成为判断其他证据是否科学的标准。一般具体用于诉讼的财务会计资料证据所能证明的案件事实内容和效果是有限的,法务会计证据则更能证明案件所涉及的财务会计事实。

一、基于诉讼支持的法务会计证据的作用

提供诉讼支持的法务会计的主要目的是得出鉴定结论,为诉讼提供证据。法务会

计结论与其他鉴定结论都属于法定证据,应具备证据的客观性、关联性和合法性。同时,作为一种特殊的证据,法务会计鉴定结论也具有其独特的证据属性,具体包括以下三个方面①。

(1) 法务会计鉴定结论具有科学性,即确定性和唯一性。法务会计结论按照其方向,可以划分为肯定性结论和否定性结论。同一案件的同一检材只能存在一个正确的法务会计结论,即不存在两个或两个以上矛盾但正确的鉴定结论。

但实践中因事实依据不充分、检材资料残损不全等问题,可能无法做出肯定或否定性的鉴定结论,就会出现或然性结论。虽然或然性结论也是法务会计的工作结果之一,但其不可作为法务会计鉴定结论,不能成为诉讼的证据。如果遇到鉴定材料不齐全又无法补充的情况,就应及时中止或中断鉴定工作,并说明原因。另外,会计核算方法和会计资料鉴定方法的不同也会导致得出的法务会计结论不一样,存在一定的技术风险。因为检验方法包含一定的主观性和局限性,不论是主观意思的影响还是鉴定方法的不同都可能会导致不同的鉴定结论。但是,以上现实的风险都无法否定法务会计结论的科学性,其结论只在技术上给予确定、唯一的回答,为案件诉讼提供确定的指引。

(2) 法务会计结论是会计学、法学、证据学、鉴定学知识综合运用的结果。法务会计实践是一种运用复合性专业技术的诉讼活动,因而鉴定人员除了应具备会计和审计专业知识外,还需要具备丰富的法律专业知识。例如,在挪用公款案件的会计鉴定中,按照法律规定,必须将每次挪用的金额累计计算,但从会计资金运动的理论来说,如果累计则会造成重复计算。因此,必须熟悉刑法上"挪用"的具体含义,才能得出正确的法务会计结论。所以,法务会计结论并不是单纯的会计结论,而是法学、证据学、鉴定学综合运用的结果,这也是由法务会计结论的法定诉讼证据性质所决定的。

(3) 法务会计结论属于间接证据。法务会计结论只能间接地证明案件的某一方面或某一情节,而不能直接反映和证明全部的案件事实。例如,在贿赂犯罪案件中,法务会计结论不能直接证实某人实施了贿赂行为,从而直接进行定罪,而只能确认会计账目中有虚假记录、不实交易、财物短少等事实。

从法务会计鉴定结论特殊的证据属性可知,法务会计结论的客观真实是对案件进行公正处理的依据,在经济案件的侦破、起诉及公正裁判过程中起着重要作用。首先,法务会计对打击严重经济犯罪和其他财产型犯罪、保护社会主义公共财产和公民的合法权益、维护经济秩序起着积极作用。其次,法务会计证据可以帮助司法人员确认犯罪,证明是否构成犯罪及犯罪手段、数额、时间等重要事实,是正确认定案件事实不可缺少的重要证据,是法庭审判过程中定罪量刑的重要证据来源。最后,法务会计为解决民事经济纠纷提供了依据,随着经济的发展、经济交往的增多,在经济活动中发生的经济纠纷也日益增多。在处理纠纷的过程中,法务会计提供相关鉴定证据、会计证据,对正确认定债权、债务,明确当事人的权利与义务,维护当事人的合法权利,保证民事纠纷案件的正常解决,保证社会和谐安定和正常的经济秩序起到积极的作用。

---

① 王业可:《基于诉讼支持的法务会计研究》,浙江大学出版社,2013,第112页。

二、基于诉讼支持的法务会计证据与诉讼证据的比较

基于诉讼支持的法务会计证据与诉讼证据都具有证实案件事实的法律效果,二者是包含与被包含的关系,法务会计证据其实也是一种诉讼证据。

经济犯罪案件中,大多以财务账目作为经济活动的记录,账务证据较为客观、真实、可靠。但法务会计证据在证明案件事实上,很少能既直接又全面地证明案件特定的事实,绝大多数单一法务会计证据存在证明不全的情况。这是因为任何一项经济活动都是过程性的,财务手续也往往不是一次所能完成的。因此,在案件事实的证明上,既需要法务会计证据之间的相互印证,也需要收集与其有关的其他证据,以便组成一个完整的证据体系。诉讼证据和法务会计证据的区别具体表现在以下六个方面[①]。

(1) 二者具有重复部分,但作为定案根据的诉讼证据,不会都被用作法务会计的根据;作为鉴定根据的法务会计证据也不会都被用来作为定案的直接根据。

(2) 诉讼证据的证明力是根据其对案件主要事实的证明程度而决定的,而法务会计证据的证明力则是根据其对作出鉴定结论所需确认的事实的证明程度而决定的。法务会计证据为侦查提供线索、为审判提供依据,最终在法庭审理案件的过程中,为法官查明案件事实真相及印证其他证据起到证明作用。

(3)《刑事诉讼法》第 50 条第 2 款规定了证据的法定表现形式,即物证,书证,证人证言,被害人陈述,犯罪嫌疑人、被告人供述和辩解,鉴定意见,勘验、检查、辨认、侦查实验等笔录,视听资料、电子数据。它们是以制作方式和具体表现形式进行划分的。

基于诉讼支持的法务会计是以财务会计痕迹为技术检验对象的一种司法技术鉴定。所谓财务会计痕迹,是指人们从事财务会计活动时遗留的各种印迹,反映了财务会计活动的轨迹。因此,法务会计证据表现形式较为单一,均以书面形式表现。具体的表现形式包括:① 财务会计资料;② 勘验、检查笔录,主要指司法会计检查笔录;③ 其他各类鉴定结论,主要指笔迹、商品等级、印章等检验鉴定的检验报告、鉴定结论等;④ 当事人的叙述和证人证言等。

(4) 诉讼证据一般具有客观性、相对性和合法性三个基本属性,而法务会计证据的主要组成部分是财务会计资料证据,除具有诉讼证据的三个基本属性外,还具有双重性、间接性、技术性等特殊属性。

(5) 诉讼证据必须经过查证属实才能成为定案的根据,认定其真实性的主体一般是司法机关;而对于财务会计资料证据的认定一般存在着识别分工,主要指法务会计人员与案件承办人之间在财务会计资料证据识别问题上的职责分工。分工的基本原则如下:识别的内容涉及财务会计技术方面问题的,如会计分录、账户记录、财务会计报告内容、会计处理方法和核算方法的真实性、正确性等,由法务会计人员进行识别;识别的内容不涉及财务会计技术或涉及其他专业技术的,如检验发票等各类原始凭证的真伪、财务业务的真实性问题、财务会计资料所反映的财务行为的法律属性识别问题等,则由

---

① 王业可:《基于诉讼支持的法务会计研究》,浙江大学出版社,2013,第 126 页。

案件承办人或其他专业技术人员进行识别。

（6）诉讼证据狭义上是指能够直接作为定案根据的各种证据，纯属法学的范畴。而法务会计证据是法务会计人员用以进行鉴别分析并据以作为法务会计结论来源的根据。

第三节 法务会计人员诉讼支持在各阶段发挥的作用

法务会计人员参与诉讼支持有利于财会事实的认定、损害赔偿额的确认，在各阶段都可以提供专业化的服务，为当事人及律师提供会计技术分析和认定上的支持，也可以在法庭上作为专家证人提供证言。法务会计人员在诉讼各阶段所能发挥的具体作用如下①。

一、诉前阶段

诉前阶段是指当事人在面对涉及财务事实认定的纠纷时，准备通过诉讼的方式来保护自己的合法权益，从确定提起诉讼到法院最终立案的整个阶段。在这一阶段，当事人将面临一系列问题，包括如何提出有效的诉讼请求、如何准备相关证据（尤其是与财务信息相关的证据）等。法务会计人员参与诉讼支持在该阶段所发挥的作用正是解决这些问题。

法务会计人员可以帮助当事人及其诉讼代理人制定有助于提高证据收集工作效率的方案，分析当事人及其诉讼代理人所持会计资料的优势和弱点，估算胜诉概率，进行成本收益分析，然后确定是否有必要通过诉讼方式解决纠纷。如确定要以诉讼方式解决争议，则法务会计人员可以协助当事人及其诉讼代理人完成如下工作：制定诉讼策略，提高胜诉概率；确定科学的损失计量方法，准确计算诉讼请求金额；收集财务证据并作相关分析；必要时申请证据保全。

法务会计人员还可以帮助委托方进行诉讼风险的评估，对胜诉后可能从对方获得的经济赔偿进行预测。例如，美国安然公司破产后，在一起针对安然公司的集体诉讼案中，美国相关法务会计人员在起诉之前就为弗莱明联合律师事务所代理原告的起诉进行了很好的评估和预测，包括起诉中如何收集有关安然公司做假账和隐瞒真实财务信息等的证据、对方可能提出的抗辩证据以及这些证据对胜诉的影响及其后果、要求被告赔偿的具体损失数额等，为该案的起诉和受理奠定了良好基础，并且在最后取得了预期的诉讼效果。

在诉前阶段，法务会计人员协助当事人寻找有关财务内容的证据。依据自身的职业判断，确定证据的范围，利用会计、审计等专业知识在表象符合规范的财务报表、凭证

---

① 周丽萍：《法务会计人员参与诉讼支持存在的问题及对策》，硕士学位论文，江西财经大学，2015，第18页。

等财务资料中找出财务造假、存疑的证据,并进一步对这些证据从是否客观、获取途径是否合法、与案件是否有关联三方面进行审核,最终得出有利于诉讼的关键证据。

二、审前准备阶段

在法院已立案但案件尚未开庭审理的阶段,法院组织当事双方交换起诉书、答辩状及相关证据时,法务会计人员要对对方提出的涉及经济利益的内容进行评估,同时要对与财务有关的证据进行审查。

法务会计人员帮助当事人对财务证据进行分析、审查,探讨需要提交哪些证据、提交的最佳时机、不提交的理由和法律后果等问题。法务会计人员认为有必要进行证据交换程序时,可以帮助当事人向法院提交申请书,请求进行证据交换,为庭审的质证工作做更充分的准备。此外,法务会计人员要结合证据情况,配合当事人及其诉讼代理人适时调整诉讼策略。

法务会计人员还可以运用相关会计知识,对继续诉讼的成本与收益进行估算,以确定是否有继续诉讼的必要。如权衡后认为继续进行诉讼是必要的,则法务会计人员要协助准备庭审意见书等;如认为没有必要继续进行诉讼,如胜诉概率不大、成本过高等,则可建议当事人及其诉讼代理人申请撤诉或与对方达成庭外和解协议。特别是证券市场中因虚假会计信息而引起的集体诉讼,法务会计人员往往能提供证券交易进行的市场是否有效、诉讼集团内部利益冲突的范围是否清晰等相关信息,并能够根据案件的具体情况分析相关争议点是否有利于委托方,通过充分的评估和分析判定是否要继续进行诉讼。

法务会计人员在审前准备阶段的主要工作包括对对方当事人的专家报告、分析结果提出必要的反驳,分辨出对方的强势点和弱势点,确定对方搜集证据的方法是否适当、其证据的使用是否恰当等,从而有力地协助辩护律师对该证据提出异议。在安然案中,双方当事人针对安然公司是否存在假账、是否出具了虚假会计报表以及安达信会计师事务所是否在对安然公司的内外检查和咨询中存在舞弊行为等提出相应证据。双方都聘请了大量的专家证人,包括法务会计人员。正是在法务会计人员的有效参与下,双方对于涉及该案的会计证据进行了充分列示,为之后的开庭审理和最终裁判奠定了充分的证据基础。同时,在审判之初,原告律师听取了法务会计师提出的"向法庭申请临时禁令,以防止安达信会计师事务所可能进一步销毁证据资料而造成部分证据搜集的困难"的建设性意见,法官在听证之后及时签发了"临时禁令及听证会"(Temporary Restraining Order and Order of Settling Hearing for Temporary Injunction),使原告在接下去的诉讼中具有了比较充分的证据和说服力,为诉讼的成功奠定了基石。

三、审理阶段

开庭审理是诉讼过程中最为关键的阶段,主要对案件涉及的事实进行审理,确定适用的法律。法务会计人员作为专家证人参与庭审,一方面对己方所提供的有关财务内容的证据向审判人员进行说明,另一方面对对方提供的证据提出合理质疑。在质证过程中,可以协助己方当事人接受审判人员和对方当事人的询问,还可以就质证中对方当事人所表现出的漏洞进行质疑,围绕证据的真实性、关联性与合法性发表质证意见。

在庭审中,经法官同意后法务会计人员可以作为具有专门知识的人出庭,用通俗易懂的语言把与案件相关的复杂财务问题解释清楚,并回答法官等人员的询问。对于对方当事人提交的会计鉴定报告,法务会计人员可以查明是否存在违反鉴定程序等导致报告无效的情形。如果该鉴定报告具有法律效力,则法务会计人员可以根据审阅结果,建议己方认可或否认该报告并阐述理由。

法务会计人员拥有的专业性、全面性知识足以使其胜任专家证人,他们的宣誓作证和提供的充分证据可以经受住对方严格的交叉询问或质询,为委托客户胜诉提供强有力的证据保障。在安然案的诉讼审判中,双方包括法务会计人员在内的专家证人,围绕什么是假账和虚假信息以及是否有做假账行为和披露虚假信息行为等,展开激烈争辩,特别是对于安然公司在 2000 年第三季度公布的收入和每股收益是否存在舞弊行为展开了针锋相对的辩论,而这些事实如何认定、在什么样的程度上给予认定,对于诉讼案件的胜诉或败诉及双方当事人的利益都具有非常重要的影响。

此外,在特定案件中,法务会计人员还可以协助对对方当事人的主观态度进行认定。比如,在虚假陈述损害赔偿案件中,对于是否存在过错、是否存在虚假陈述行为、行为与损害结果之间是否有因果关系以及损害赔偿额如何确立,法务会计人员都可作出判断,进而将专业的会计语言转化为易被当事人、审判人员理解的法律语言,有助于审判人员作出正确的判决。

四、审判后阶段

法院开庭审理结束并作出判决后,法务会计人员分两个阶段发挥作用:一是判决尚未生效的阶段,二是判决生效后的阶段。

在判决作出但尚未生效的阶段,法务会计人员首先对判决书中涉及财务知识的内容以及损害赔偿额的确认进行专业审查。如果这部分事实的认定是依据对方提出的不实证据做出的,而且相关的损害赔偿额计量也存在适用计量方法不当等问题,则法务会计人员不仅要协助当事人寻找新证据,同时还应将该情况向当事人反映并建议其上诉。

裁判文书生效后,对方当事人如果按规定履行判决,并提出以折价的方式进行赔偿,则法务会计人员需要协助当事人对折价物品的现有价值进行准确评估,在充分考虑当下的市场价格、物价波动、物品折旧等因素的基础上得出折价结果。

如果义务人没有按照判决所确定的履行期限及时履行义务,则权利人可向法院申请强制执行。在强制执行阶段,法务会计人员可以协助当事人分析财务资料,尽可能确定债务人掌控的财产,并将这些情况报告给法院,以使案件早日执行结束。对于迟延履行金钱给付义务的债务人,按照我国民事诉讼法的相关规定,债权人有权要求其支付迟延履行期间的债务利息,法务会计人员可以协助债权人确定该利息金额①。

综上所述,法务会计人员参与诉讼支持,在诉讼进程的各个阶段都发挥着不同的作用,不仅有助于当事人搜集超越其能力范围的有关财务内容的证据,同时还可以参与诉讼策略的制定,出庭作证接受询问,并且在审判结束后仍可以帮助当事人作出是否上诉等决定。

第四节 诉讼支持的法务会计与损失计量

一、损失计量概述

损失计量作为对损失进行确认、计量的一种技术手段,在将对损失进行赔偿作为一种制度之时就存在了。伴随着法务会计被越来越广泛地应用于解决具体的法律问题,损失计量的适用性也不断凸显。

(一) 损失计量的概念

"损失"是一个日常用语,也是一个会计术语。《现代汉语词典》对"损失"的定义如下:① 消耗或失去;② 消耗或失去的东西。在精算学中,损失被定义为保险标的在保险事故中遭受的实际损失额②。

目前,对于损失计量的概念有三种不同的表述。第一种认为损失计量是指运用各种技术方法,采用计量单位对欺诈舞弊案、经济犯罪案、经济纠纷案以及自然灾害、人为事故、违约等各类损害赔偿案带来的经济损失和损害进行计算与量化的过程。第二种认为损失计量是指运用会计、财务等方法对涉损法律事项的数据问题进行核算③。第三种认为损失计量是指特定主体综合运用会计学、财务学、审计学、评估学、精算学、证据学、法学等多学科知识,采用专业的方法与程序,以特定的报告形式,采用货币计量单位对损失额进行计算与量化的过程,其目的是为司法活动提供技术支持,以解决涉及损失的法律问题④。

综上所述,三种观点的表达有一些共同点:首先,损失计量是适应实际需要而产生的融合多门学科知识的一个研究方向,需要借助多门学科的技术、手段、方法才能对损失进行确认、计量;其次,损失计量需要解决的问题是法律问题,应当对特定法律问题中涉及损失事项得出公正、科学、合理的计量结果;最后,损失计量的目的是对损失进行确定、计量。

(二) 损失计量的特征

明确损失计量的特征有利于对损失内涵的具体把握,其特征主要表现为以下四个方面⑤。

---

① 张秦灵:《诉讼支持视角下的法务会计研究》,硕士学位论文,首都经济贸易大学,2015,第 14 页。
② 王静龙:《非寿险精算》,中国人民大学出版社,2004,第 14 页。
③ 白岱恩:《法务会计》,知识产权出版社,2008,第 231 页。
④ 张苏彤:《法务会计的诉讼支持研究》,中国政法大学出版社,2012,第 113 页。
⑤ 齐兴利、王艳丽:《法务会计理论与实务》,中国时代经济出版社,2018,第 143—144 页。

(1) 知识综合性。法务会计的多属性边缘学科性决定了损失计量的多学科知识综合性。损失计量的最终目的是提供、解释损失的量化结果,量化结果的得出需要借助会计学、审计学、财务学、评估学、精算学、证据学、法学等多学科知识,综合运用相关的技术、手段、方法等对特定法律问题中的损失进行量化,是涉及特定法律问题的多学科知识融合。

(2) 范围广泛性。损失在日常生活中随处可见,涉及损失的法律问题也越来越多,主要包括人身损害、精神损害、国有资产流失、无形资产、海损事故、保险事故、环境污染、证券交易等的损失计量。随着损失的范围越来越广,对损失也要进行更为明确的计量,才能给相关法律问题的解决提供依据。

(3) 方法多样性。因为对损失计量假设的适用存在差异性,所以不同的计量方法对同一损失对象可能会产生不同的量化结果。同时由于损失所处的时间、空间不同,其采用的修正参数也不同,这些都会直接影响损失的量化结果。所以,在进行损失计量时,对损失要有准确的定位,准确地分析其时空特性,选定适当的计量修正参数,采用最为合理的计量方法。

(4) 法律标准性。损失计量的目的是协助解决涉及损失的法律问题,计量过程中必须以法律法规为准绳,严格遵循相应的法律制度。损失计量的主体必须合法,具有执业资格和良好的职业道德。在进行损失计量时要公正、独立地收集所需信息、资料、证据等,并且严格按照损失计量的相关标准,认定涉及损失的相关法律事项,依法对损失进行确认和计量。信息提供者作为责任主体,提供的资料、证据也要合乎法律的规定。

(三) 损失计量的原则

损失计量原则是进行损失计量理论研究、实践操作必须遵循的准绳,其可以分为两个层次:基本工作原则和技术原则。基本工作原则包括公正性原则、客观性原则、科学性原则、可行性原则、专业性原则、独立性原则及合法性原则[①]。

(1) 公正性原则。损失计量要严格按照一定的标准尺度进行,坚持公正立场,不得偏向、袒护损失计量的任何一方。

(2) 客观性原则。对于法务会计损失计量工作的质量,要求损失计量工作从实际出发,不得掺杂任何虚假和主观判断。必须以客观存在的事实为依据,不作任何无事实根据的妄断、臆测,不受任何外在因素影响、制约,不得因追求特定的经济利益而产生偏向。

(3) 科学性原则。进行损失计量时要按照规定的程序,依据既定的损失计量目的,运用科学的原理、概念、方法、规则,采用适当的损失计量方法,以科学、严谨的实施方案进行。

(4) 可行性原则。在进行损失计量时要综合考虑经济、技术等方面的因素,采用适当的、可行的、合理的方法。

(5) 专业性原则。损失计量必须由从事损失计量的专业机构和专业人员组织进行。其中,专业机构必须由财务、管理、会计、法学等多门学科的专业人士组成。从业人员必须具有从业资质、专业的知识背景、高尚的职业道德及实务经验。

(6) 独立性原则。要求损失计量主体即法务会计人员在进行损失计量时以超然独立的态度处理计量中的各种问题,不受任何人和利益集团的干扰,完全以自己的职业判

---

① 齐兴利、王艳丽:《法务会计理论与实务》,中国时代经济出版社,2018,第146页。

断独立得出结论。

(7) 合法性原则。损失计量必须严格以法律为准绳,遵循相关法律制度的规定。损失计量的工作内容要合乎法律的规定和指引,在实体、程序上都要合法。

损失计量的技术原则是在损失计量实践操作过程中要遵循的技术规范和业务准则,为损失计量的专业判断提供技术依据和保障,主要包括预期原则、替代原则、贡献原则和基准原则。

(1) 预期原则。损失是渐进形成的,不仅损失发生有时间性,损失的形成也有一定的时间间隔,只是经历的时间长短有所不同。所以,出现在损失计量时选取的特定时点上的损失,也许是全部损失,也许是部分损失,有的损失甚至是一个长远的影响过程。因此,必须要从长远的角度出发,对损失有清醒的预期,全面考虑未来显现的损失大小及合理期限,以科学合理的计量方法、途径进行损失的量化。

(2) 替代原则。损失所造成的影响大部分是难以还原的,在实际中很难恢复到完全的初始状态。因此,在进行损失计量时要尽可能考虑与之相同或者相似的情况,对比分析损失的相关特性。在损失无法还原的情况下,应尽可能选定合理的替代参照物,确保损失计量结果的最大公允性。

(3) 贡献原则。损失一般不是孤立存在的,而是处于一定的环境系统中,涉及损失的部分对特定环境系统的贡献不同,其重要性、作用也不相同。所以,在对损失进行计量时,要充分考虑该损失对环境系统的贡献,给整个系统带来的深层次影响,而不是针对损失本身孤立地进行损失计量。

(4) 基准原则。损失与所处的时间、空间因素具有极大相关性,在时间、空间特定性上是时刻变化发展的。损失计量必须选定时点,即计算基准日,该时点的选定直接影响最终损失计量的结果,因而必须结合实际状况,作出科学、合理、公正的选定。

二、损失计量的技术方法

损失计量是一个多学科交叉的新兴研究方向,尚未形成自身完整的方法体系,实践操作中采用多学科专业技术手段和方法解决损失计量中的技术问题,现在较为常用的有成本重置法、收益估算法、市场对比法、条文适用法等[1]。

(一) 成本重置法

成本重置法是指从现实条件下被计量损失的重置成本中,扣减各项附加损失来确定损失量值,其理论基础是生产费用价值论。应用该方法的基本前提是被计量的损失假如未发生,则仍能继续发挥功效或带来一定的收益。成本重置法类似于承担民事责任的方式之一——恢复原状,考虑的是恢复、保持与发生损失前相同或相似的状态。因此,用成本重置法进行损失计量对损失的形态、性质具有一定的限制,一般用于计量物品、机器设备、房地产、固定资产等的损失。成本重置法侧重于考虑现时的损失,需要借

---

[1] 齐兴利、王艳丽:《法务会计理论与实务》,中国时代经济出版社,2018,第 154 页。

助损失前的状态为计量起点,其缺陷是不能充分考虑损失所带来的远期影响①。

成本重置法的计算公式如下:

$$损失计量值 = 重置成本 - 实体性损失 - 功能性损失 - 经济性损失$$

重置成本是指在现行条件下恢复、保持与发生损失前相同或相似的状态所必需的成本。根据拟恢复、保持的状态不同,重置成本又可分为复原重置成本和更新重置成本,更新重置成本更具现实意义,也更容易实现损失计量。

实体性损失是指在存放、使用的过程中,磨损和自然力等作用造成实体损耗而引起的损失。根据使用磨损和自然损耗对设备功能、使用效率的影响程度,判断设备的成新率,从而估算实体性损失。其计算公式如下:

$$设备实体性损失 = 重置成本 \times (1 - 成新率)$$

功能性损失是指无形损耗引起资产损失前价值的损失。估算功能性损失时,主要根据损失设备损失前的效用、生产能力、工耗、物耗、能耗水平等方面差异造成的成本增加和效益降低,确定功能性损失额。还要重视技术进步因素、替代设备、替代技术、替代产品的影响,以及行业技术装备水平现状和资产更新换代速度。其计算公式如下:

$$功能性损失 = \sum (被评估设备年净超额运营成本 \times 折现系数)$$

经济性损失是指由于外部环境变化造成的设备减损,主要根据产品销售困难导致开工不足或停止生产而形成的资产闲置、价值得不到实现等,确定其损失额。

(二) 收益估算法

收益估算法是将未来的预期收益折算为现值来进行估算的损失计量方法,从收益的角度对损失进行计量,在现时基础上对远期收益进行估算进而计量损失的量化值,其理论基础是效用价值论。用收益估算法进行损失计量的一个基本前提如下:被计量的损失假如未发生,则在未来的一定的期限内还能继续发挥功效或带来一定的收益,同时发生损失时的现时价值是确定的。该方法一般适用于对无形资产、自然资源性资产、长期投资等的损失计量。其缺陷主要是具有较强的主观性,并且在没有远期收益的情况下,该损失计量方法无法发挥作用。

收益估算法的计算公式如下:

$$QI = \sum_{i=1}^{n} Y + Ln$$

其中:

QI 指计量对象的损失计量值;

Y 指未来各期的收益;

Ln 指现时的损失值;

n 指预先确定的远期期限。

---

① 王业可:《基于诉讼支持的法务会计研究》,浙江大学出版社,2013,第158页。

未来各期的收益可分为各期收益相同和各期收益不同两大类。若各期收益相同，则计量只需要考虑一期的收益值即可；若各期收益不同，则要分期对收益值进行估算，但各期收益都可以借助一定的技术手段，总结出相应规律进行估算。

预期确定的远期期限：远期不是指无限的未来，而是选定一个确定、合理的计量期限，所以远期期限是有限确定的。在真实反映出损失的时点性、影响及大小的同时，要充分结合现实条件及技术条件，考虑损失计量的实际性，保证计量的损失真实性。期限的计量单位也要预先选定，一般按年、月、日等分期。

（三）市场对比法

市场对比法是根据损失发生时的类似状态选定多个参照标准，通过对参照标准的计量、比较、调整和分析，最终确定损失值，其理论基础是均衡价值论。首先，参照标准必须与计量的损失具有一定的相似性且大体上是可以替换的；其次，要充分考虑时间、空间、功能因素等；最后，要选取多个具有可比性的参照标准，避免偶然性因素的影响，才能较为真实、全面地反映出计量的损失形态、性质等。

市场对比法从多个参照标准入手，相对而言是最具客观性的一种计量方法，一般用于普通物品、货物、房地产等的损失计量，但对于无法选定参照标准的损失就存在着计量的技术障碍。

选用市场比较法进行损失计量的前提条件是需要一个充分发育且较活跃的市场，市场交易越频繁，与估价对象相类似商品的价格越容易获得。同时，参照物及估价对象可比较的指标、技术参数等应是可以收集到的，即具有可行性。运用市场比较法计量损失，重要的是能够找到与所计量损失相同或相似的参照物，对类似损失参照物进行修正调整，其修正调整的指标、参数等资料的获取和准确性，是决定可否运用市场比较法的关键。

（四）条文适用法

现行的法律法规及相关司法解释对一些损失的计量方法作了明确规定。条文适用法是在实际损失计量时依照法律法规及司法解释的相关规定，按照相应的标准、范围进行计量的方法。该计量方法的理论基础是相关法律法规，大多数的损失计量都会运用到这种方法。其缺陷在于导致损失计量的模式固定单一，可变通的余地较小，易与现实产生脱节。

用条文适用法计量损失主要集中在损害赔偿的相关规定中，如人身损害赔偿、精神损害赔偿、证券民事赔偿以及合同违约的损害赔偿、侵害财产权的损害赔偿等。损害赔偿一般按照条文计算即可，如：一般的人身损害赔偿金包括医疗费、误工费、护理费、交通费、住宿费、住院伙食补助费、必要的营养费及精神损害抚慰金；致残的损害赔偿金包括残疾赔偿金、残疾辅助器具费、被抚养人生活费，以及因康复护理、继续治疗实际发生的必要的康复费、护理费、后续治疗费、精神损害抚慰金等。不同损害赔偿的方式方法不尽一致，适用法律条文也比较多，需要针对性地进行相关研究。

三、虚假陈述损失赔偿额的计算

达尔曼是陕西第一家民营上市公司，从上市开始经营态势一直很好，董事长许宗林曾两次位列福布斯中国富豪榜。但是，2003年其业绩突然下滑1个亿，并出现重大违规担保事项，中国证监会从2004年6月开始对其以涉嫌虚假陈述行为进行立案①。调查显示，在长达8年的营业中，该公司都是靠造假度日，以虚假陈述的手段虚增利润骗取发行资格。同时存在非法转移资产、骗取银行贷款的行为，整个过程都通过以上方法完美地捏造经营业绩。由于中小股东与公司之间常常处于信息不对称的状态，对相关信息难以获取或无法获取，进一步使得达尔曼存在的问题隐藏如此之久。

（一）会计信息虚假陈述的民事责任

虚假陈述是指单位或个人对证券发行、交易及相关活动的事实、性质、前景、法律等事项作出不实、严重误导或包含有重大遗漏的任何形式的陈述，致使投资者在不了解事实真相的情况下作出投资决定。会计信息虚假陈述具体包括虚假记载、误导性陈述、重大遗漏和不正当披露信息四种类型。

会计信息虚假陈述民事赔偿责任从性质上来说是一种侵权责任，构成要件包括损害事实、会计信息质量缺陷及二者因果关系，归责原则适用过错推定原则。责任主体的认定以和信息披露具有关联性为标准，包括以下四类：① 发行人及公司发起人；② 发行公司重要职员，包括董事、经理及在文件中签章的其他职员；③ 会计师、律师、工程师、评估师、其他专业技术人员等提供中介服务的人员；④ 承销商。

为进一步完善具有中国特色的证券集体诉讼制度，强化证券违法民事赔偿的功能作用，最高人民法院依据民事诉讼法、证券法的有关规定，制定《最高人民法院关于证券纠纷代表人诉讼若干问题的规定》②。我国证券市场投资者已经达到1.67亿，其中95%以上为中小投资者，当受到证券违法行为侵权时，由于分散、自身索赔金额较小等原因，许多中小投资者往往会放弃权利救济，不想诉、不愿诉、不能诉现象突出。推动证券集体诉讼的落地实施，可以有针对性地解决这一难题，为证券市场侵权行为引起的诉讼提供具有可操作性的指引。

（二）证券市场虚假陈述损失计量

我国证券市场上因虚假陈述给投资者造成损失的问题屡次出现，从红光到大庆联谊、从琼民源到郑百文、从三九药业到银广夏等均给广大投资者造成严重损失。投资者的利益难以得到保护，其重要原因之一就是损失金额无法计算确认，而且证券损失计量涉及的因素复杂，证券交易价格瞬息万变，使得损失额的计算更难。

对于证券虚假陈述中的损失计量问题，要明确在虚假陈述民事赔偿案件中，侵权行为直接指向财产权，不涉及人身权遭受损害。此外，证券交易具有价格多变性、不可预测性等特征，故证券交易中的损失只能确认为直接利益、既得利益的丧失，如果证券投资者卖出证券之后的财产利益再受到侵害就不属于因虚假陈述引起的损失侵害的范围了。

---

① 王山而：《达尔曼退市的前前后后》，网易新闻网，http://money.163.com/economy2003/editor_2003/050418/050418_329167.html。

② 《最高人民法院关于证券纠纷代表人诉讼若干问题的规定》于2020年7月23日由最高人民法院审判委员会第1808次会议通过，自2020年7月31日起实施。

对于证券市场虚假陈述损失计量,根据国际证券民事诉讼实践总结出以下六种方法①。

1. 价差法

价差法包括损失的构成、损失的计算、计算的财务法则三部分。损失构成包括买卖价差损失、佣金损失、税金损失和利息损失四部分。损失的计算公式如下:

损失总额＝买卖价差损失＋佣金损失＋税金损失＋利息损失－红利

买卖价差损失是指原告进行股票买卖的差额损失以及所持有的未卖出股票所对应的买入总金额与设定日股票实际价值的差额损失之和。佣金损失、税金损失则与买卖总额相关。利息损失是指投资者账户中空余资金通过加权平均所形成的持股成本乘以相应时间内的利率所形成的总额。

2. 折扣法

折扣法分为加折法和打折法。加折法是从惩罚性赔偿的角度,主张对投资者的损失采取损失超额补偿,按直接损失额增加一定百分比或一定倍数后赔偿,但增加的倍数多少没有法律依据。打折法是从整体炒股有盈有亏的角度提出的,即按直接损失额扣减一定百分比后补偿,但扣减的百分比为多少也没有统一的标准。

3. 分幅分期加权定额法

根据投资者实际损失情况,结合损失额幅度和损失持续时间,加权后在一定幅度和一定期限内对投资者的损失予以定额赔偿。该方法可行性较强,但同时对损失额幅度和损失持续时间进行加权的难度较大。

4. 均价法

均价法中,损失计算应为证券买入价格与上市公司对其虚假陈述进行更正之后 90 天内平均交易价格之间的差额。如果原告在该 90 天内卖出该股票,则按证券卖出的实际价格计算,否则按 90 天内的平均收盘价格计算。该方法较为合理,但要建立在信息披露充分、股份全流通基础之上,目前还不适合我国实际。

5. 机会盈利替代法

其理论前提是在虚假陈述民事赔偿案件中,所侵权的客体是投资者在市场上通过公平交易获利的机会。但机会本身没有价值,只能寻找一定时段的替代。如何确定替代盈利,理论界较为接受的方法是按系统风险法计算盈利替代率,即:机会盈利＝买入价值－替代盈利＝买入价×买入数量－买入价×替代率。机会盈利越大,说明虚假陈述影响越大,反之影响越小。这一方法不考虑卖出情况,忽略了股票炒作和投机因素,每次买入后都要计算盈利替代率,工作量过大。

6. 机会亏损替代法

其理论前提正好与机会盈利替代法相反。确定替代亏损的方式是计算出亏损替代率,然后与卖出价相乘,计算出亏损替代,时段从设定买入日到卖出日。公式如下:机会亏损＝替代亏损＋卖出价值＝卖出价×卖出数量＋卖出价×替代率。这种方法的局

---

① 齐兴利,王艳丽:《法务会计理论与实务》,中国时代经济出版社,2018,第 160 页。

限和机会盈利替代法一样。具体采用哪种方法,应根据具体情况确定。

案 例 评 析

案例一:毕某平股权纠纷案

【基本案情】

原国营企业上饶地区汽车运输总公司(于2002年变更为"上饶汽运集团有限公司",即一审被告)出资50万元,依法设立了汽运旅游汽车出租公司。为工商注册方便,以公司职工王某等人为名义股东(合占汽运旅游汽车出租公司40%的股份)和上饶地区汽车运输总公司(占汽运旅游汽车出租公司60%的股份)进行了公司注册登记。2003年年底,上饶市人民政府对国营上饶地区汽车运输总公司进行企业改制,成立汽运集团公司。汽运旅游汽车出租公司作为原国营上饶地区汽车运输总公司的全资子公司,也依法转让给了新成立的汽运集团公司,并完成工商变更登记的办理。

原告毕某平是原国营企业的职工,于2004年1月被汽运集团公司派到汽运旅游汽车出租公司担任经理。同年,根据政府及交通局相关要求,被告汽运旅游汽车出租公司的夏利等车型必须全部淘汰,公司换装新车和清偿欠款合计需资金约1 200万元。但被告汽运集团公司明确答复无法解决资金问题。鉴于上述情况,被告汽运旅游汽车出租公司和原告毕某平向被告汽运集团公司呈交了《关于融资贷款解决所需资金八百万元的风险及情况报告》。报告中提出由汽运集团公司筹资200万元,毕某平承担40辆出租车融资,业主集资400万元,中国银行饶城支行贷款200万元,由此解决资金缺口问题。而且一经授权,原告毕某平与被告汽运集团公司担保按公司章程2∶8的比例分担债权债务。

2004年3月31日,汽运集团公司作出董事会决议及董事会授权书:"同意授权汽运旅游汽车出租公司经理毕某平全权办理融资贷款一事。"原告毕某平承诺:"贷款800万元用于2004年度一百台出租车更新,如发生费用,债权债务由原告毕某平与被告汽运集团公司分别按20%和80%承担风险。同时原告毕某平同意用万年交通宾馆的房产作抵押。"

2004年7月,毕某平和被告汽运集团公司签订《上饶汽运旅游汽车出租有限公司章程》。该章程第6条约定:"股东名称、出资方式及金额如下:汽运集团公司现金出资40万元,参股比例80%;毕某平现金出资10万元,参股比例20%。"2004年8月26日,原告毕某平与被告汽运集团公司按照公司章程的规定,以现金出资的形式分别向汽运旅游汽车出租公司的账号缴纳10万元和40万元,履行了出资义务。同日,中国农业银行上饶分行信江支行出具了银行询证函,并由江西中诚会计师事务所提供中诚饶验字〔2004〕第336号验资报告,办理了验资手续。之后,汽运旅游汽车出租公司将《上饶汽运旅游汽车出租有限公司章程和验资报告交予上饶市工商局备案,但未办理股东变更手续。

在此期间,原名义股东王某等人将其股份于2004年11月18日转让给何某光,并办理工商变更登记。2007年6月25日,何某光又将其持有的股份转让给汽运集团公司,并完成工商变更登记的办理。但原告毕某平对此都不知情。2006年2月3日及2008年12月27日,原告毕某平曾两次分别以汽运旅游汽车出租公司和个人名义向汽运集团公司提出申请,要求按照《上饶汽运旅游汽车出租有限公司章程》分配利润。但两被告拒不承认原告毕某平的股东资格,并拒绝支付利润,故发生纠纷。

【案例评析】

本案的争议焦点是毕某平是否具有股东资格。在认定毕某平股东资格的过程中,出现的主要证据有《上饶汽运旅游汽车出租有限公司股权转让协议》、江西中诚会计师事务所提供的中诚饶验字〔2004〕第336号验资报告、《上饶汽运旅游汽车出租有限公司章程》以及工商登记复印件。其中,最关键的是中诚会计师事务所陈某林所出具的验资报告及其证言。在庭审中,陈某林对于该份验资报告是否有效发表意见,但意见内容自相矛盾。各级法院由此得出不同的判决结果。

原一审中,对于能够证明毕某平履行出资义务的验资报告,陈某林在证词中并未否认中诚饶验字〔2004〕第336号验资报告的真实性,其证明该验资报告是为了汽运旅游汽车出租公司获取银行贷款融资而出具,与原告股东身份的成立并无冲突。同时,基于原告毕某平和被告汽运集团公司签订的《上饶汽运旅游汽车出租有限公司章程》是双方真实意思表示,内容、形式均符合法律规定,合法有效,而且原告与被告均履行了出资义务,汽运旅游汽车出租公司将相关章程、协议及验资报告交予上饶市工商局备案。因此,原一审法院认为上述证据足以形成证据链证明原告毕某平的股东身份,并拥有汽运旅游汽车出租有限公司20%的股份①。

被告因不服一审判决提起上诉,案件发回重审。在重审一审及二审中,法院根据证人陈某林对中诚饶验字(2004)第336号验资报告的证言"该验资报告是为了汽运旅游汽车出租公司获取银行贷款融资而出具,在制作该报告时其故意将企业的名称写成汽运旅游汽车运输公司,故该份验资报告无效",对《验资报告》的效力不予确认。同时法院认为,上饶汽运旅游汽车出租有限公司在经营过程中并未出现增资与合并的情形,在公司设立时毕某平未取得股权,所以毕某平取得股东资格的方式只有受让方式。本案中毕某平所提交的证据在时间顺序上是股权转让协议、股东会决议、修改公司章程、支付转让款,不符合受让方式下发生股权转让的程序(股东会决议、签订股权转让合同、支付转让款、修改公司章程),证据形成的时间顺序不符合事情发展的规律。因此,对毕某平的股东身份未予确认②。毕某平不服一审、二审生效判决申请再审,江西省高级人民法院裁定驳回毕某平的再审申请③。

---

① 江西省上饶市信州区人民法院民事判决书,(2009)信民二初字第215号。
② 江西省上饶市中级人民法院民事判决书,(2011)饶中民二终字第144号。
③ 江西省高级人民法院民事裁定书,(2013)赣民申字第152号。

当今新环境下,民商事案件不仅数量上急剧增多,纠纷类型也推陈出新,而且多数案件的审理都与财会事实的认定有密切的联系,面对大量具有专业性的民商事案件,当事人和审判人员都需要来自专业人士的支持。

在提供诉讼支持的过程中又存在很多问题。首先,实务中许多注册会计师参与到案件审判中,对民商事案件中涉及的财务会计事实认定等专业性问题进行处理,并出庭作证。本案中的陈某林作为一名注册会计师,对毕某平的出资进行验资,并出庭作证,其实他完成的是法务会计人员的工作。但我国目前尚无法务会计执业资格认定体系,所以陈某林是否有资格作为法务会计人员参与诉讼难以认定。

其次,陈某林在参与庭审的过程中,除了对其所做的相关报告进行解释说明外,还对案件发表意见,而不是局限于普通证人就其所了解的案件事实进行陈述,这已然属于专家证人的行为。但我国尚无专家证人制度,所以其参与庭审提供诉讼支持服务的主体地位难以确定。

最后,提供专业性报告作为证据时,对于该份证据的真实性提供者应负哪些责任,当报告被认定为无效时提供者又该承担何种法律责任,这些问题尚无相关法律法规予以明确。本案中陈某林自证验资报告无效,这也就是承认自身的验资行为违法,那么他是否应对由此给毕某平带来的损失承担法律责任?基于以上问题,需要对法务会计人员的资格进行认定,确认其专家证人身份,赋予其质证权,制定法务会计执业准则以规制法务会计人员的行为,并对其权利义务进行明晰,强调其民事责任的承担,才能更好地让法务会计人员参与诉讼支持,发挥其应有的作用。

案例二:廖某飞与杜某刚民间借贷纠纷案

【基本案情】

廖某飞与杜某刚系朋友关系。2012年11月份起,廖某飞陆续向杜某刚借款(高额利息)。自2012年11月份,杜某刚分别通过其本人及其妻子、亲属的银行账号向廖某飞银行账号转入借款资金(杜某刚在转账时有时候会先扣除利息)。廖某飞在还款时通过向杜某刚指定的银行账户以转账方式归还借款本息。

截至2016年4月24日,杜某刚通过其妻子银行账户向廖某飞转账共计99.7万元,后未再向廖某飞出借资金。截至2018年2月1日,廖某飞收到杜某刚转账共计997.95万元,杜某刚收到廖某飞归还的本息共计1 267.432 2万元。

2018年2月1日,杜某刚认为按照双方约定的高额利息计算,廖某飞仍欠其830万元,便纠集他人让廖某飞重新出具借条,迫于无奈,廖某飞于当天重新向杜某刚出具借条,借条载明:"今借到杜某刚人民币大写:捌佰叁拾万元整,小写:8 300 000元整,此借款用途:之前所借款合计金额数,借款1个月还清,时间为:2018年2月1日至2018年2月28日止。利息支付按月息叁分计算。如到期不还,视为违约。除逾期利息仍按月息叁分计算外,处违约金按借款总金额百分之二十计算,直到付清。"该借条出具后,截至2018年12月31日,廖某飞又陆续向杜某刚及其亲属银行账户转款共计87.91万元。

2019年1月份，因廖某飞未足额偿还2018年2月1日出具的借条中载明的830万元借款本息，杜某刚便让廖某飞以借新还旧的方式偿还。为此，杜某刚通过其妻子的银行账户向廖某飞分六次转账共计1 183万元。在廖某飞收到上述款项后，杜某刚让廖某飞虚构借款用途，向杜某刚和邹某某出具借条共六张。实际上，廖某飞在分别收到上述六笔转账后，当天全部转回至杜某刚本人银行账户内。

2019年9月份，杜某刚和其妻子以廖某飞未按约定偿还2019年1—2月的借款为由，分别向新干县人民法院不同法庭提起五起民事诉讼，请求廖某飞等承担还款义务。法院最终支持了杜某刚和邹某某的诉讼请求。

2020年1月，北京市中银（南昌）律师事务所接受廖某飞的再审申请委托。为查明廖某飞与杜某刚之间的借款及本息归还情况，案件承办律师依法委托南昌中海会计师事务所有限责任公司对廖某飞银行账户与杜某刚之间自2012年11月至2019年7月期间的借款及本息归还情况，按先还利息后还本金，利息分别以年利率36%和24%计算的方式进行专项审计。中海会计师事务所经审计出具专项审计报告，审计结论为"按年利率36%计算，截至2018年2月1日，廖某飞尚欠杜某刚借款本金653 650.61元，欠借款利息31 375.23元。截至2019年7月，廖某飞多偿还杜某刚借款397 382.85元。"

【案例评析】

本案中，一审法院以杜某刚提供的100万元转账凭证和借条认定杜某刚与廖某飞之间的民间借贷关系成立，判决："廖某飞应于判决生效之日起十日内偿还杜某刚借款本金1 000 000元及其利息（按月利率20‰，自2019年2月2日起至付清款之日止）。"

根据中海会计师事务所专项审计报告审计结论，按照年利率36%计息，截至2018年2月1日，廖某飞仅欠杜某刚本息共计685 025.84元。廖某飞于2018年2月1日出具的借条载明的之前借款合计金额数为830万元明显有高额计息的非法行为，远远超过年利率36%。按照相关法律规定，超过年利率36%的部分约定应属无效。因此，廖某飞于2018年2月1日出具的借条中有效金额仅为685 025.84元。

截至2018年12月29日，廖某飞已经全部偿还了杜某刚的借款本息。截至2019年7月12日，廖某飞多支付款项共计397 382.85元，杜某刚依然起诉廖某飞要求还款于法无据，对于多支付部分款项，廖某飞依法有权请求杜某刚予以返还。目前，该案启动审判监督程序，案件正在审理中。

就本案而言，为了查清案件事实，承办律师聘请法务会计专业机构对廖某飞与杜某刚之间的借款及本息归还情况进行专项审计。法务会计人员运用专业的财务知识、计量方法，根据相关法律规定，以数据化的方式为诉讼中的案件提供关键性证据，协助司法人员、律师等法律工作者查证相关法律事实。中海会计师事务所出具的专项审计报告，以再审新证据形式帮助法院查明案件相关事实，这正是法务会计诉讼支持的重要体现。

复习思考题

1. 从证据和诉讼角度简述法务会计人员参与诉讼支持的理论基础。
2. 法务会计诉讼支持业务的服务对象包括哪些?
3. 简述法务会计诉讼支持业务的主要内容。
4. 试述基于诉讼支持的法务会计证据与诉讼证据的区别。
5. 简述法务会计人员在诉讼各阶段发挥的作用。
6. 损失计量的技术方法主要包括哪些?

第七章 民商事案件法务会计检查

> **学习目标**：了解法务会计在民商事经济纠纷中的作用，了解如何综合运用会计、审计、法律知识为民事诉讼提供支持。熟悉常见的民商事纠纷类型、双方的权利义务内容及常见的法律风险，了解民事诉讼中不同阶段的法律服务内容，了解如何发挥法务会计的作用，使当事人的权利最大限度地得到救济。
>
> **内容提要**：民事诉讼是按不同阶段逐步进行的。在民事诉讼的不同阶段及某些特殊情况下，法务会计可以有针对性地提供不同的服务，如提供咨询服务、收集和准备财务会计证据和受委托进行鉴定并以鉴定人身份参加庭审等。

第一节 法务会计在一般民商事案件中的作用

我国法务会计原来主要服务于刑事诉讼案件，但是近些年来也开始被运用于民事诉讼案件，而且越来越引起人们的重视。美国的《诉讼支持服务手册》总结出民事诉讼中有 40 个领域都可能需要法务会计，其法务会计人员主要负责以下工作：① 审判前的诉讼支持，包括撰写报告、推导因果关系、收集事实、翻译专业术语、组织数据、形成应诉策略；② 初审的诉讼支持；③ 专家证人；④ 理赔的诉讼支持。

在我国实践中，法务会计人员主要以专家证人、鉴定人、法务、咨询服务人员等身份参与民商事案件。这些身份并非一成不变，如提供咨询服务的法务会计人员一般受聘于当事人或律师，就专业问题提供咨询服务，但也可以接受客户委托，提供专家证言，甚至会出庭作证，这取决于双方所签订的业务约定书条款。不论法务会计人员是以何种身份参与案件，其工作范围主要分为四个方面：一是确认财务事项，参与诉讼策略的制定；二是通过会计检查的方法和技巧，搜集事实证据；三是确定损失，计算相关数据；四是识别并认定虚假财务信息。

一、确认财务事项，参与诉讼策略的制定

在涉及财务事项的诉讼中，法务会计人员常常起着不可替代的作用。法务会计人员可以利用专业的财务知识及丰富的实践工作经验，快速辨认出财务事项中的关键，协助律师或当事人从会计角度分析己方在利用会计信息的过程中存在的问题，综合分析双方当事人提交的财务方面的证据，评估案件的有利和不利因素，并在会计问题上制定

出最有效的诉讼策略,以帮助当事人争取胜诉的机会。

二、通过会计检查的方法和技巧,搜集事实证据

由于法务会计人员熟悉财务会计制度及相关财务凭证,其可以快速帮助当事人及律师确定财务证据的重点内容以及搜集的范围,整理财务会计资料,以双方涉及的每一笔业务及款项的来龙去脉为单位,全面、明确地反映交易的经过;对于对方提供的证据,法务会计人员可以选择恰当的方法鉴别可疑、无效或者伪造的财务类证据。若有必要,还可以通过与第三方中介机构协作,共同运用专业技能协助查明事实,如审计机构发表的审计报告、各类鉴定机构发表的鉴定报告等。

三、确定损失,计算相关数据

赔偿损失的计算既是事实认定问题,也是法律判断问题,需要在法律的规范下,计算损失的实际数额。我国将损失赔偿的范围明确为积极损失的赔偿和可得利益的赔偿。在计算损失赔偿时,通常会涉及标的物价格的确定,以及以何时、何地的价格计算损失等财务专业问题。不同的计算方法和计算依据会导致截然不同的诉讼结果。一方面,法务会计人员与当事人及律师进行充分沟通,评价案件,进一步确定损失范围,考虑计算方法合理性及相关法律规定;另一方面,法务会计人员检查对方提出的损失赔偿主张,并进行详细分析。

四、识别并认定虚假或错误的财务信息

法务会计人员可以帮助当事人及其代理律师分析对方提交的证据中的财务证据,并利用自己的专业知识对其真实性、合法性、关联性发表充分的质证意见。法院判决以后,法务会计人员还可以帮助分析判决书中所涉及的财务知识是否存在错误,从而提出进一步的建议,如是否有必要上诉或申请再审。

实践中,一些特殊类型的民商事案件,由于其交易结构较为复杂,交易内容也具有较强的专业性,对法务会计人员的工作内容有着更严格的要求,如保理合同纠纷中对于应收账款的管理、保兑仓合同纠纷中的票据管理,以及破产清算案件等。法务会计人员应充分利用自身的法律、财务知识及相关经验,根据不同的法律关系特点来识别法律风险和应对诉讼。

第二节 保理合同

一、保理合同概述

(一) 概念

保理(factoring),全称为保付代理,是指卖方将其现在或将来的基于其与买方订立

的货物销售/服务合同所产生的应收账款转让给保理商(提供保理服务的金融机构),由保理商向其提供资金融通、买方资信评估、销售账户管理、信用风险担保、账款催收等一系列服务的综合金融服务方式。

根据《民法典》第761条的规定,保理合同是应收账款债权人将现有的或者将有的应收账款转让给保理人,保理人提供资金融通、应收账款管理或者催收、应收账款债务人付款担保等服务的合同。

(二) 分类

1. 国际保理与国内保理

按照基础交易的性质和债权人、债务人所在地,保理可分为国际保理和国内保理。国内保理是债权人和债务人均在境内的保理业务。国际保理是债权人和债务人中至少有一方在境外的保理业务。国际保理主要受三个规范性文件调整,即国际统一私法协会制定的《国际保理公约》、国际保理商联合会制定的《国际保理通则》和联合国国际贸易法委员会制定的《联合国国际贸易中应收账款转让公约》。

2. 公开型保理和隐蔽型保理

按照是否将应收账款转让的事实通知债务人,保理可分为公开型保理和隐蔽型保理。公开型保理中应将应收账款转让的事实通知债务人,隐蔽型保理中应收账款转让的事实暂不通知债务人,但保理商保留一定条件下通知的权利。

3. 商业保理和银行保理

按照保理业务的主体性质、主管机关不同,适用的监管规则不同,将保理业务分为商业保理和银行保理,其中商业保理指以非银行法人企业作为保理商的保理业务。我国商业保理公司起步较晚,自2012年起根据《商务部关于商业保理试点有关工作的通知》,在天津滨海新区和上海浦东新区试点商业保理业务[①]。

4. 单保理、双保理和再保理

按照参与保理服务的保理机构个数,保理可分为单保理和双保理。单保理是由一家保理机构单独为买卖双方提供保理服务。双保理是由两家保理机构分别向买卖双方提供保理服务。再保理业务是指受让其他保理商的再转让应收账款的保理业务。

5. 有追索权保理和无追索权保理

按照保理商在债务人破产、无理拖欠或无法偿付应收账款时,是否可以向债权人反转让应收账款、要求债权人回购应收账款或归还融资,保理可分为有追索权保理和无追索权保理。有追索权保理又称回购型保理,是指保理合同约定在应收账款到期无法从债务人处收回时,保理商可以向债权人要求归还融资款的保理业务。无追索权保理又称买断型保理,是指保理合同约定在应收账款到期无法从债务人处收回时,保理商不能向债权人要求归还融资款的保理业务。

6. 到期保理和融资保理

按保理商是否支付预付款(或提供融资),保理可分为到期保理和融资保理。所谓到期保理,是指保理商在放弃追索权的情况下受让供应商债权后,在发票到期后向供应

---

① 张乐乐:《中国商业保理与银行保理的对比及发展趋势探讨》,《金融会计》2015年第4期。

商支付应收账款,而供应商并不因让与发票或其他票据就可马上获取现金钱款,只是得到了保理商的坏账融资保理。融资保理也被称为折保理,是指保理商受让供应商的应收账款票据之后,凭借可证明债权已经让与的发票副本及其他文件,向供应商预付资金,债务人应在票据到期后直接将应收账款支付给保理商,保理商再将扣除相关款项后的余款支付给供应商。

(三) 保理业务流程

国际保理业务通常采用双保理模式,即进出口双方只需要与当地保理商签订协议,委托代理业务,从而避免了语言习惯及文化法律的差异,方便易行。双保理模式涉及四方:出口商、出口保理商、进口商、进口保理商。双保理最突出的特点是存在两个保理商和两次应收账款债权转让(出口商将应收账款债权转让给出口保理商、出口保理商将应收账款债权转让给进口保理商)。

国内保理业务采用双保理和单保理两种模式。双保理模式较多用于银行保理,以银行为保理主体,涉及四方,即买方、卖方、买方银行、卖方银行,通常可以由两家商业银行或者同一家商业银行下属两个分支机构共同合作完成。单保理模式通常涉及三方,即买方、卖方、保理商。国内保理业务中的单保理业务具体操作流程如图7-1所示。

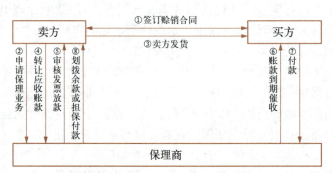

图7-1 单保理业务流程图

① 卖方与买方签订购销合同,约定卖方以赊销的方式向买方销售货物,形成应收账款债权。

② 卖方向保理商提交保理业务申请书、营业执照等主体资质类文件、购销合同、商业发票等材料申请保理业务,双方意思表示达成一致,签署保理合同。

③ 卖方安排发货并缮制发票等有关单据。

④ 卖方将代表应收账款的单据提交给保理商,以转让应收账款债权,并向买方出具应收账款债权转让通知,通知转让给保理商该等发票和交货证明所涉及的应收账款。

⑤ 保理商收到卖方的发票后,对发票进行必要的审核;审核通过后,在融资额度内,根据受让的应收账款金额发放融资。

⑥ 应收账款到期而买方仍未付款时,保理商会向买方发出催收函,提示买方应当及时付款。

⑦ 应收账款催账期届满日即融资到期日,买方向保理商偿还应收账款债权。

⑧ 保理商将扣除有关的保理手续费、融资本息后的余额支付给卖方;若是在付款

到期日买方仍未付清货款,则由保理商担保付款。

(四) 保理合同构成要件

(1) 保理商必须是依照国家规定、经过有关主管部门批准可以开展保理业务的金融机构和商业保理公司。

(2) 保理法律关系应当以债权转让为前提。

(3) 保理商与债权人应当签订书面的保理合同。

(4) 保理商应当提供下列具有保付代理性质服务中的至少一项:融资、销售分户账管理、应收账款催收、资信调查与评估、信用风险控制及坏账担保。

> 【案例索引】
>
> 上诉人百畅销售公司与被上诉人汇融保理公司、一审被告百畅器械公司、爱勒易公司、天联公司、陈文某、张某保理合同纠纷案[案号:(2014)津高民二终字第0103号][①]。
>
> 【裁判要义】
>
> 判断是否构成保理合同关系,应主要审查以下四个要素:① 保理商应当具备相应资质,即必须是依照国家规定、经过有关主管部门批准可以开展保理业务的金融机构和商业保理公司;② 应当以债权转让为前提,而且不以应收账款为质押;③ 应当签订书面的保理合同;④ 保理商应当提供融资、销售分户账管理、应收账款催收、资信调查与评估、信用风险控制及坏账担保中的至少一项。符合上述条件,即认为构成保理合同关系。
>
> 本案原告汇融保理公司系经天津市滨海新区工商行政管理局批准成立,经营范围包括国际国内保付代理的商业保理公司,具备从业资质。汇融保理公司在核准的经营范围内,以应收账款转让为前提,与百畅销售公司签订有追索权国内保理业务合同,约定汇融保理公司提供的合同项下服务内容包括保理融资、账款管理、账款催收,符合对保理商服务内容的要求。汇融保理公司与百畅销售公司形成保理合同法律关系。百畅销售公司提出的涉诉保理合同无效、双方系借贷关系的主张不能成立。

二、保理业务应收账款的管理

(一) 保理合同效力的认定

树立穿透式审判思维对于保理合同效力的认定具有重要意义。对此,最高人民法院刘贵祥专委在第九次全国法院民商事审判工作会议上指出,商事交易如融资租赁、保理、信托等本来就涉及多方当事人的多个交易,当事人有时为了规避监管还采取多层嵌套、循环交易、虚伪意思表示等模式,人为增加了查明事实、认定真实法律关系的难度。妥善审理此类案件,要树立穿透式审判思维,在准确揭示交易模式的基础上,探究当事

---

① 李超:《保理合同纠纷裁判规则与典型案例》,中国法制出版社,2017,第3—12页。

人真实交易目的,根据真实的权利义务关系认定交易的性质与效力①。

保理业务一般至少涉及两种法律关系和三方当事人,基础合同的真实性问题一直对保理的认定有着重要的影响,按照《全国法院民商事审判工作会议纪要》(又称"九民纪要")的要求,在不存在真实基础合同的情况下,即在对应的应收账款是虚假的情况下,就有可能认定保理合同无效,保理融资关系不成立。当然,要探究当事人的真实意思表示,基础合同虚假并不必然导致保理合同无效。这是因为保理融资业务是一种以应收账款债权的转让为核心的综合性金融服务业务,商业银行开展保理融资业务,固然应当以真实、合法、有效的应收账款转让为前提,但应收账款债权得以产生的货物销售、服务提供等基础合同系存在于债权人和债务人之间的,保理银行并非基础合同的当事人,故基础合同无效并不当然导致保理业务合同无效。根据民法基本原理,双方当事人通谋所为的虚伪意思表示,在当事人之间发生绝对无效的法律后果。但在虚伪表示的当事人与第三人之间,则应视该第三人是否知道或应当知道该虚伪意思表示而发生不同的法律后果:当第三人知道该当事人之间的虚伪意思表示时,虚伪表示的无效可以对抗该第三人;当第三人不知道当事人之间的虚伪意思时,该虚伪意思表示的无效不得对抗善意第三人。据此,在基础合同因债权人和债务人双方通谋实施的虚伪意思表示而无效的情况下,保理业务合同并不当然因此而无效。

【案例索引】

汇丰银行(中国)有限公司武汉分行、中铝华中铜业有限公司债权转让合同纠纷案[案号:(2017)最高法民终332号]②。

【裁判要义】

汇丰银行武汉分行(以下简称"汇丰银行")与黄石鑫鹏铜材有限责任公司(以下简称"鑫鹏公司")签署保理协议,约定鑫鹏公司转让其对中铝华中铜业有限公司(以下简称"华中铜业")的应收账款债权,汇丰银行向鑫鹏公司提供保理融资。华中铜业提出,由于其与鑫鹏公司的交易方式为现款现货,故鑫鹏公司对华中铜业不应享有应收款债权,因而汇丰银行主张的债权无效,而保理协议则是鑫鹏公司为了骗取银行贷款而为之。

一审法院认为,汇丰银行武汉分行依据其与鑫鹏公司签订的保理协议,受让鑫鹏公司对华中铜业公司的应收账款债权,并向华中铜业公司通知了债权转让的事实,债权转让真实、合法、有效。根据双方提交的证据,华中铜业公司辩称其与鑫鹏公司的交易方式为现款现货,鑫鹏公司对华中铜业公司不享有应收账款债权的抗辩理由与查明的事实不符。

二审中,华中铜业公司以买卖合同虚假及应收账款不存在为由抗辩。然而,法院发现鑫鹏公司与华中铜业的买卖合同系虚假合同,华中铜业在没有真实买卖合同的情况下,向汇丰银行回函确认此应收账款的存在,与鑫鹏公司存在通谋行为。

---

① 参见刘贵祥:《在全国法院民商事审判工作会议上的讲话》(2019年7月3日),载最高人民法院民事审判第二庭《〈全国法院民商事审判工作会议纪要〉理解与适用》,人民法院出版社,2019,第69页。
② 最高人民法院(2017)最高法民终332号民事判决书,中国裁判文书网,http://wenshu.court.gov.cn/。

法院认为,虽然《合同法》第82条规定,债务人接到债权转让通知后,债务人对让与人的抗辩,可以向受让人主张,但对于债务人在与让与人存在通谋的情况下是否仍然享有抗辩权,法律并没有明确规定。当事人从事民事活动,应当遵循诚信原则,恪守承诺,如果允许明知转让虚假债权的债务人以转让债权不存在来抗辩,则明显有违诚实信用等民法基本原则。双方当事人通谋所为的虚假意思表示,在当事人之间发生绝对无效的法律后果,但在虚假表示的当事人与第三人之间并不当然无效。当第三人知道该当事人之间的虚假意思表示时,虚假表示的无效可以对抗该第三人;当第三人不知道当事人之间的虚假意思表示时,该虚假意思表示的无效不得对抗善意第三人。

（二）应收账款的追索

根据《民法典》第766条的规定,当事人约定有追索权保理的,保理人可以向应收账款债权人主张返还保理融资款本息或者回购应收账款债权,也可以向应收账款债务人主张应收账款债权。保理人向应收账款债务人主张应收账款债权,在扣除保理融资款本息和相关费用后有剩余的,剩余部分应当返还给应收账款债权人①。

【案例索引】
中国工商银行股份有限公司乌鲁木齐钢城支行与中铁物资集团新疆有限公司、广州诚通金属公司合同纠纷案[案号：(2014)民二终字第271号]②。
【裁判要义】
中国工商银行股份有限公司乌鲁木齐钢城支行(以下简称"工行钢城支行")与中铁物资集团新疆有限公司(以下简称"中铁新疆公司")、广州诚通金属公司(以下简称"诚通公司")合同纠纷案中,在中铁新疆公司和诚通公司均未依约履行义务的情况下,工行钢城支行提起本案诉讼,要求中铁新疆公司向其支付应收账款,同时要求诚通公司对上述应收账款承担回购义务并承担逾期利息。从工行钢城支行所实施的系列行为的真实意思来看,其核心诉求是要求中铁新疆公司和诚通公司同时承担债务,共同归还所欠借款,故应认定工行钢城支行在本案诉讼中所称的"回购权"实际上属于追索权。在有追索权保理业务的框架之下,当债务人中铁新疆公司不偿付债务时,工行钢城支行并不承担该应收账款不能收回的坏账风险,追索权的制度设计相当于由诚通公司为中铁新疆公司的债务清偿能力提供了担保,其功能与放弃先诉抗辩权的一般保证相当。

故一审判决关于诚通公司应当在149 995 458.68元范围内对中铁新疆公司所应承担的债务承担回购责任的认定,不仅符合保理业务合同的约定,亦不违反法律、行政法规的强制性规定,二审法院予以维持。

---

① 同时,《民法典》对无追索权保理的保理商权利行使进行了规定。《民法典》第767条规定:"当事人约定无追索权保理的,保理人应当向应收账款债务人主张应收账款债权,保理人取得超过保理融资款本息和相关费用的部分,无需向应收账款债权人返还。"
② 最高人民法院(2014)民二终字第271号民事判决书,中国裁判文书网,http://wenshu.court.gov.cn/。

(三) 债权转让的通知

债权人转让权利的,应当通知债务人。未经通知,该转让对债务人不发生效力。实践中,多数保理商会要求保理申请人(债权人)以书面形式向债务人告知应收账款转让的事实。若债权转让的通知未能有效到达债务人,将对保理合同项下应收账款的回收产生障碍。

1. 转让通知应当由保理申请人即债权人签发

若不对通知主体进行限制,债务人收到虚假的转让通知,其对虚假受让人的清偿并不能免除其向原债权人或者真正的债权受让人的清偿义务。债务人不得不负有对通知所涉债权转让的真实性进行判断的义务,并承担由此带来的风险,其履行债务的负担被迫增加。因此,将债权转让通知的主体严格限定为债权出让人,有利于维系债权流转关系的稳定,保护债务人的利益。在实践中,发出人的正确与否决定了在法律上能否产生"通知债务人"的效力。

2. 转让通知落款时间应与应收账款转让的时间相协调

转让通知书的签发时间不可早于应收账款转让的时间,否则签发时债权转让约定还未生效,保理商尚未成为应收账款的新债权人,其无权以新债权人身份向应收账款的债务人发出应收账款转让通知。即使债务人签收了这份通知,亦不能发生法律规定的债权转让通知效力。若无当事人另外约定,应收账款债权一般自保理合同生效时转让。

3. 债权转让在央行登记系统公示并不能替代债权转让的通知义务

保理合同项下应收账款转让应当适用债权转让相关法律进行规制,虽然银行就保理合同项下债权转让登记于央行登记系统,但登记并不能免除债权转让通知的法定义务。在债务人未收到债权转让通知的情况下,保理合同项下债权转让对债务人不发生效力。

第三节 保兑仓

一、保兑仓业务概述

(一) 保兑仓的概念

保兑仓是指以银行信用为载体,以银行承兑汇票为结算工具,由银行控制货权,卖方(或者仓储方)受银行委托保管货物,对于买方到期无法偿还的承兑汇票保证金以外的差额部分(即敞口)由卖方负责回购质押的货物作为担保,银行向买卖双方提供银行承兑汇票的金融服务。标准的保兑仓交易一般包括卖方、买方、仓储方以及银行四方主体。

保兑仓业务具有如下优势:买卖双方利用银行信誉促成贸易;有效保障卖方货款回笼,提高资金使用效率;为买方提供融资便利,解决全款购货的资金困难。然而,保兑仓业务也存在着一定的风险。例如,在银行承兑汇票到期后,如果买方缴付的保证金余额低于银行承兑汇票的金额,即买方不能完全实现销售,则卖方就必须将承兑汇票与保证金的差额部分以现款支付给银行。对于银行而言,还存在买方和卖方合谋骗贷的风险。

(二) 保兑仓业务的模式及流程

1. 厂商银模式

厂商银模式的交易流程如下:卖方、买方和银行订立三方合作协议,其中买方向银行缴存一定比例的承兑汇票保证金,银行向买方签发以卖方为收款人的银行承兑汇票,买方将银行承兑汇票交付卖方作为货款,银行根据买方缴纳保证金的一定比例向卖方签发提货单,卖方根据提货单向买方交付对应金额的货物,买方销售货物后,将货款再缴存为保证金。在厂商银模式中,一般来说,银行的主要义务是及时签发承兑汇票并按约定方式将其交给卖方,卖方的主要义务是根据银行签发的提货单发货,并在买方未及时销售或者回赎货物时,就保证金与承兑汇票之间的差额部分承担责任。具体操作流程如图7-2所示。

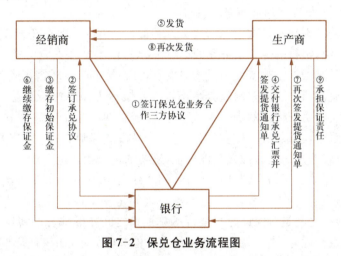

图7-2 保兑仓业务流程图

① 银行与生产商(厂商、卖方)、经销商(销售商、买方)签订保兑仓业务合作三方协议。

② 银行与经销商签订银行承兑汇票协议,申请开立银行承兑汇票。

③ 经销商在银行开立保证金账户,向银行缴存初始保证金。

④ 银行向生产商交付以经销商为出票人、生产商为收款人的银行承兑汇票并签发提货通知单。

⑤ 生产商根据银行指令在经销商存入保证金的范围内向经销商发货。

⑥ 经销商收到货物实现销售后,再次向银行缴存保证金。

⑦⑧ 银行再次向生产商签发提货通知单,生产商根据银行的指令在保证金范围内再次向经销商发货,如此重复以上流程。

⑨ 在银行承兑汇票到期日前,若银行签发的提货通知单总金额小于银行承兑汇票票面金额,银行一方面催促经销商回款,另一方面以书面形式通知生产商承担保兑责

任。经销商未足额提货,生产商负责就累计发货金额低于银行承兑汇票金额部分向银行退款。

2. 厂商仓银模式

相较于厂商银模式,厂商仓银模式增加了仓储方的参与,被称为标准保兑仓模式。厂商仓银模式通常是指以银行信用为载体,以银行承兑汇票为结算工具,由银行控制货权,仓储方(或卖方)受银行委托保管货物,对于买方到期无法偿还承兑汇票保证金以外的差额部分,由卖方负责回购质押的货物,银行向买卖双方提供银行承兑汇票的金融服务。厂商仓银模式一般包括卖方、买方、仓储方以及银行四方主体。

厂商仓银模式下,交易流程除了包含厂商银模式的交易流程外,还包括仓储方、买方与银行签订监管协议和货物质押协议,由银行控制提货权。

二、保兑仓交易合同的性质及效力

(一)保兑仓交易合同的性质

在保兑仓的基本交易模式中,卖方、买方和银行三方签订保兑仓合作协议。在三方协议中,一般来说,银行的主要义务是及时签发承兑汇票并按约定方式将其交给卖方,卖方的主要义务是根据银行签发的提货单发货,并在买方未及时销售或者回赎货物时,就保证金与承兑汇票之间的差额部分承担责任。银行为保障自身利益,往往还会约定卖方要将货物交给由其指定的当事人监管,并设定质押,从而涉及监管协议以及流动质押等问题。实践中,当事人还可能在前述基本交易模式基础上另行作出其他约定,只要不违反法律、行政法规的效力性强制性规定,这些约定应当认定有效①。

由此可见,保兑仓交易合同具有混合合同的性质,其中包含着多种法律关系。在卖方与买方之间是买卖合同关系,在买方与银行之间是基于银行承兑汇票的借款合同关系,在卖方与银行之间是对保证金与银行承兑汇票之间差额部分的清偿承担保证责任的保证合同关系。此外,当事人之间还可约定其他法律关系,如在有第四方作为仓储方监管货物的情况下,银行或者卖方与仓储方之间的监管协议,以及银行与卖方之间的质押合同关系。

无论保兑仓交易合同中存在几种法律关系,各方当事人均应按照协议的约定履行各自的义务,当事人之间法律关系的性质应依照合同的约定来进行分析。

(二)保兑仓交易中无真实交易关系的效力认定

如前文所述,保兑仓交易中包含了多种法律关系,其中最主要的法律关系为买卖合同关系、借款合同关系及保证合同关系。若买卖双方无真实交易背景,即买卖合同无效,是否会影响其他两个合同的效力?在解释上,卖方就保证金与承兑汇票之间差额部分的清偿所承担的保证责任,对应的是银行与买方之间基于银行承兑汇票的借款合同关系。承兑汇票应以真实的交易关系为基础,但基于票据的无因性,基础交易关系是否真实并不影响票据关系。

---

① 参见《全国法院民商事审判工作会议纪要》(法〔2019〕254号)。

司法实践中，在买卖双方无真实交易关系的情形下，保证合同是否有效存在争议。一种观点认为，无真实交易背景的保兑仓交易实质上是一个买方向银行进行贷款的行为，买卖双方之间的买卖合同因构成虚伪意思表示而无效，被隐藏的借款合同是当事人的真实意思表示。在卖方、买方及银行三方均知情的情况下，三方当事人签订保兑仓协议的目的很明确，就是不受国家对信贷规模的限制，逃避金融监管，套取现金。因此，应当认定借款合同系因逃避金融监管而无效，相应的保证合同也无效。

另一种观点认为，保兑仓交易以买卖双方有真实贸易背景为前提，若保兑仓交易无真实的贸易背景，则卖方、买方及银行之间并不存在真实有效的保兑仓交易法律关系。卖方、买方及银行之间真实的合同法律关系应为借款合同关系及担保合同关系，即银行向买方提供融资借款，卖方为买方向银行的借款提供担保，借款及担保均系当事人真实意思表示，如不存在其他合同无效情形，应当认定为有效。

根据九民纪要，双方无真实买卖关系的，该交易名为保兑仓交易而实为借款合同，保兑仓交易因构成虚伪意思表示而无效，被隐藏的借款合同是当事人的真实意思表示，如不存在其他合同无效情形，应当认定有效。保兑仓交易认定为借款合同关系的，不影响卖方和银行之间担保关系的效力，卖方仍应当承担担保责任。因此，在无真实交易背景的保兑仓交易中，要树立穿透式审判思维，在准确揭示交易模式的基础上，探究当事人真实交易目的，根据真实的权利义务关系认定交易的性质与效力。

三、保兑仓业务的财务管理法律风险

（一）法律风险发生的原因

（1）就卖方而言，法律风险主要在于买方经销商的失信和销售不力，还可能有小部分来自买方与银行之间的串通。在银行承兑汇票到期后，如果买方不能及时向银行偿还银行承兑汇票与保证金直接的差额，则作为担保方的卖方就必须履行担保责任代为偿还。

（2）就买方经销商而言，法律风险主要在于卖方的财务状况恶化或破产而导致无法供货，银行怠于履行控制货权义务而导致货物毁损、灭失或所有权发生转移。此外，还要接受市场供需关系的挑战，如果因为市场萧条销售不力，则很有可能面临高额借款本金及利息违约金等责任。因为保兑仓交易往往是大额订单业务，很可能导致买方经销商一蹶不振甚至面临破产倒闭。

（3）就资金提供方银行而言，也存在卖方生产商与买方经销商合谋骗贷的可能。虽然买方经销商向银行缴纳一定比例保证金，一般不低于30%，很多银行甚至会收取50%以上的保证金，但其余债权需要向卖方或者其他担保方追索。一般保兑仓交易担保方签订的都是保证合同而非抵押合同，也就是我们通常所说的"人保"，能否顺利实现债权还要取决于担保方的财产状况。虽然一般情况下保兑仓合同都会约定银行有提货权，但关于提货权的法律性质属于物权还是债权目前还存在很大争议。如果银行提货权为债权，银行的保障力量就大大减弱，仅限于普通的债权请求权；即便定性为物权，银行有追及性和排他权，但仍存在货物年久灭失贬值的风险，而且银行还需要花大量的精力和金钱去变卖。

（二）因财务管理不善造成事后救济存在困难

1. 企业和银行的财务制度不完善，相关流程过于粗糙，缺乏可操作性

在实践中，由于企业财务制度不完善，未能建立一套完整的款项审批和支付流程，或者相关收付款流程过于粗糙，往往会引起许多争议，这些争议将导致企业难以获得有效司法救济。例如，付款后对方没有书面确认所收款项的内容和数量，对方不承认收到款项，或对收到的款项认可但主张收到的不是双方争议的款项等。

2. 财会人员的法律防范意识欠缺，疏于收集保存财务证据

在许多案件中，企业财会人员不注意保留付款的凭证，在发生诉讼时可能对其不利。因此，不论何时，支付款项都应该取得相应的凭证，特别是直接支付现金或者不规范的金融票据支付，都应该取得收条等凭证。作为收款一方，则应当注意不要重复出具凭证。例如，在一起承揽合同案件中，某纺织公司委托某印染公司加工布匹，双方对已支付的加工费金额发生争议。法院经审理认为，对有争议的两笔款项，案外人邵某虽承认收到款项，但缺乏有效证据证明邵某有权代表该印染公司收取款项，在缺乏其他有效证据证明的情况下，对该两笔款项不能认定。

第四节 破 产 清 算

一、破产清算的概述

（一）概念

企业破产清算是指人民法院宣告企业破产之后，由法院指定管理人员成立清算组，由清算组接管企业，对破产财产重新进行清算、评估以及处理分配，清理企业债务，并最终使其生产经营活动终止，将其法人资格予以取消的行为。

（二）管辖

1. 地域管辖

《企业破产法》第 3 条规定："破产案件由债务人住所地人民法院管辖。"《最高人民法院〈关于审理企业破产案件若干问题的规定〉》（法释〔2002〕23 号）第 1 条规定："债务人住所地指债务人的主要办事机构所在地。债务人无办事机构的，由其注册地人民法院管辖。"因此，破产案件由破产企业住所地人民法院专属管辖。破产企业主要办事机构所在地与其工商登记住所地不一致的，以破产企业主要办事机构所在地为住所地，由破产企业主要办事机构所在地人民法院管辖；破产企业无办事机构的，则由破产企业工商登记的住所地人民法院管辖。

2. 级别管辖

对于破产案件的级别管辖，《企业破产法》未作进一步规定，但《最高人民法院〈关于审理企业破产案件若干问题的规定〉》第 2 条规定："基层人民法院一般管辖县、县级市

或者区的工商行政管理机关核准登记企业的破产案件；中级人民法院一般管辖地区、地级市（含本级）以上的工商行政管理机关核准登记企业的破产案件；纳入国家计划调整的企业破产案件，由中级人民法院管辖。"由此可见，对于破产案件的级别管辖，一般依照破产企业核准登记机关的级别予以划分，但这也仅仅是规定了一般的级别管辖原则，不同省市在具体的司法实践中，会对破产案件的级别管辖作出具体的规定。

（三）可适用《企业破产法》进行破产清算的企业范围

根据《企业破产法》第2条的规定，其规范的主体为"企业法人"，故可适用《企业破产法》进行破产清算的对象为组织机构中的"企业"，机关、事业单位、社会团体以及民办非企业单位等其他组织机构均不在《企业破产法》调整范围之内。

此外，《企业破产法》第135条规定："其他法律规定企业法人以外的组织的清算，属于破产清算的，参照适用本法规定的程序。"如：《合伙企业法》第92条规定"债权人可以依法向人民法院提出破产清算申请"，故对合伙企业的清算，可以适用《企业破产法》的规定；《民办教育促进法》第58条规定"民办学校终止时，应当依法进行财务清算……因资不抵债无法继续办学而被终止的，由人民法院组织清算"，故对民办学校的清算，也可以适用《企业破产法》的规定；《最高人民法院关于个人独资企业清算是否可以参照适用企业破产法规定的破产清算程序的批复》（法释〔2012〕16号）规定"在个人独资企业不能清偿到期债务，并且资产不足以清偿全部债务或者明显缺乏清偿能力的情况下，可以参照适用企业破产法规定的破产清算程序进行清算"，因此，对于个人独资企业的清算，也可以参照适用《企业破产法》的规定。

除以上合伙企业、民办学校、个人独资企业可以参照适用《企业破产法》外，其余非企业法人组织机构，如国内企业设立的分支机构，外国企业设立的常驻代表机构、办事机构等，均不能参照适用《企业破产法》进行破产清算。

（四）破产原因

根据《最高人民法院关于适用〈中华人民共和国企业破产法〉若干问题的规定（一）》，债务人符合以下情形之一的，人民法院应认定其具备破产原因：① 债务人不能清偿到期债务，并且资产不足以清偿全部债务；② 债务人不能清偿到期债务，并且明显缺乏清偿能力。

首先，"债务人不能清偿到期债务"指的是对于依法成立的债务，债务人在债务清偿期限内不能足额清偿的情形。人民法院在认定债务人是否不能清偿到期债务时应审查债务人是否同时符合以下情形：① 债权债务关系依法成立；② 债务履行期限已经届满；③ 债务人未完全清偿债务。该债务依法成立即可，不要求债权债务关系、债权债务数额经过法院或者仲裁机构裁决；企业到期未清偿即构成不能清偿，不要求经过相关机构执行后无法清偿才构成不能清偿。

其次，对于债务人的资产不足以清偿全部债务的认定，人民法院应审查债务人的资产负债表或审计报告、评估报告等，显示债务人全部资产不足以偿付全部负债的，除有相反证据足以证明债务人资产能够偿付全部债务外，人民法院应当认定债务人资产不足以清偿全部债务。

最后，有的债务人账面资产虽大于负债，但如果存在下列情形，人民法院应当认定其明显缺乏清偿能力：① 因资金严重不足或者财产不能变现等原因,无法清偿债务；② 法定代表人下落不明且无其他人员负责管理财产,无法清偿债务；③ 经人民法院强制执行,无法清偿债务；④ 长期亏损且经营扭亏困难,无法清偿债务等。

二、破产清算的程序

破产清算总体步骤如下：破产申请→裁定受理→指定破产管理人→管理人接管企业→债权的申报与登记→债权人会议→破产企业的财务审计→破产企业的财产清算→裁定破产程序终结→企业注销登记。

(一) 破产申请

除法院主动启动"执转破"程序外,根据《企业破产法》第 7 条的规定,债务人不能清偿到期债务,债权人可以向人民法院提出对债务人破产清算的申请；企业法人已解散但未清算或者未清算完毕,资产不足以清偿债务的,依法负有清算责任的人应当向人民法院申请破产清算。

向法院提出破产申请应当提交如下材料：① 破产申请书(载明申请人基本情况、申请目的、申请的事实和理由)；② 债务人提出申请的,还应当向人民法院提交财产状况证明、债务清册、债权清册、有关财务会计报告、职工安置预案以及职工工资的支付和社会保险费的缴纳情况。

(二) 裁定受理

债权人提出破产申请的,人民法院应当自收到申请之日起 5 日内通知债务人。债务人对申请有异议的,应自收到通知之日起 7 日内向人民法院提出,人民法院应当自异议期满之日起 10 日内裁定是否受理；企业自行提起破产申请的,人民法院应自收到破产申请之日起 15 日内裁定是否受理。法院认定企业资产不足以清偿全部债务或明显缺乏清偿能力的,可以决定受理企业破产案件,制作案件受理通知书,并送达申请人和债务人,通知书作出时间为破产案件受理时间。

(三) 指定破产管理人

企业进入破产程序后,由人民法院自宣告之日起 15 日内成立管理人,管理人由人民法院指定。

破产管理人由受理法院在当地高级人民法院破产管理人名册中备案的中介机构(如律师事务所、审计事务所、评估机构、清算事务所)中指定。破产管理人对外代表企业,破产企业涉诉时,仍然以企业作为诉讼当事人参与诉讼,破产管理人只作为代表人参加诉讼,破产管理人的负责人具体签署相关的法律文件,如授权委托书、法定代表人身份证明等。

(四) 管理人接管破产企业

企业进入破产程序后,原有的企业法定代表人、董事、总经理、监事等人员不再行使原有职权。

破产管理人的管理小组正式成立后,需要刻制管理人印章、在银行开立专用账号、进行内部分工,并对企业进行全面接管,包括以下工作内容：

(1) 接管债务人的财产、印章和账簿、文书等资料；
(2) 调查债务人的财产状况，制作财务状况报告；
(3) 决定债务人的内部管理事务；
(4) 决定债务人的日常开支和其他必要支出；
(5) 在第一次债权人会议召开前决定继续或者停止债务人的营业；
(6) 管理和处分债务人的财产；
(7) 代表债务人参加诉讼、仲裁或者其他法律程序；
(8) 提议召开债权人会议。

（五）债权申报和登记

破产管理人接管企业后，应书面通知已知债权人申报债权。书面通知应载明下列内容：
(1) 申请人、被申请人的名称或者姓名；
(2) 人民法院受理破产申请的时间；
(3) 申报债权的期限、地点和注意事项；
(4) 管理人的名称或者姓名及其处理事务的地址；
(5) 债务人的债务人或者财产持有人应当向管理人清偿债务或者交付财产的要求；
(6) 第一次债权人会议召开的时间、地点等。

债权申报期限自人民法院发布受理破产申请公告之日起计算，最短不得少于30日，最长不得超过3个月。

债权人申报债权应提交债权证明。登记债权时对债权证明应从形式上审查其真实性。债权人提交复印件的，应与原件核对无误后收存，并在相应的证据材料上记明。

未到期的债权在破产申请受理时视为到期；附利息的债权自破产申请受理时起停止计息。申报债权为有财产担保的债权的，申报人应提交相应的证据。管理人应从形式上审查其财产担保（抵押、留置等）是否合法有效，如抵押是否登记、留置是否属法律规定留置范畴等；涉及房地产抵押的，应审查有无房屋所有权证书、土地使用权证书等。

管理人应当编制债权表，提交第一次债权人会议审查，债务人、债权人对债权表记载的债权无异议的，由人民法院确认；债务人、债权人对债权表记载的债权有异议的，可以向受理破产的人民法院提起诉讼。

（六）债权人会议

债权人会议是依法设立，由申报债权的全体债权人参加，代表债权人行使权利的临时性决议机构。债权人会议在法院的指导下对有关法定事项作出决议，听取破产企业法定代表人的必要说明和管理人的各类报告，对是否与债务人和解、是否通过清算组提出的清偿分配方案进行表决，并对企业破产的有关事项、清算组的有关工作进行监督，维护债权人的合法权益。债权人会议成员享有表决权，但有财产担保的债权人未放弃优先受偿权的除外。债务人的保证人代替债务人清偿后，可以作为债权人享有表决权。预先行使追偿权的保证人享有追偿权。

第一次债权人会议由法院召集，应在债权申报期限届满之日起15日内召开。以后的债权人会议,在人民法院认为必要时,或者管理人、债权人委员会、占债权总额四分之一以上的债权人向债权人会议主席提议时召开。

债权人会议期间,破产企业的法定代表人或主要负责人有义务接受债权人的质询和解答问题。

(七) 破产企业的财务审计

管理人全面接管了破产企业并进行必要的管理后,便开始对破产企业开展一系列的清算活动,其中一项重要的活动就是对破产企业的财务进行审计,应注意以下八个方面的内容。

(1) 破产企业公司的基本情况,如公司注册登记情况、股东情况及股权比例情况、破产企业注册资本情况及到位情况。

(2) 破产企业财务管理情况,包括破产企业财务人员情况和变动情况、财务凭证及账册保存情况、账目记录情况、财务审批情况(如负责人和支出程序等)、财务账册及原始凭证的真实和完整情况。

(3) 破产企业负债情况。

(4) 破产企业涉诉案件情况,包括破产企业作为原、被告正在诉讼中的情况,败诉案件的执行情况,以及破产企业不作为原、被告,但为其他公司提供财产抵押或经营担保而涉诉的案件。

(5) 破产企业的主要资产流向是债权人非常关注的问题,一般应对其作专项说明:

① 用于投资的款项及回收情况、亏损情况、原因;

② 用于还债的款项的本金偿还情况、利息偿还情况,以及缴纳罚息、滞纳金情况;

③ 生产经营投入的款项及亏损情况;

④ 办公开支的款项;

⑤ 购置固定资产的款项;

⑥ 用于支付工资、奖金、保险、国家税款的款项;

⑦ 借出的款项情况,包括借款人、时间、数额及审批人员;

⑧ 被有关部门罚款、罚没的情况。

(6) 破产企业历任法定代表人、主要负责人及财务人员责任的审计情况。

(7) 破产企业现有职工情况、集资情况、保险情况、缴交税款情况。

(8) 破产企业有无在破产案件受理前六个月的无效行为的情况。

(八) 破产财产的清算和处置

破产财产的清算主要指管理人对破产企业财产的保管、清理、估价、处分和分配。

1. 破产财产的处理程序与步骤

(1) 破产企业财产的清理。这主要是指管理人对破产企业的财产进行权属界定、范围界定、分类界定和登记造册的活动。一般包括以下几部分:破产宣告时破产企业的所有财产;破产宣告后至破产程序终止前所取得的财产;破产企业行使的其他财产权利,如专利权、商标权、著作权、专有技术、商号等;已作为担保物的财产,其变现的价额超过其担保的债务数额的剩余部分财产。

(2) 破产企业财产自然状况的核实。该部分工作主要是对企业的各项财产一一核实与确认，一般对企业的有形资产进行，包括核实与确认财产名称、形成时间、原值、坐落、型号、新旧程度、法律手续是否完备等。

（3）破产企业财产的评估。这是为破产财产的处理作准备，提供参考价格和底价。一般由专业的评估师进行。

（4）破产企业财产的处理。一般指管理人将破产财产中非货币财产变现为货币财产的过程，是整个财产清算的最后一项工作。一般由管理人按照公开、公平、公正的原则，遵循先估价再公开最后经债权人会议讨论通过的程序，在债权调查完结后，以不公开变卖或公开拍卖的方式进行。由于根据《破产法》的规定，已作为担保物的财产不属于破产财产，对其的处理按以下程序进行：

① 法院对破产企业的担保财产进行单独登记；
② 抵押权人将担保财产全部证明资料向管理人移交；
③ 抵押权人将其直接占有或管理的担保财产向管理人移交；
④ 抵押人向管理人出具解除抵押关系的书面证明，由管理人办理担保财产过户手续；
⑤ 管理人将担保财产交由拍卖行拍卖；
⑥ 管理人将担保财产拍卖款项单列，扣除费用后，交给抵押权人。

2. 破产企业对外债权清理的程序和步骤

由管理人会计师对破产企业的应收账款进行审计，并编制成册。

由管理人律师根据该应收款账册，通过与破产企业法定代表人或知情人的谈话，了解每笔应收账款的形成过程和证据情况。由管理人律师根据审计报告以及相关证据，起草破产企业对外债权确认报告，提交法院。

3. 破产企业对外债权追讨的程序和步骤

（1）了解债务人的基本情况。
（2）对未知债务人进行调查。
（3）对已知债务人，核定数额，列明清单，并向法院申请债务清偿通知书。
（4）向债务人送达债务清偿通知书。
（5）做好追讨债务工作的登记工作。

4. 破产企业合同的清理

破产企业合同的清理包括合同类别的清理、合同履行情况的清理、因合同引起的诉讼情况的清理、对合同内容尤其是主要权利义务的清理、对合同效力的清理。

破产企业合同由管理人根据利益最大化原则自行决定继续履行或解除。

5. 破产企业涉诉案件的清理

人民法院受理企业破产案件后，以债务人为原告的其他民事纠纷案件尚在一审程序的，受诉人民法院应当将案件移送受理破产案件的人民法院；案件已进行到二审程序的，受诉人民法院应当继续审理。

法院受理企业破产案件后，对债务人财产的其他民事执行程序应当中止。

6. 破产财产分配方案的制定

管理人完成了对破产企业各项情况的清算和清理，对各项情况有的业已编制成册，有的业已掌握相关的证据和材料。接下来,应是制定破产财产分配方案,并对破产企业的财产进行分配。

破产财产分配方案应当包括:① 破产财产总额及构成;② 应优先拨付的破产费用总额及构成;③ 破产企业所欠员工工资和社会保险费用总额及构成;④ 破产企业所欠税款总额及构成;⑤ 提留款(暂不分配的款项)总额及构成;⑥ 用于破产债权分配的财产总额及构成。

破产财产分配的程序按以下步骤进行:① 管理人提出破产财产分配方案;② 破产财产分配方案经债权人会议讨论通过后,报请法院裁定后执行;③ 管理人在破产财产分配方案经法院确认后三日内制作分配表;④ 管理人执行分配方案,并通知债权人限期领取财产,逾期未领取,可以提存、追加分配。

7. 清偿顺序

(1) 破产费用。破产费用包括:人民法院受理破产申请后,破产案件的诉讼费用;管理、变价和分配债务人财产的费用;管理人执行职务的费用、报酬和聘用工作人员的费用。

(2) 共益债务。即破产程序中为全体债权人的共同利益由债务人财产及其管理人行为而产生的债务。包括:因管理人或者债务人请求对方当事人履行双方均未履行完毕的合同所产生的债务;债务人财产受无因管理所产生的债务;因债务人不当得利所产生的债务;为债务人继续营业而应支付的劳动报酬和社会保险费用以及由此产生的其他债务;管理人或者相关人员执行职务致人损害所产生的债务;债务人财产致人损害所产生的债务。

破产费用和共益债务由债务人财产随时清偿。

(3) 担保债权。

(4) 破产人所欠职工的工资和医疗、伤残补助、抚恤费用,所欠的应当划入职工个人账户的基本养老保险、基本医疗保险费用,以及法律、行政法规规定应当支付给职工的补偿金。破产企业的董事、监事和高级管理人员的工资按照该企业职工的平均工资计算。

(5) 破产人欠缴的除前项规定以外的社会保险费用和破产人所欠税款。

(6) 普通破产债权。破产财产不足以清偿同一顺序的清偿要求的,按照比例分配。

8. 破产清算报告

破产清算工作报告主要总结管理人的破产清算工作,其主要内容应包括破产管理人的成立情况和管理人完成的主要清算工作。

管理人完成的主要清算工作,分以下若干项:

(1) 全面接管破产企业的情况,包括接管的具体时间、接管的具体内容、参加接管的人员等;

(2) 指定留守人员,明确留守人员工作职责等;

(3) 对破产企业的财务状况进行审计及审计结果,包括资产负债情况等;

(4) 对破产企业的财产进行清理、评估、处理的情况;

(5) 对破产企业对外债权的清理情况和追讨的结果及追讨中遇到的问题;

(6) 对破产企业对外投资的清理情况、处理情况以及处理的结果；

(7) 对破产企业的清理和审核情况及审核结果，包括破产债权总额、有财产担保的债权总额、无财产担保的债权总额等；

(8) 对破产企业涉诉案件的清理情况及管理人参与诉讼的情况；

(9) 对破产企业签订合同的清理情况及解除合同情况和继续履行合同情况；

(10) 对破产企业职工安置情况，对拖欠工资、社会保险费的清偿情况；

(11) 破产财产分配方案的制定情况及对通过的破产财产分配方案的执行情况。

9. 破产程序终结

管理人完成以上全部工作，在办理相关的手续如注销原破产企业登记、提请法院终结破产程序后，管理人正式撤销。破产企业的破产清算程序正式终止。

三、破产清算会计

（一）破产清算会计的概念

破产清算会计是财务会计的一个特殊分支。它是以现有的各种会计方法为基础，以破产法律制度为依据，监督并反映企业在破产清算过程中遇到的会计事项，对企业破产资产、破产债权、破产损益等进行确认、计量、记录及报告的程序和方法。破产清算会计主要是对企业宣告破产后的现有财产进行清算和评估，并依法对相关财产作出处理和分配决定。

（二）破产清算会计的目标

破产清算会计的目标集中体现在提高债权人债权的受偿比重，以及维护债权人、债务人的合法权益等方面。破产清算会计要客观、及时、准确地向有关部门提报破产会计的相关信息，同时，也负有保护债务人财产安全、提升财产变现价值的责任。科学地进行破产会计预测、决策、计划、控制、考核与分析是破产清算会计工作的重要环节，在此基础上，更要做到认真监督企业破产程序实施的合法性及有效性，力求提升其经济效益。

（三）破产清算会计的会计原则

破产清算会计作为传统财务会计的一个特殊分支，遵循传统会计的一般原则，如客观性、及时性、明晰性、重要性等原则。但为了规范破产会计行为，维护债权人、债务人及投资人的合法权益，破产清算会计又有自己特有的原则。

1. 收付实现制原则

收付实现制原则是指会计单位的经营收支以款项是否已经收付为标准，按收付期确定收益和费用的一种核算方法。在企业破产并终止经营后，破产清算会计无须考虑预收收入和预付费用、应计收入和应计费用等会计事项。破产清算会计无须二次核算企业清算期的经营成果，也不存在收益和费用配比的问题。在企业资产变现阶段，必须要以获得的现实款项入账，债务也必须以现实的货源来偿付。因此，收付实现制原则是关于破产清算会计确认、计量及报告基本方法的规范性原则。

2. 清算价格原则

清算价格原则是指破产清算会计在对企业破产清算业务完成确认、计量和报告工作的过程中,必须要以清算价格为其基本价值标准,资产价值必须按照其实际变现价值计算,负债也必须按照其资产变现后的实际支付能力来偿付。在企业进入清算状态以后,其历史成本及现行市价间差额的存在就必然会影响到清算的进度及债务的清偿,以清算价格替代历史成本能够有效消除差额。

3. 全面性原则

全面性原则是指破产清算会计在核算中应全面完整地反映清算活动过程中的所有层面,其中包括全面反映企业在破产期内的资金来源、资金去向以及破产损益等情况,不得隐匿、遗漏。全面性原则的具体要求主要包括:首先,就会计服务的对象而言,会计信息要以能够全面满足信息使用者的要求为其目标。其次,从企业角度分析,会计信息也要全面反映企业的业务状况。为满足以上两方面要求,就必须科学合理地设计并选择清算会计报表体系、报表内容及编报方法。企业破产会计的核算内容较常规会计的核算内容相对简单,这就为贯彻全面性原则提供了很好的条件。

(四)破产清算的资产

根据《最高人民法院关于适用〈中华人民共和国企业破产法〉若干问题的规定(二)》第1条的规定,除债务人所有的货币、实物外,债务人依法享有的可以用货币估价并可以依法转让的债权、股权、知识产权、用益物权等财产和财产权益,人民法院均应认定为债务人财产。

破产企业的资产按归属对象分为担保资产、抵销资产、受托资产、应追索资产、破产资产和其他资产。

1. 担保资产

担保资产是指根据法律或协议规定,对企业的债务提供担保,使债权人享有物资保证的资产。它对于特定债权人来说具有排他性,相对于其他债权人来说是一种优先受偿权。

2. 抵销资产

抵销资产是指破产企业与债权人互为债权、债务人时,以债权抵销债务的那部分资产。

3. 受托资产

受托资产是指破产企业在破产前接受其他企业委托,为其加工、代销,所有权属于其他企业的资产。

4. 应追索资产

应追索资产是指所有权属于破产企业,但由其他企业、个人非法占有或因破产企业发生破产法所特指的无效行为或欺诈行为而转移的资产,这部分资产应予追回,归入破产资产。

5. 破产资产

破产资产是指根据破产法规定可以用来偿付破产债务的资产。它是破产企业担保资产、抵销资产、受托资产以外的资产以及上述资产可变现净值高于相关债务的部分。

6. 其他资产

其他资产是指根据有关法律法规的规定,属于国家专有、个人或社团组织所有的资产以及为满足社会保障需要而限定的资产。

破产企业在破产清算期间的财产应当以破产清算净值计量。破产清算净值是指在破产清算的特定环境下和法定时限内,最可能的变现价值扣除相关处置税费后的净额。

（五）破产清算的负债

在破产清算会计下,负债按其对资产要求权的不同分为担保债务、抵销债务、受托债务、优先清偿债务、破产债务和其他债务。

1. 担保债务

担保债务是指与担保资产相对应的债务,它可以进一步分为抵押担保债务、质押担保债务和留置担保债务。

2. 抵销债务

抵销债务是指与抵销资产相对应的债务。

3. 受托债务

受托债务是指与受托资产相对应的债务。

4. 优先清偿债务

优先清偿债务是指根据破产法规定应优先偿付的债务,包括应付清算费用、应付职工工资及劳动保险费和应交税金等。

5. 破产债务

破产债务是指按规定由破产企业以破产财产清偿的普通债务。它是破产企业担保债务、抵销债务、受托债务、优先清偿债务以外的债务以及上述债务高于相对应资产的可变现价值的部分。

6. 其他债务

其他债务是指根据有关法律法规的规定,为满足社会保障等需要而发生的债务,如应支付的破产安置费用等。

破产企业在破产清算期间的债务应当以清偿价值计量。清偿价值是指不考虑企业的实际清偿能力和折现因素,按照相关法律规定或合同约定企业应当清偿的金额;经债权人申报并经法院确认的债务,其清偿价值应为法院确认的金额。

（六）破产清算会计对传统会计理论造成的冲击

1. 对会计原则的冲击

在核算过程中,财务会计要遵循及时性、真实性、有效性、清晰性、重要性及谨慎性等方面的原则,破产清算会计的核算原则也与之基本相同。由于破产企业的记账基础、记账要求以及企业中止经营的假设都发生了一定改变,所以破产企业成本、权责发生制及收入费用等核算原则也随之发生变化。例如,破产企业在进行破产清算之后,其历史成本计价所形成的账面资产的实际价值已经对企业债务的偿付工作失去了实际意义,按照破产企业的实际情况分析,就要选用适合于企业内部的计价基础。在此基础上,伴随着会计分期及持续经营假设在企业清算过程中的改变、瓦解,企业已经不再需要对其经营成果进行分期核算,而企业收入、费用的配比原则也就失去了意义。

2. 对会计假设的冲击

企业破产清算组对债权人权益进行维护,向法院负责,并对企业破产财产进行控制。清算组成员将成为破产企业新的会计主体,替代企业原来的会计主体,这就给传统会计主体假设带来了很大的冲击。同时,清算组积极保障投资者以及有关债权人的合法权益,避免破产企业采取非法会计手段对其破产财产进行隐匿、侵吞、变卖和转移,可以有效防止低价高估或者高价低估现象的发生。

3. 对会计相关处理方法的冲击

企业一旦进入破产状态,持续经营假设前提下的会计处理程序和方法也就失去意义。企业在破产之后,其日常经营产销活动也将中止,所以破产企业应采用符合自身经营现状的中止经营假设,并利用会计处理的不同方法、不同程序、不同报告形式及计量方式来实施破产清算企业资产的变现及债务偿还工作。

案例评析

案例一:安庆市湘桂工贸有限责任公司与徽商银行安庆大观支行、广东中谷糖业集团有限公司保兑仓合同纠纷案

【基本案情】

2006年11月28日,安庆市湘桂工贸有限责任公司(以下简称"湘桂公司")与广东中谷糖业集团有限公司(以下简称"中谷公司")签订了一份工业品买卖合同,约定中谷公司向湘桂公司供应10 000~12 000吨白砂糖,价款4 500万~5 400万元,按照安庆市场价格定价,湘桂公司以银行承兑汇票方式付款。2007年11月15日,湘桂公司与中谷公司签订了一份糖供购销合同,约定中谷公司向湘桂公司销售厚生牌白砂糖。为确保合同的顺利履行,湘桂公司、中谷公司、徽商银行安庆大观支行(以下简称"徽行大观支行")先后签订两份三方合作协议,约定:湘桂公司与中谷公司以银行承兑汇票为合同货款的支付方式;中谷公司在收到银行承兑汇票后,向徽行大观支行开具商品金额证明书,作为不可撤销的提货权利凭证,中谷公司在接到徽行大观支行开出的提货通知书后向湘桂公司发货;中谷公司如不能按期履行交货义务,应无条件向徽行大观支行支付银行承兑汇票未提货物价值部分的余额。协议签订后,湘桂公司分5次向徽行大观支行申请了总额为4 070万元的汇票,向中谷公司支付了合同预付款,并提供了792万元的保证金。但在白砂糖购销合同履行过程中,因徽行大观支行未按三方合作协议的约定履行开具提货通知单、指定仓库等义务,并怠于提货、追索货款等,导致湘桂公司始终未收到货物,直至中谷公司破产重整,由此给湘桂公司造成巨大经济损失。湘桂公司遂起诉至法院,要求判令解除工业品买卖合同、购销合同及三方合作协议,并由徽行大观支行向湘桂公司赔偿各项损失66 621 895.36元。

【案例评析】

本案的争议焦点之一为案涉两份三方合作协议应否解除,徽行大观支行应否赔偿湘桂公司损失。

一审法院认为:2006年11月28日至2008年7月25日,湘桂公司与中谷公司

签订了 7 份买卖合同,每份合同约定的白糖供应数量均超过 1 600 吨,最高约定的供应数量超过 10 000 吨,而湘桂公司庭审中称在合同履行过程中,中谷公司白糖供应总量仅 1 500 吨;每份合同约定湘桂公司向中谷公司预付货款,又约定中谷公司可以占用资金,湘桂公司的预付货款由中谷公司在收到款日起半年或一年内调回湘桂公司,归还银行后,借出再付给中谷公司,双方再签订新的协议。2007 年 5 月 21 日至 2008 年 6 月 20 日,中谷公司收到湘桂公司从徽行大观支行开出的金额合计为 4 070 万元的银行承兑汇票,中谷公司以退货款、借款等名目向湘桂公司在徽行大观支行开立的账户退回 3 300 万元款项。综观上述买卖合同约定的内容以及湘桂公司与中谷公司签订多份买卖合同而仅履行少量白砂糖买卖之事实,双方之间有以订立买卖合同之名进行融资的目的。

案涉两份三方合作协议订立的目的是保障 2006 年 11 月 26 日工业品买卖合同及 2007 年 11 月 15 日糖供购销合同的履行。由于湘桂公司与中谷公司之间有以订立买卖合同之名进行融资的目的,而且上述两份买卖合同已被 2007 年 12 月 24 日糖供购销合同取代,所涉款项双方也已自行结算,故三方合作协议项下徽行大观支行的义务亦应随着上述两份买卖合同权利义务的终止而终止。在此情形下,湘桂公司诉请判令解除两份三方合作协议及徽行大观支行赔偿各项损失 66 621 895.36 元,无事实和法律依据,本院不予支持。最终,一审法院驳回了湘桂公司的诉讼请求。

关于案涉两份三方合作协议应否解除的问题。笔者认为,对比湘桂公司与中谷公司 2006—2008 年签订的合同所约定的白糖供应数量与双方之间实际成交的数量,并结合双方在每份合同中均约定湘桂公司向中谷公司的预付货款由中谷公司在收到款日起半年或一年内调回湘桂公司,归还银行后,借出再付给中谷公司,而且中谷公司实际以退货款、借款等名目向湘桂公司在徽行大观支行开立的账户退回 3 300 万元款项,双方实际上是以订立买卖合同的名义进行融资。该买卖关系属于名为保兑仓交易实为借款关系,保兑仓交易因构成虚伪意思表示而无效。

关于徽行大观支行是否应赔偿湘桂公司损失的问题,笔者认为,在保兑仓协议中,银行一般要参与到购销双方商品的交易过程中,如签发提货通知单,对商品进行储存、质押及监管等。

案例二:中信银行股份有限公司大连分行等诉张家口中地装备探矿工程机械有限公司合作协议纠纷案

【基本案情】

2012 年 5 月 9 日,大连中聚能源有限公司(以下简称"大连中聚")、张家口中地装备探矿工程机械有限公司(以下简称张家口公司)与中信银行股份有限公司大连分行(以下简称中信银行)签订保兑仓协议。该协议主要约定:大连中聚向中信银行申请开立银行承兑汇票专项用于向张家口公司支付货款,大连中聚在中信银行开立的保证金账户中交存一定比例的保证金。货款针对大连中聚与张家口公司之间签订的购销合同。张家口公司凭中信银行出具的提货单向大连中聚发货,首次发货的货款不超过大连中聚向中信银行交存的保证金金额的80%,以后大连中聚每次申请提货前应向中信银行交存相当于拟提货金额的保证金。大连中聚在银行承兑汇票到期日前5天未足额备付时,如果中信银行在本协议项下出具的提货单累计金额(无论因任何原因)少于中信银行依据本协议以及大连中聚、中信银行签订的银行承兑汇票承兑协议而承兑的以张家口公司为收款人的银行承兑汇票总金额,则张家口公司对该差额部分以及由于逾期产生的逾期利息、罚息承担连带保证责任等。银行承兑汇票的到期支付和逾期处理条款项下第(四)条约定,如果张家口公司未能按照中信银行的书面付款通知书的要求按时支付到期款项,中信银行有权根据实际逾期天数,在中国人民银行规定的同期贷款利率水平上加收50%计收罚息。

2012年11月14日及15日,大连中聚(出票人)与中信银行(承兑人)签订银行承兑汇票承兑协议,罚息项下约定:承兑汇票到期日,中信银行凭票支付票款。到期日中信银行未获清偿的票款,中信银行将根据天数及逾期付款金额,按利率日万分之五计收罚息。罚息利率遇中国人民银行调整时,调整之日起按调整后的利率执行。依据上述合同及协议,中信银行分别开立银行承兑汇票两张。张家口公司收到中信银行签发的上述银行承兑汇票后,将其背书给案外人。案外人向中信银行申请承兑,中信银行支付7 691万元。中信银行在向案外人支付上述款项后,根据银行承兑汇票承兑协议第8.1条的约定,从大连中聚在中信银行的保证金账户中扣收票款2 691.85万元,余款4 999.15万元形成票据银行垫付。中信银行垫付款项后,多次向大连中聚进行催收未果。中信银行诉至法院,请求判令大连中聚偿还中信银行承兑汇票融资业务项下所欠本金余额4 999.15万元及至清偿之日所产生利息、罚息,张家口公司承担连带保证责任。

【案例评析】

本案的主要争议焦点如下:① 中信银行签发的承兑汇票是否为履行保兑仓协议的行为,张家口公司是否应对差额部分承担连带保证责任;② 在多个法律关系并存的情况下,相应罚息约定未统一,而造成相关争议。

一审法院认为:汇票到期后大连中聚未能按照合同约定交付全额票据款项,导致中信银行为其垫款4 999.15万元而形成债权债务关系,债权人为中信银行,债务人为大连中聚,大连中聚应立即偿还该笔债务。关于罚息,银行承兑汇票承兑协议统筹于保兑仓协议项下,分属于具体操作保兑仓协议流程中的一项,又因银行承兑汇票承兑协议仅在中信银行与大连中聚二者之间签订,而且保兑仓协议在先,银行承兑汇票承兑协议在后,罚息标准应当按照"后者优于先者"的原则视为双方对罚息标准部分的变更,故一审法院采纳银行承兑汇票承兑协议约定的日万分之五计算罚息。因大连中聚对垫付款项分文未还,依据案涉三方所签订的保兑仓协议,张家口公司应当对全部垫款本金承担保证责任,并仅按照保兑仓协议中约定的中国人民银行规定同期贷款利率水平上加收50%计收罚息部分承担保证责任。

大连中聚及张家口公司不服一审判决,提起上诉。二审法院认为,张家口公司无须就差额部分承担保证责任。中信银行对案涉银行承兑汇票的开立和承兑均是抛开保兑仓业务合作协议的具体约定进行的，其对银行承兑汇票的签发并非为保兑仓合作业务目的进行，其对该票据的承兑也非对履行保兑仓合作业务进行的结算。故可以确认，中信银行开立和承兑银行承兑汇票的行为与案涉保兑仓协议无关，其开立和承兑银行承兑汇票的行为是脱离保兑仓协议而单独履行其与大连中聚间签订的银行承兑汇票承兑协议的行为。即便中信银行与大连中聚之间的融资行为是基于保兑仓协议而为，因中信银行没有出具提货单，提货单与中信银行承兑的银行承兑汇票之间的差额根本不存在，中信银行不具备行使"差额保证"请求权的条件和基础，故中信银行要求张家口公司承担保兑仓协议项下差额保证责任，亦缺乏事实和法律依据，二审法院不予支持。

中信银行不服二审判决，申请再审。最高人民法院提审认为，中信银行在实际履行中，未按照保兑仓协议关于申请提货后交接承兑汇票的约定履行，而是将交接承兑汇票的时间提前至申请提货之前。该实际履行中的变更使张家口公司更早收到货款，对张家口公司有利。张家口公司以保兑仓协议中的甲方身份接受两张汇票，可以证明中信银行出具两张汇票系履行保兑仓协议。在保兑仓交易模式中，如张家口公司承担保证责任以中信银行出具提货单为条件，会造成当事人权利义务显失公平。张家口公司作为供货方接受汇票收取货款后，相应的合同权利已经实现，同时，其还占有货物。其在权利已经完全实现的情况下不承担任何义务，显失公平。故张家口公司承担保证责任不以中信银行出具提货单为条件，应维持辽宁省大连市中级人民法院(2013)大民三初字第43号民事判决。

针对第一个问题，笔者认为，保兑仓交易项下因各主体之间法律关系较为复杂且有部分重合，各个主体履行协议约定的行为常常也会有此重合，在具体履行中若不明确该等行为具体的履行依据，则可能造成另方主体针对该等行为的"回应"义务不一致。在该案中，整个保兑仓交易并未严格按照保兑仓协议的约定进行，实际履行顺序与保兑仓协议约定的顺序不符，在该种情形下，识别张家口公司收取的汇票是否基于保兑仓协议而签发变得尤其重要。在中信银行并未言明其签发、承兑汇票的行为是基于保兑仓协议还是银行承兑汇票承兑协议的情况下，其所产生的法律效果也会因该等模糊事实而发生变化。如该等签发、承兑汇票行为仅被认定为银行承兑汇票承兑协议的履行行为，与保兑仓协议无关，则很有可能不产生张家口公司的"差额保证"责任，二审法院基于该种认定认为张家口公司无须承担差额保证责任。最高人民法院却认为，中信银行虽然未按照保兑仓协议约定先申请提货后交接承兑汇票，但有证据证明中信银行签发承兑汇票是基于保兑仓协议，则按照该协议约定，张家口公司应当承担保证责任。

针对第二个问题，笔者认为，由于保兑仓交易中涉及一系列协议，协议中的衔接统一问题亦需要重点关注，如产生针对同一情形的适用标准不同的情况，就会成为滋生争议的"温床"。一审法院认为银行承兑汇票承兑协议分属于具体操作保兑仓协议流程中的一项，保兑仓协议在先，银行承兑汇票承兑协议在后，罚息标准应当按照"后者优于先者"的原则视为双方对罚息标准部分的变更,而张家口公司并未签署银行承兑汇票承兑协议,对加重的罚息标准部分不承担责任。

综上所述,在保兑仓交易中多种法律关系并存的情况下,应尽可能将各个时间节点及相关方的责任明确化、统一化,避免模糊或杂糅,使各方意思表示真实、准确,将保兑仓交易流程设计得更严谨、完善,并严格执行,以尽量避免相关争议的扩大,影响自身利益实现。对于银行方而言,由于其承担的风险相对较大,在签署保兑仓协议前,应严格审查买卖双方的支付能力,并尽可能审查作为保兑仓业务基础的货物买卖关系是否真实;应明确约定买方支付一定款项到保证金账户,卖方在收到银行出具的提货单后才向买方发货,在买方不能偿还银行实际承兑款项时,由卖方对该部分款项承担责任;应增加卖方对汇票接收确认环节,要求卖方出具汇票接收确认函,明确卖方作为保兑仓交易中的当事人,确认收到保兑仓协议项下的汇票,并盖章确认。同时,银行也应保存好相关证据,避免卖方以其收取的承兑汇票与保兑仓交易无关而逃避担保责任。

案例三:浙江南方石化工业有限公司等三家公司破产清算案

【基本案情】

浙江南方石化工业有限公司(以下简称"南方石化")、浙江南方控股集团有限公司、浙江中波实业股份有限公司系绍兴地区最早一批集化纤、纺织、经贸为一体的民营企业,三家公司受同一实际控制人控制。其中,南方石化年产值20亿余元,纳税近2亿元,曾入选中国民营企业500强。由于受行业周期性低谷及互保等影响,2016年上述三家公司出现债务危机。2016年11月1日,浙江省绍兴市柯桥区人民法院(以下简称"柯桥法院")裁定分别受理上述三家公司的破产清算申请,并通过竞争方式指定联合管理人。

南方石化等三公司单体规模大、债务规模大,难以通过重整方式招募投资人,但具有完整的生产产能、较高的技术能力,具备产业转型和招商引资的基础。据此,本案采取"破产不停产、招商引资"的方案,在破产清算的制度框架内,有效清理企业的债务负担,阻却担保链蔓延;后由政府根据地方产业转型升级需要,以招商引资的方式,引入战略性买家,实现"产能重整"。

三家企业共接受债权申报54.96亿元,裁定确认30.55亿元,临时确认24.41亿元。其中,南方石化接受债权申报18.58亿元,裁定确认9.24亿元,临时确认9.34亿元。鉴于三家企业存在关联关系,主要债权人高度重合,资产独立、分散以及南方石化"破产不停产"等实际情况,柯桥法院指导管理人在充分尊重债权人权利的基础上,积极扩展债权人会议职能,并确定三家企业"合并开会、分别表决"的方案。2017年1月14日,柯桥法院召开南方石化等三家企业第一次债权人会议,高票通过了各项方案。2017年2月23日,柯桥法院宣告南方石化等三家企业破产。

2017年3月10日,破产财产进行网络司法拍卖,三家企业550亩(1亩约为666.7平方米)土地、26万平方米厂房及相关石化设备等破产财产以6.88亿余元一次拍卖成交。根据通过的破产财产分配方案,职工债权获全额清偿,普通债权的清偿率达14.74%。破产财产买受人以不低于原工作待遇的方式接受员工,1 310余名员工中1 100余人留任,一线员工全部安置。本案从宣告破产到拍卖成交,仅用时54天;从立案受理到完成财产分配,仅用时10个半月。

【案例评析】

本案是在清算程序中保留有效生产力、维持职工就业、实现区域产业整合和转型升级的典型案例。审理中,通过运用政府的产业和招商政策,利用闲置土地70余亩,增加数亿投入上马年产50万吨FDY差别化纤维项目,并通过托管和委托加工方式,确保"破产不停产",维持职工就业;资产处置中,通过债权人会议授权管理人将三家企业资产单独或合并打包,实现资产快速市场化处置和实质性的重整效果。此外,本案也是通过程序集约,以非实质合并方式审理的关联企业系列破产清算案件。对于尚未达到法人人格高度混同的关联企业破产案件,采取联合管理人履职模式,探索对重大程序性事项尤其是债权人会议进行合并,提高审理效率。破产会计的运用在三家企业资产的核算、打包、财产分配等过程中都起到十分重要的作用。

案例四:松晖实业(深圳)有限公司执行转破产清算案

【基本案情】

松晖实业(深圳)有限公司(以下简称"松晖公司")成立于2002年12月10日,主要经营工程塑料、塑胶模具等生产、批发业务。2015年5月,松晖公司因经营不善、资金链断裂等问题被迫停业,继而引发1 384宗案件经诉讼或仲裁后相继进入强制执行程序。在执行过程中,深圳市宝安区人民法院(以下简称"宝安法院")查明,松晖公司名下的财产除银行存款3 483.13元和机器设备拍卖款1 620 000元外,无其他可供执行的财产,459名员工债权因查封顺序在后,拍卖款受偿无望,执行程序陷入僵局。2017年2月23日,宝安法院征得申请执行人深圳市宝安区人力资源局同意后,将其所涉松晖公司执行案移送破产审查。2017年4月5日,广东省深圳市中级人民法院(以下简称"深圳中院")裁定受理松晖公司破产清算案,松晖公司其他执行案件相应中止,所涉债权债务关系统一纳入破产清算程序中处理。

深圳中院受理松晖公司破产清算申请后,立即在报纸上刊登受理公告并依法指定管理人开展工作。经管理人对松晖公司的资产、负债及经营情况进行全面调查、审核后发现,松晖公司因欠薪倒闭停业多年,除银行存款3 483.13元和机器设备拍卖款1 620 000元外,已无可变现资产,而负债规模高达1 205.93万元,严重资不抵债。2017年6月28日,深圳中院依法宣告松晖公司破产。按照通过的破产财产分配方案,可供分配的破产财产1 623 645.48元,优先支付破产费用685 012.59元后,剩余938 632.89元全部用于清偿职工债权11 347 789.79元。2017年12月29日,深圳中院依法裁定终结松晖公司破产清算程序。

【案例评析】

本案是通过执行不能案件移送破产审查,有效化解执行积案、公平保护相关利益方的合法权益、精准解决"执行难"问题的典型案例。由于松晖公司财产不足以清偿全部债权,债权人之间的利益冲突激烈,尤其是涉及459名员工的权益,在执行程序中很难平衡。通过充分发挥执行转破产工作机制:一是及时移送、快速审查、依法审结,直接消化执行积案1 384宗,及时让459名员工的劳动力资源重新回归市场,让闲置的一批机器设备重新投入使用,有效地利用破产程序打通解决了执行难问题的"最后一公里",实现对所有债权的公平清偿,其中职工债权依法得到优先受偿;二是通过积极疏导和化解劳资矛盾,避免了职工集体闹访、上访情况的发生,切实有效地保障了职工的权益,维护了社会秩序,充分彰显了破产制度价值和破产审判的社会责任;三是通过执行与破产的有序衔接,对生病企业进行分类甄别、精准救治、及时清理,梳理出了盘根错节的社会资源,尽快释放经济活力,使执行和破产两种制度的价值得到最充分、最有效的发挥。破产清算会计的运用贯穿整个破产程序,并协助管理人更加高效、准确地处理破产事务,加快破产清算进程。

复习思考题

1. 简述保理合同的概念。
2. 试述单保理业务的操作流程。
3. 试分析在基础交易合同因债权人和债务人双方通谋实施虚伪意思表示而无效的情况下,保理业务合同的效力如何认定。
4. 试述保兑仓业务中厂商银模式的交易流程。
5. 简述保兑仓交易合同的性质。
6. 简述破产清算的程序。
7. 破产清算会计的会计原则包括哪些?

第八章　经济犯罪案件法务会计检查

> **学习目标：** 了解经济犯罪的常见罪名及这些犯罪的构成要件和法律后果，了解法务会计人员如何综合运用专业的会计、审计、法律知识和司法鉴定技术对经济犯罪案件的财务会计资料进行调查，获取有关的证据资料并得出鉴定意见。熟悉经济犯罪中各种类型犯罪的会计资料调查取证范围、法务会计甄别程序和法务会计鉴定技术手段。
>
> **内容提要：** 经济犯罪的外延主要包括会计犯罪、金融犯罪、职务犯罪、税收犯罪。经济犯罪案件审理中运用法务会计鉴定技术分析财务会计资料，是法务会计理论得到实践检验的重要一环。本章阐述了常见的经济犯罪罪名的构成要件和表现形式，并结合具体案例，对如何使用法务会计鉴定技术分析经济犯罪中的财务会计资料进行了介绍，列示了针对各经济犯罪案件的调查取证范围、甄别程序与技术方法。

第一节　会计犯罪

会计是以货币为主要的计量单位，以凭证为主要的依据，借助于专门的技术方法，对一定单位的资金运动进行全面、综合、连续、系统的核算与监督，向有关方面提供会计信息，参与经营管理，旨在提高经济效益的一种经济管理活动，是经济生活中不可或缺的重要组成部分[①]。会计犯罪又称"白领犯罪"，是指单位负责人和会计人员以谋取一定的非法经济利益为目的，利用职务之便在经济活动及相关活动中，直接或间接侵害社会经济关系和经济秩序，触犯国家刑律应受到刑法处罚的行为[②]。

一、会计犯罪概念及其构成要件

会计犯罪是经济犯罪的类型之一，本身不是一个独立的罪名。我国刑法目前尚无会计犯罪这样的具体罪名，但这并不妨碍对会计犯罪现象的打击，因为对相关会计犯罪行为的规制散见于我国《刑法》分则各章节中，主要集中在《刑法》分则第三章"破坏社

[①] 尚宏阳：《浅论隐匿、故意销毁会计凭证、会计账簿、财务会计报告罪》，《现代经济信息》2016年第7期。
[②] 陈红、徐融：《我国会计犯罪若干问题研究》，《财经科学》2002年第5期。

主义市场经济秩序罪"中,如违规披露、不披露重要信息罪(第 161 条),妨害清算罪(第 162 条),隐匿、故意销毁会计凭证、会计账簿、财务会计报告罪(第 162 条之一),提供虚假证明文件罪(第 229 条)。

(一)违规披露、不披露重要信息罪

研究违规披露、不披露重要信息罪对深入理解资本市场的信息披露监管制度具有重要现实意义。我国证券市场信息披露监管机制尚不成熟,随着股权分置改革逐步推进,上市公司信息披露质量将面临严重挑战。2001 年美国安然公司、2002 年世通公司财务业绩造假,虚构盈利增长以操纵股价丑闻相继曝光。美国于 2002 年颁布了《萨班斯-奥克斯利法案》(Sarbanes-Oxley Act,简称 SOX 法案),该法案旨在控制证券欺诈、财报造假行为,并对所有在美国上市的公司生效,至此全球掀起了信息披露监管的浪潮。2018 年,我国上市公司康得新因连续财务造假,4 年虚增利润达 119 亿元被查,如今正面临强制退市风险①。康得新的审计机构是瑞华会计师事务所,由于连续 5 年对康得新出具无保留意见审计报告未尽勤勉义务,瑞华所已被证监会立案调查,其正在进行的首次公开发行股票(IPO)项目或者其他审计项目将会受到很大影响②。无独有偶,2020 年 1 月,瑞幸咖啡业绩造假套路重现,4 月 2 日晚,瑞幸咖啡官方发布声明,公司 2019 年二季度到四季度虚增销售额 22 亿元,瑞幸咖啡股价应声大跌。③依法负有信息披露义务的公司、企业提供虚假的或者隐瞒重要事实的财务会计报告,或者对依法应当披露的其他重要信息不按照规定披露,不仅主管人员和其他直接责任人员自身因违反法律将受刑事制裁,公司正常业务也将受影响或面临强制退市、破产等风险,而且还损害了股东和其他人利益。

1. 违规披露、不披露重要信息罪的概念

违规披露、不披露重要信息罪是指依法负有信息披露义务的公司、企业向股东和社会公众提供虚假的或者隐瞒重要事实的财务会计报告,或者对依法应当披露的其他重要信息不按照规定披露,严重损害股东或者其他人利益,或者有其他严重情节的行为。其法律后果是对直接负责的主管人员和其他直接责任人员,处 3 年以下有期徒刑或者拘役,并处或者单处 2 万元以上 20 万元以下罚金。

为规范司法实践立案追诉标准,《最高人民检察院、公安部关于公安机关管辖的刑事案件立案追诉标准的补充规定(二)》第 6 条规定,依法负有信息披露义务的公司、企业向股东和社会公众提供虚假的或者隐瞒重要事实的财务会计报告,或者对依法应当披露的其他重要信息不按照规定披露,涉嫌下列情形之一的,应予立案追诉:① 造成股东、债权人或者其他人直接经济损失数额累计在 50 万元以上的;② 虚增或者虚减资产达到当期披露的资产总额 30% 以上的;③ 虚增或者虚减利润达到当期披露的利润总额 30% 以上的;④ 未按照规定披露的重大诉讼、仲裁、担保、关联交易或者其他重大事项

---

① 陶炜:《*ST 康得新连续四年财务造假,被罚前夜完成董事会换血》,新浪财经,http://finance.sina.com.cn/stock/s/2019-07-08/doc-ihytcerm2031378.shtml。
② 席玮雄:《康得新财务造假,瑞华所难逃其责》,《金融时报》2019 年 8 月 14 日。
③ 参见董枳君、吕笑颜:《瑞幸"崩盘"始末》,新浪财经,http://finance.sina.com.cn/roll/2020-04-28/doc-iirczymi8794136.shtml。

所涉及的数额或者连续12个月的累计数额占净资产50％以上的；⑤ 致使公司发行的股票、公司债券或者国务院依法认定的其他证券被终止上市交易或者多次被暂停上市交易的；⑥ 致使不符合发行条件的公司、企业骗取发行核准并且上市交易的；⑦ 在公司财务会计报告中将亏损披露为盈利，或者将盈利披露为亏损的；⑧ 多次提供虚假的或者隐瞒重要事实的财务会计报告，或者多次对依法应当披露的其他重要信息不按照规定披露的；⑨ 其他严重损害股东、债权人或者其他人利益，或者有其他严重情节的情形。

2. 违规披露、不披露重要信息罪的构成要件

(1) 客体要件。本罪侵犯的客体是复杂客体，既侵犯了国家对公司、企业的信息公开披露制度，又侵犯了股东、社会公众和其他利害关系人的合法权益。公司提供虚假财会报告的犯罪行为损害了国家对公司的财务会计管理制度，扰乱了正常的财会活动秩序，由此导致社会公众对市场经济赖以维系的运作机制的信赖基础缺失，从而危及整个市场经济的结构安全和秩序稳定，其最终侵犯的仍然是国家对公司、企业的信息披露制度，也是本罪犯罪行为的最大社会危害性所在。而且在本罪的犯罪对象中除了公司、企业的财务会计报告，还包括依法应当向股东和社会公众披露的公司、企业的其他重大信息。

(2) 客观要件。本罪在客观方面表现为向股东和社会公众提供虚假的或者隐瞒重要事实的财务会计报告，以及不按照规定披露《公司法》《证券法》《证券投资基金法》等法律法规规定的公司、企业应当披露的其他重要信息，并严重损害股东或者其他人利益，或者有其他严重情节的情形。经《刑法修正案（六）》修改后增加的"其他重要信息"主要指能使股东或其社会公众决定或者改变投资决策的对公司经营管理影响重大而一般不在财会报告上反映的重大信息，如公司、企业的重大债务、债权人的情况，公司合并、分立等事项。对于本罪"严重损害股东或者其他人利益"的具体标准，《最高人民检察院、公安部关于经济犯罪案件追诉标准的规定》第5条曾针对虚假财会报告罪提供过追诉参考标准如下：一是造成股东或者其他人直接经济损失数额在50万元以上的；二是致使股票被取消上市资格或者交易被迫停牌的。

(3) 主体要件。本罪的主体是"依法具有信息披露义务"的公司、企业及其直接责任人员，包括公司法中所规定的在中国境内注册的股份有限公司、有限责任公司及其子公司。在中国境内注册的中外合资经营企业的组织形式依法均属有限责任公司，应为本罪犯罪主体之一。此外，在我国境内注册的具有中国法人资格且其组织形式表现为有限责任公司的外资企业，也能够成为本罪的主体。修改后的违规披露、不披露重要信息罪在原有犯罪主体"公司"的基础上，增加了"企业"以及"依法负有信息披露义务"的限定，实际上缩小了主体范围，通常主要是指上市公司和发行人、发行债券的公司或企业、基金管理人、基金托管人等。本罪采取单罚制，不是单位犯罪，只对"直接负责的主管人员和其他责任人员"进行刑事处罚。

(4) 主观要件。本罪的主观方面为故意，即行为人明知向股东和社会公众提供虚假的或者隐瞒重要事实的财务会计报告，或者对依法应当披露的其他重要信息不按规定披露，会严重损害股东或者其他人的利益，并希望或者放任这种危害结果的发生。由于

企业相关直接负责的主管人员对本企业的财务会计报告和其他重大信息披露的真实性、完整性负有法定的注意义务,有学者建议将因重大过失而致应当披露的重要信息没有按照规定披露,或者因重大过失而致向股东和社会公众提供虚假的或者隐瞒重要事实的财务会计报告而严重损害股东或其他人利益的行为犯罪化。

(二) 妨害清算罪

公司清算是指公司解散后,清算人处分公司财产,终结其法律关系,从而消灭公司法人资格的法律程序。公司清算作为公司消灭的必经程序,是公司法人资格从存续到消亡的过程。同时,清算也是破产救济的一种重要方法。我国《公司法》《外商投资法》《公司登记管理条例》《外商投资企业清算办法》等法律法规均对公司清算作了相应的规定。但是,这些规定存在很多不完善的地方,无法有效规制现实生活中日益复杂的公司终止、清算问题。实践中,许多公司在停业、歇业、经营期满、被撤销、吊销营业执照时,往往根本不组织清算,不合法地退出市场,造成公司债权人利益受损、国家税收流失、劳动者权益被侵害的后果。这不仅降低了市场的效率,而且严重危害到市场交易安全①。

1. 妨害清算罪的概念

妨害清算罪是指公司、企业在进行清算时,隐匿财产,对资产负债表或者财产清单做虚伪记载,或者在未清偿债务前分配公司、企业财产,严重损害债权人或者其他人利益的行为。其法律后果是对直接负责的主管人员和其他直接责任人员,处 5 年以下有期徒刑或者拘役,并处或者单处 2 万元以上 20 万元以下罚金。

2. 妨害清算罪的构成要件

(1) 客体要件。本罪侵犯的客体是国家公司、企业管理制度以及债权人或其他人的合法权益。公司、企业清算是公司、企业解散或者结业活动中的一项重要活动。清算的目的是了结、清理公司、企业的债权债务,保护债权人的利益,并在能够清偿公司、企业债务的情况下分配公司、企业的所有财产。行为人如果在清算组进行清算期间,为了隐匿财产而制作虚假的资产负债表或财产清单,或者在公司、企业债务尚未清偿之前私自分配公司、企业财产,这种行为不仅会造成公司、企业清算工作失去真实的、客观的依据,给公司、企业清算工作增加难度,而且更为严重的是妨害了对公司、企业财产的清理,侵害了债权人或其他人的合法权益。

(2) 客观要件。本罪在客观上表现为在公司、企业清算时,隐匿财产,对资产负债表或者财产清单作虚伪记载或者未清偿债务前分配公司、企业财产,严重损害债权人或者其他人利益的行为。"隐匿财产"即采取各种方式隐匿、转移、私藏公司、企业的财产,并隐瞒不报,如将公司存款从甲银行转入乙银行另立账户,秘密隐藏。隐匿的既可以是资金,亦可以是机器设备、生产成品等实物。"虚伪记载"即登记资产负债表、财产清单时不实在、不真实或隐瞒了重要事实,进行虚假记载,如对资产负债情况,故意采取不报、不登、少报、少登、低报、低登等手段,隐瞒或缩小公司、企业的实际财产数额,或多报、多登、高报、高登公司、企业的资产数额,用以多抵、高抵债务。"其他利益人"主要指公司、企业职工、清算组成员及税务部门。此外,本罪的构成还以行为造成严重的后果

---

① 郭翌:《论公司清算制度的完善》,《中州学刊》2009 年第 5 期。

为必要条件。

(3) 主体要件。本罪的主体是特殊主体,即只有进行清算的公司、企业才能构成本罪的主体。本罪承担刑事责任的对象是直接负责的主管人员和其他直接责任人员。从实际情况看,在公司、企业清算期间,由清算组代表公司、企业,损害债权人或者其他人利益的行为主要由清算组的成员所为,因此,本罪处罚的对象主要是清算组成员。

(4) 主观要件。本罪在主观上只能由故意构成,即明知隐匿公司财产、对资产负债表或者财产清单作虚伪记载,或者清偿债务前分配公司财产会损害债权人或者其他人的利益,而故意实施。过失不构成本罪,如因疏忽大意造成资产负债表或财产清单的记载不符合实际情况的,不构成本罪。

(三) 隐匿、故意销毁会计凭证、会计账簿、财务会计报告罪

现实中,公司、企业的主管人员、财务人员和直接责任人员拒不交出甚至销毁会计凭证、会计账簿、财务会计报告等会计资料的行为可能引发法律风险。

1. 隐匿、故意销毁会计凭证、会计账簿、财务会计报告罪的概念

隐匿、故意销毁会计凭证、会计账簿、财务会计报告罪是指故意隐匿、故意销毁有法定保存义务的会计凭证和账簿、财务报告,情节严重的行为。触犯本罪,处5年以下有期徒刑或者拘役,并处或者单处2万元以上20万元以下罚金。单位犯此罪的,对单位判处罚金,并对其直接负责的主管人员和其他直接责任人员,依照上述规定处罚。根据《最高人民检察院、公安部关于经济犯罪案件追诉标准的规定》第7条,隐匿或者故意销毁依法应当保存的会计凭证、会计账簿、财务会计报告,涉嫌下列情形之一的,应予追诉:一是隐匿、销毁的会计资料涉及金额在50万元以上的;二是为逃避依法查处而隐匿、销毁或者拒不交出会计资料的。

2. 隐匿、故意销毁会计凭证、会计账簿、财务会计报告罪的构成要件

(1) 客体要件。本罪属于《刑法》第三章第三节"妨害对公司、企业的管理秩序罪",其所侵犯的同类客体为公司、企业的管理秩序,直接客体是国家对公司、企业的财会管理制度,具体包括公司、企业的会计监督制度和会计信息制度。行为对象是依法应当保存的会计凭证、会计账簿、财务会计报告。"会计凭证"是指记录经济业务发生或完成情况的书面证明,是登记账簿的依据,包括原始凭证和记账凭证。前者又称单据,是在业务最初发生时填制的原始书面证明,如发票、收据等;后者是以原始凭证为依据,按其内容进行归类并填制的凭证,是登入账簿的直接证据。"会计账簿"是指由具有一定格式、相互联系的账页组成,用来序时、分类地全面记录一个企业、单位经济业务事项的会计簿籍。一般而言,会计凭证填制后就要设立和登记账簿,账簿的意义在于避免每张凭证只能记录个别内容,能够提供全面的、连续的、宏观的经济数据,对于单位决定经济活动的开展有重要作用,同时也是审计的重要依据。"财务会计报告"是单位会计部门根据经过审核的会计账簿记录和有关资料,编制并对外提供的反映单位某一特定日期财务状况和某一会计期间经营成果、现金流量及所有者权益等会计信息的总结性书面文件。

(2) 客观要件。本罪在客观方面表现为有关单位和个人违反国家法律规定,隐匿或者故意销毁依法应当保存的会计凭证、会计账簿、财务会计报告,情节严重的行为。隐匿即藏匿,是指通过各种手段将会计资料藏匿起来不被相关机构和人员发现。销毁

是指采用物理灭失的方法将上述会计资料予以消灭,使其不复存在。例如:对于传统的以纸张作为载体的会计资料予以烧毁、湮灭、撕碎、浸泡,使其内容消失不能被认知;对于新型的以电子信息为载体的电子会计资料进行删除、粉碎或者对电脑进行物理损害导致其灭失。需要指出的是,这里的销毁一定要有故意的心理特征,如果行为人出于过失或者未认识到销毁的是会计资料,则不能以故意销毁处理。

(3) 主体要件。本罪的主体既可以是单位,也可以是自然人。本罪的主体应当包括所有依照《会计法》规定,对保管会计凭证、会计账簿、财务会计报告负有法定责任的单位和个人。具体来讲,本罪的主体包括依法应当保存会计凭证、会计账簿、财务会计报告的国家机关、社会团体、公司、企业、事业单位和其他组织及其内部的会计人员、有关主管人员和直接责任人员。从司法实践来看,构成本罪的人员多是会计从业人员,因为会计活动是一项专业技能要求很高的工作,一般不掌握会计知识的人,对于众多会计凭证、账簿和会计报告等资料难以区分,很难了解哪些对经济活动或者逃避处罚具有作用,因此,在实践中主体多为会计资料的制作与保管或经手人员。

(4) 主观要件。本罪主观方面是故意,既包括直接故意,也包括间接故意。行为人必须明知是应当保存的会计凭证、会计账簿、财务会计报告而予以隐匿或销毁,并且希望或者放任会计凭证、会计账簿、财务会计报告被隐匿或销毁的结果的发生,过失不构成本罪。本罪的犯罪动机有多种,在实践中主要体现为了逃避税款的缴纳,私设小金库,进行商业贿赂、虚假经营等方面,动机不影响本罪的认定,但会影响到本罪的量刑。

(四) 提供虚假证明文件罪

随着市场经济的不断深入发展,中介组织及其从业人员提供虚假证明文件的犯罪率不断提高,给国家的工商管理秩序甚至整个经济秩序造成越来越严重的破坏①。

1. 提供虚假证明文件罪的概念

提供虚假证明文件罪是指承担资产评估、验资、验证、会计、审计、法律服务等职责的中介组织的人员故意提供虚假证明文件,情节严重的行为。其刑事责任为触犯本罪,处5年以下有期徒刑或者拘役,并处罚金。前款规定人员,索取他人财物或者非法收受他人财物的,处5年以上10年以下有期徒刑,并处罚金。

承担资产评估、验资、验证、会计、审计、法律服务等职责的中介组织在保障企业对外披露信息真实性上发挥着至关重要的作用,中介组织的人员也可能违反法律规定。在刑法中最可能触犯的就是提供虚假证明文件罪和出具证明文件重大失实罪,其中提供虚假证明文件罪作为一种故意犯罪形态更能够体现出会计师事务所、税务师事务所、资产评估师事务所、律师事务所等中介机构人员的会计犯罪形态。

2. 提供虚假证明文件罪的构成要件

(1) 客体要件。本罪客体是复杂客体,包括国家对中介组织的正常监管秩序和国家、社会公众及其他投资者的经济利益。中介人员提供的证明文件为信息的使用者(股东、债权人、社会公众、国家)提供鉴证或服务。这些证明文件的使用者通过中介机构提供的信息了解对方主体的经济活动情况及财务状况,并据此作出经济决策。因此,注册

---

① 侯圣博:《试论提供虚假证明文件罪及其立法完善》,《辽宁师专学报(社会科学版)》2014 年第 5 期。

会计师提供的虚假证明文件不仅对相关监管秩序造成了破坏,并且会涉及第三方主体的利益。

（2）客观要件。本罪在客观方面表现为提供虚假证明文件,情节严重的行为。所谓证明文件,主要有资产评估报告、验资报告、验证报告、审计报告、会计报表、法律意见书等。所谓虚假的证明文件,是指上述证明文件的内容不符合事实、不真实,或杜撰、编造、虚构了事实,或隐瞒了事实真相。关于"虚假"的认定,法学界和会计学界存在较大分歧：法学界认为"虚假"即证明文件内容与客观真实不符；会计学界认为违反相关业务准则出具的证明文件才能被认定为"虚假",以注册会计师鉴证业务为例,其提供的是合理保证,而非完全保证①。

（3）主体要件。本罪的主体包括自然人和单位。自然人主体是指承担资产评估、验资、验证、会计、审计、法律服务等职责的中介组织的人员,包括资产评估师、注册会计师、审计师、法律服务人员及其他虽不具相应资格但受委托行使以上人员职权的人。单位主体包括会计师事务所、税务师事务所、资产评估师事务所、律师事务所等中介机构。

（4）主观要件。本罪的主观方面为故意,即行为人明知自己出具的证明文件的内容是虚假的仍然提供。审判人员可以结合差错的数目和会计师的经验与才智来确定提供虚假证明文件的行为是否构成故意。

二、会计犯罪的法务会计处理

随着社会发展和科技进步,会计犯罪的手段变得越来越隐蔽且技术化,从原来涂改单据、票证和编制虚假会计资料,逐渐变成在会计信息系统里对会计数据进行篡改,使得会计犯罪更难被发现,从而增加了查处的难度。有效收集和运用证据是打击会计犯罪的关键,因而有必要加强对会计犯罪证据的研究,为侦查机关及其工作人员提供指导②。

（一）会计犯罪证据的特点及取证原则

有效收集和运用证据是打击会计犯罪的关键。会计犯罪的一般特点包括证据的形式相对单一、证据有较强的隐蔽性、间接证据较多、专业性强等。

1. 会计犯罪证据的特点

准确把握会计犯罪就要明确会计犯罪的特点,从而使证据收集工作事半功倍。

（1）证据的形式相对单一。会计犯罪与其他类型的犯罪有很大不同,嫌疑人主要是通过对会计资料、证明文件、电子会计资料等弄虚作假来实现的。这些资料一般都表现为书证,电子会计资料表现为电子证据。所以,会计犯罪的证据形式一般也表现得较为单一,主要是书证。随着会计电算化的逐步普及,可以预见,未来会计犯罪领域的电子证据将会越来越多。

---

① 孙晴：《论注册会计师虚假陈述的刑事责任认定——以提供虚假证明文件罪为视角》,硕士学位论文,北京交通大学,2017,第 11 页。

② 李晟：《论会计犯罪的证据收集》,《法制与社会》2017 年第 7 期。

(2) 证据有较强的隐蔽性。会计人员经手的会计资料往往数量巨大、内容庞杂，嫌疑人的犯罪手段又不断翻新，所留下的犯罪证据也都经过精心掩盖或伪装，淹没于浩如烟海的会计资料中，要想在短时间发现并收集这些证据，难度很大。

(3) 间接证据较多。所谓间接证据，就是那些本身不能直接证明案件的主要事实，但是和其他证据结合起来就能证明案件主要事实的证据。如前所述，会计犯罪主要是通过对会计资料或会计信息系统作假来实现的，会计资料往往表现为书证，信息系统的记录往往被看作电子证据，这些证据本身并不能证明是否构成犯罪或犯罪嫌疑人是谁，必须和其他证据一起形成一个完整的证据链才能定案。

(4) 专业性强。会计资料是由会计人员制作完成的，有特定的法律要求，而会计人员往往具有高学历，并且经过专业培训，属于专业技术人员，并非普通人就能胜任的。在会计犯罪中，嫌疑人往往是运用专业知识和技能来实施犯罪行为的，所以，犯罪证据也表现得具有较强的专业性，侦查人员如不具备一定的会计专业知识，将很难收集到犯罪证据。

2. 会计犯罪证据收集的原则

在刑事诉讼活动中，证据是决定对犯罪嫌疑人如何定罪量刑的关键，而证据收集的质量直接决定着诉讼的进程，所以在会计犯罪中，证据的收集必须坚持一定的原则。

(1) 全面收集原则。如前所述，会计犯罪证据的一大特点就是会计资料数量巨大、内容庞杂，侦查人员必须在这些证据材料中寻找线索，收集犯罪证据。会计资料一般包括原始凭证、账簿、报表、会计信息管理系统等，所以侦查人员应当分门别类，认真梳理，全面收集。同时，一个单位由于其业务领域不同，会计资料的来源可能会差别很大，但仍然可以分为收入、支出、往来账、银行存款账和非常规账等类别。所以，侦查人员在收集证据时，可以循着这些线索，多渠道收集证据。

(2) 最佳证据原则。最佳证据规则是现代英美法系国家关于证据的可采性的一种重要规则，其基本要义是在诉讼中，一方以书面文字材料作为证据的，必须提交书面材料的原件。《最高人民法院关于适用〈中华人民共和国刑事诉讼法〉的解释》第71条也对此做出了明确规定。会计犯罪案件多通过伪造、篡改会计资料等手段实施，故证据多表现为书证。因此，侦查人员必须重视对书证的收集。在收集这些书证时，应尽量收集原件，只有在无法取得原件或收集原件困难时，才可以依照程序收集复制件。

(3) 充分利用技术手段原则。传统的会计犯罪主要通过涂改单据或凭证、编制虚假会计资料来实现。现在的会计犯罪已经与过去有较大区别，随着电子计算机技术的发展与应用，会计犯罪除了传统手段之外，还会通过绕开会计控制系统、篡改计算机上的会计数据或修改财务软件等手段来实现，所以对于会计犯罪证据的收集，不仅需要运用法律专业知识，还要用到其他很多学科的知识，如各种文书资料的鉴定、笔迹的鉴定、司法会计鉴定及电子证据的鉴定等。

(二) 会计犯罪证据收集的技巧

任何一种犯罪都会留下证据，会计犯罪也不例外，如何快速地从浩如烟海的会计资料中收集到有效证据，是有效打击此类犯罪的关键。

1. 会计犯罪调查取证的范围

法务会计人员收集会计犯罪相关的证据范围涉及企业财务报表以及企业会计、内部控制所采用的准则规范。会计犯罪证据除具备证据规则规定的一般诉讼证据的特征（客观性、相关性和合法性）以外，还具有自身特征，即隐蔽性。会计证据在经济业务活动的核算过程中形成，与商业秘密相关。在会计电算化的现代互联网时代，会计证据往往以视听资料的形式存在。通常，财务会计证据含有书证与物证的双重属性。会计资料在调查时所处的场所与位置说明了该资料是否得到正常保管。比如，同样是一张发票，在会计档案馆里与在当事人家里存放、在办公室文件柜里存放与在保险柜里存放都有着不同的物证的意义①。根据涉及的案件事实和内容，对会计犯罪取证范围分类如下。

（1）经济业务原始凭证与会计账目核对资料。经济业务原始凭证是指在经济活动中各种应当作为公司财务记账依据的原始凭证。需要将原始凭证的数据直接记录到记录和反映经济业务活动的科目中去，如银行报表、支票存款单等。会计账目核对资料是包括财务报表在内的能够反映记账活动的书面证据。

（2）会计相关资料。会计相关资料作为会计核算依据，虽然不是经济业务的原始凭证，但也能够正确反映会计核算、会计记账的实质。会计相关资料主要包括各种和现金、实物有关的财产记录账簿，各种文件合同以及相关权利证书，金融交易和结算凭证等。

2. 会计犯罪证据收集的路径

从会计资料形成的过程来看，一个完整的会计资料体系应该包括会计凭证、会计账簿和会计报表及其他证明文件，它们之间有着密切联系，会计人员要先根据会计凭证编制会计账簿，然后再根据会计账簿制作会计报告。会计犯罪就是会计人员实施这些会计行为时发生的，犯罪证据就隐藏在这些资料中。收集会计犯罪的证据，可以从以下五个方面着手。

（1）从收入着手收集证据。会计犯罪的其中一个手段就是少报收入。一个单位或企业的收入可能各不相同，但最终都要反映在本单位的收款收据上。所以通过查阅收入的收据，就可能发现嫌疑人的罪行。在收集证据时，可以从以下五个方面进行：① 检查收据存根是否齐全。机关、事业单位的收据一般都有编号，侦查人员要检查收据是否齐全、每本里是否有缺号。② 检查收入存根上的收入是否入账。收入存根齐全并不能说明账目没问题，还要把收入存根的数据与现金日记账和银行存款日记账进行对照，看收入是否都入账。③ 把收入存根与收款联进行对照，看是否对应，因为有时犯罪嫌疑人可能会采用开阴阳发票的方式实施犯罪。④ 检查注明作废收据存根是否有作废联。如果某一收据作废，应当是完整的三联，如果不完整，则有犯罪存在的可能。⑤ 检查不确定性收入的入账情况。一个单位或企业往往也会有一些不确定收入，如废旧物品处理收入、保险赔偿、资金拆借收入等，这类收入由于其具有偶发性，往往容易被截留。

---

① 于朝：《法务会计学》，中国检察出版社，2009，第 65—66 页。

(2) 从支出着手收集证据。同收入一样，一个单位的支出也种类繁多。支出在会计资料中主要表现为发票，而发票来源广泛，很难查对，这就给嫌疑人留下了实施犯罪的机会。在查阅发票时，应当从以下六个方面着手：一是看发票的日期，看有无过期、涂改痕迹或者填制日期是否有矛盾；二是看发票的金额，查阅发票的单价、数量、金额总计等有无涂改、添加等痕迹；三是看发票开具单位的名称，嫌疑人往往会利用不存在的单位开具虚假发票入账，实施犯罪行为；四是从发票的内容着手，看出具原始发票的单位是否与收款内容一致，如不一致，则有可能存在犯罪；五是看发票中商品的价格是否正常，嫌疑人往往会利用职务之便，将发票中的商品价格开高，从而牟利；六是从自制付款凭证上寻找证据，一个单位经常会发生一些无法用发票来体现的支出，如工资表、加班费等，就由人事部门或财务部门人员填制，有的会计人员可能会利用职务之便，编制虚假凭证套取资金。

(3) 从往来账着手收集证据。往来账是指反映发生于单位之间、单位与个人之间的债权债务关系的账户，通常包括应付账款、应收账款、其他应收账款或预付账款。企事业单位在日常的生产经营中发生预收预付款是一种正常现象，是指不应支付或者收回的款项暂未支付或收回，这就给一些嫌疑人提供了作案的机会，他们往往会把这些预收预付款私自截留下来，存入个人账户，或者挪作他用。所以，查阅往来账也是收集会计犯罪证据的重要途径。

(4) 从银行存款账着手收集证据。银行存款账是反映一个单位资金收入和支出状况的账户。通过查阅银行对账单和银行日记账来收集证据，一般发现的不正常结果可能有三种：一是银行存款账户的余额小于对账单的余额，这可能是会计人员将收到的票据计入本单位账户，但未在单位银行账户中做记载；二是银行账户的余额大于对账单的余额，这可能是会计人员未将收到的票据计入本单位银行账户，但在银行存款中却做了记录；三是二者的余额相等，但过程余额记载不同，这可能是会计人员将资金挪作他用一段时间后再归还。以上三种都可能构成会计犯罪。

(5) 从非常规账务着手收集证据。非常规账务处理是指日常会计核算中违反常规的或不常使用的账务处理业务，如坏账冲销、财产损失、财产性收入的债务挂账、商品损耗等。这些非常规账目由于不常使用，因而往往会被嫌疑人利用，从中谋取不当利益。侦查人员应当对这些账务处理认真核查，以收集会计犯罪的有效证据。

(三) 会计犯罪调查取证的方法

1. 会计犯罪证据收集的方法

在进行会计犯罪证据收集时，由于单位的日常账项众多，必须讲究一定技巧。在会计业务中，查阅会计资料一般有三种方法：正向收集法、逆向收集法和目标收集法。收集会计犯罪的证据也可采用这三种方法。

(1) 正向收集法。正向收集法是指按照会计资料形成的顺序来收集会计犯罪证据的方法。它要求侦查人员在收集证据时遵循以下顺序：检查原始凭证，核对记账凭证，核对日记账、明细账和总账，与财务报表相核对。这种方法具有审阅过程全面细致、不容易遗漏犯罪证据，并且简单易学的优点。但同时，它也存在着重点不突出、工作量大、效率低下等缺点。所以，此种方法可以适用于会计资料较少、问题比较突出、规模较小的单位。

(2) 逆向收集法。逆向收集法是指证据收集的顺序与会计资料形成过程相反的方法。在这种方法下,侦查人员收集证据的程序如下:分析检查财务报表,追查至相关的日记账、明细账和总账,核对记账凭证,核对原始凭证。这种方法具有以下优点:一是由于抓住了重点,可以投入较少的人力和时间,事半功倍;二是可先从总体上把握重点,在发现问题后明确主攻方向,针对性、目的性比较强。但这种方法也有一定的缺点:此方法一般不会对相关会计资料进行全面审阅,因而可能遗漏重要证据,而且这种方法在技术上较为复杂,侦查人员学习起来难度大,不易掌握。这种方法可适用于会计资料较多、业务规模较大、问题不多但非常突出的单位。

(3) 目标收集法。目标收集法是相对于正向收集法和逆向收集法而言的,它是指直接从与特定待查目标之间有联系的明细账开始审阅和收集的一种方法。目标收集法的基本程序如下:根据查账的具体目标,确定需要审查的明细账种类;审阅并分析明细账,这是直查法的一个关键步骤;核对记账凭证及其所附的原始凭证,或核对账账、账表之间是否一致;审阅分析凭证或账表;根据需要再对存在疑问的债权、债务进行证实。

由于明细账可以较为全面而准确地说明每笔经济业务的来龙去脉,它既反映了记账凭证或原始凭证的内容,又是记录总账和编制报表的依据,有承上启下的作用。直接从明细账开始审阅,有利于抓住问题的关键,迅速查明问题的本质。目标收集法既能抓住重点,又可根据需要向两端延伸,快速查出问题,从而可以提高工作效率。但它也有注重抓重点问题而不容易得出精确核查结论的缺点。目标收集法由于具有能迅速查明问题真相的优点,可以广泛采用。

2. 财务会计资料调查取证的方法

通过分析程序比较和分析财务数据和指标的异常情况,法务会计人员可以综合运用以下七种方法进行证据的收集和确认工作。

(1) 重新计算。将涉舞弊单位的财务原始凭证与会计记录相关数据之间的勾稽关系进行比对或重新计算,此过程中可获得相应证据。

(2) 重新处理。按照涉舞弊单位的做账流程再做一次。

(3) 函证。向与涉舞弊单位有业务往来的第三方发函,验证财务记录的真实性。

(4) 盘存。对涉舞弊单位的相关资产进行现场勘查,特别是针对单位的固定资产进行清点。法务会计人员用第三者的身份对被调查单位相关人员的活动或行为进行不加任何干扰的客观观察。

(5) 询问和巡视。询问是指法务会计人员提出相关问题,向涉舞弊单位的管理者进行质疑和询问的行为;巡视是指对财务的会计记录或邮件进行快速和大致的浏览,发现其中的异常和矛盾之处。

(6) 检查。对相关文件进行简单检查和记录,验证能够表明有勾稽关系的会计记录的原始凭证。

(7) 跟踪。通过跟踪原始凭证来逆推会计记录是否有矛盾。

第二节 金融犯罪

金融犯罪是指破坏金融管理秩序,危害国家货币、银行、信贷、票据、外汇、保险、证券期货等金融管理制度,应受刑事处罚的行为。就刑法体系而言,金融犯罪不是一个独立的罪名,而是包含在经济犯罪中的一类犯罪的总称,涉及金融领域,犯罪行为指向的社会关系均为国家金融管理制度,因而在理论上被称为"金融犯罪"[1]。金融犯罪主要包含在《刑法》分则第三章"破坏社会主义市场经济秩序罪"中的第四节"破坏金融管理秩序罪"和第五节"金融诈骗罪"中。目前,金融犯罪共涉及具体罪名 37 个,包括危害货币管理制度犯罪,危害金融机构设立、存贷管理制度犯罪,危害金融票证、有价证券管理制度犯罪,危害证券、期货管理制度犯罪,危害外汇管理制度犯罪,洗钱犯罪。本节只对内幕交易、泄露内幕信息罪,非法集资犯罪,洗钱罪这三个司法实践中较为常见的罪名进行研究。

一、内幕交易、泄露内幕信息罪

在金融创新的背景下,随着资产管理伞形计划、杠杆倍数等金融工具的运用,一些机构和个人利用上市公司并购重组事件等因素进行证券、期货内幕交易、利益输送的案件明显增多,内幕信息知情人员的范围也呈现不断扩大的趋势,涉案人员比以往更加复杂,甚至国家和地方证券监管部门相当级别的国家工作人员也参与其中,严重侵犯了广大公众投资者的平等知情权和财产权益,影响了证券市场功能的正常发挥,导致证券市场很大程度上丧失了优化资源配置和作为国民经济晴雨表的作用[2]。

(一) 内幕交易、泄露内幕信息罪的概念及构成要件

1. 内幕交易、泄露内幕信息罪的概念

内幕交易、泄露内幕信息罪是指证券、期货交易内幕信息的知情人员或者非法获取证券、期货交易内幕信息的人员,在涉及证券发行,证券、期货交易或者其他对证券、期货交易价格有重大影响的信息尚未公开前,买入或卖出该证券,或者从事与该内幕信息有关的期货交易,或者泄露该信息,或者明示、暗示他人从事上述交易活动,情节严重的行为。

其刑事责任为对行为人处 5 年以下有期徒刑或者拘役,并处或者单处违法所得 1 倍以上 5 倍以下罚金;情节特别严重的,处 5 年以上 10 年以下有期徒刑,并处违法所得 1 倍以上 5 倍以下罚金。单位犯此罪的,对单位判处罚金,并对直接负责的主管人员和其他直接责任人员,处 5 年以下有期徒刑或者拘役。

2. 内幕交易、泄露内幕信息罪的构成要件

(1) 客体要件。本罪的客体是复杂客体,即国家对证券市场的正常管理秩序和其他投资者的合法权益。内幕交易、泄露内幕信息行为违反了《证券法》的禁止性规定,违

---

[1] 刘宪权:《金融犯罪刑法理论与实践》,北京大学出版社,2008,第 9 页。
[2] 肖中华:《内幕交易、泄露内幕信息罪之规范解释》,《法治研究》2016 年第 4 期。

反了证券交易中应当遵循的三大基本原则,破坏了国家对证券市场的有序管理,使证券发行和交易活动不能正常进行,从而导致股市萧条等严重后果。利用证券市场的信息作出判断是投资者的基本权利,每个投资者应具有平等的法律地位,而且对于信息的取得、利益的取得及风险承担的机会都应该是均等的,而内幕交易、泄露内幕信息的行为将会破坏证券市场公平竞争的环境,它在使少数内幕信息的知情人获取暴利的同时,使更多的不知情的投资者遭受重大损失,严重侵犯了他们的合法权益。本罪的对象是在中国境内的股票、公司债券和国务院依法认定的其他证券①。

(2) 客观要件。本罪在客观方面表现为内幕交易或泄露内幕信息的行为。内幕信息②是指为内幕人员知悉的、尚未公开的和可能影响证券市场价格的重大信息,具有私密性和实质性特征。内幕交易是指在内幕信息尚未公开之前买入、卖出该证券或者从事与该内幕信息有关的期货交易。泄露内幕信息是指知悉内幕信息的人员将内幕信息透露给不应知道内幕信息的人员。本罪的行为样态包括交易行为、泄露行为、建议行为以及其他行为。

(3) 主体要件。根据我国刑法规定,本罪的主体包括内幕人员和非内幕人员。我国法律对内幕人员的界定不仅限于公司内部人员,还包括可能可以合法接触公司内幕信息的其他人员③。具体包括由于持有发行人证券,或者在相关公司担任董事、监事、高级管理人员,或者由于其会员地位、管理地位、监督地位或者职业地位,或者作为雇员、专业顾问履行职务,能够接触或者获得内幕信息的人员④。非内幕人员是指内幕人员以外,以非法手段获取内幕信息的人员⑤。非法手段包括盗窃、骗取、私下交易、贿

---

① 程红:《论内幕交易、泄露内幕信息罪》,《中国刑事法律杂志》1999 年第 12 期。
② 《证券法》第 52 条规定:"证券交易活动中,涉及公司的经营、财务或者对该公司证券的市场价格有重大影响的尚未公开的信息,为内幕信息。"下列信息皆属于内幕消息:公司的经营方针和经营范围的重大变化;公司的重大投资行为,公司在一年内购买、出售重大资产超过公司资产总额 30%,或者公司营业用主要资产的抵押、质押、出售或者报废一次超过该资产的 30%;公司订立重要合同、提供重大担保或者从事关联交易,可能对公司的资产、负债、权益和经营成果产生重要影响;公司发生重大债务和未能清偿到期重大债务的违约情况;公司发生重大亏损或者重大损失;公司生产经营的外部条件发生的重大变化;公司的董事、三分之一以上监事或者经理发生变动,董事长或者经理无法履行职责;持有公司 5%以上股份的股东或者实际控制人持有股份或者控制公司的情况发生较大变化,公司的实际控制人及其控制的其他企业从事与公司相同或者相似业务的情况发生较大变化;公司分配股利、增资的计划,公司股权结构的重要变化,公司减资、合并、分立、解散及申请破产的决定,或者依法进入破产程序、被责令关闭;涉及公司的重大诉讼、仲裁,股东大会、董事会决议被依法撤销或者宣告无效;公司涉嫌犯罪被依法立案调查,公司的控股股东、实际控制人、董事、监事、高级管理人员涉嫌犯罪被依法采取强制措施;公司股权结构或者生产经营状况发生重大变化;公司债券信用评级发生变化;公司重大资产抵押、质押、出售、转让、报废;公司新增借款或者对外提供担保超过上年末净资产的 20%;公司放弃债权或者财产超过上年末净资产的 10%;公司发生超过上年末净资产 10%的重大损失;国务院证券监督管理机构规定的其他事项。
③ 刘宪权:《金融犯罪刑法理论与实践》,北京大学出版社,2008,第 499 页。
④ 张明楷:《刑法学》,法律出版社,2016,第 786 页。
⑤ 根据 2012 年 3 月 29 日《最高人民法院、最高人民检察院关于办理内幕交易、泄露内幕信息刑事案件具体应用法律若干问题的解释》,下列人员属于"非法获取证券、期货交易内幕信息的人员":① 利用窃取、骗取、套取、窃听、利诱、刺探或者私下交易等手段获取内幕信息的;② 内幕知情人员的近亲属或者其他与内幕知情人员关系密切的人员,在内幕信息敏感期内,从事或明示、暗示他人从事,或者泄露内幕信息导致他人从事与该内幕信息有关的证券、期货交易,相关交易行为明显异常,且无正当理由或者正当信息来源的;③ 在内幕信息敏感期内,与内幕信息知情人员联络、接触,从事或明示、暗示他人从事,或者泄露内幕信息导致他人从事与该内幕信息有关的证券、期货交易,相关交易行为明显异常,且无正当理由或者正当信息来源的。

取、套取内幕信息等方式。

（4）主观要件。内幕交易的主观方面表现为直接故意，即行为人明知该信息为内幕信息，并且利用其进行交易的行为会侵犯一般投资者的合法权益，扰乱证券市场秩序和侵犯国家对证券交易的监管制度，而希望该危害结果发生的心理状态。泄露内幕信息罪既可由直接故意，也可由间接故意构成。

（二）检查单位财务会计资料的目的和任务

1. 检查财务会计资料的目的

法务会计人员检查内幕交易相关单位财务会计资料的一般目的是查明案件中的财务会计事实。每一具体的法务会计检查活动所要查明的案件事实内容是不同的，在内幕交易案件中，法务会计人员检查财务会计资料的主要目标如下：

（1）查明犯罪嫌疑人所得到的信息是否是内幕信息，犯罪嫌疑人的投资行为是否构成内幕交易；

（2）查明内幕交易敏感期，判定内幕交易发生的时间；

（3）查明犯罪嫌疑人投资行为的发生、资金流转以及投资收益实现的过程；

（4）查明当事人的经济责任、赔偿金额等案件事实[①]。

2. 检查财务会计资料的任务

法务会计人员检查内幕交易相关单位财务会计资料的最基本任务就是收集证据以查明案件事实，概括起来有以下三类。

（1）发现和收集破案线索。法务会计人员在案件侦破中，发现和收集能够证明犯罪事实已经发生，犯罪系由犯罪嫌疑人实施，以及犯罪嫌疑人犯罪的证据属实的财务会计资料和法务会计检查笔录。在内幕交易案件中，法务会计人员发现和收集的破案线索就是要确定犯罪嫌疑人的投资行为是否构成内幕交易，确定犯罪嫌疑人所获得的信息是否是内幕信息是法务会计人员侦破案件的首要任务。

（2）寻找、发现和收集证据。在各类案件的调查中都可能通过法务会计人员检查、寻找、发现和收集财务会计资料证据及法务会计检查笔录，用以证明案件中财务会计事项的起因、过程、结果，以及相关当事人陈述、证人证言内容真实性。在内幕交易案件中，法务会计人员需要收集审阅相关公司的重要合同、会议记录，以及相关投资凭证。

（3）收集司法鉴定的检材。收集司法鉴定所需的检材是案件诉讼中进行法务会计检查的一项特殊任务。在需要进行文件、痕迹或法务会计等鉴定的案件中，通过法务会计检查，可以收集鉴定所需的各种财务会计资料及相关证据。在内幕交易案件鉴定过程中，法务会计人员需要收集归档公司的相关财务会计资料、公司会议记录和相关重要合同，以便在提起诉讼时作为有力证据。

（三）内幕交易的法务会计鉴定方法

1. 审阅检验法

审阅检验法是指法务会计人员在处理经济案件时，对于委托人送来的会计财务资料进行审核和查阅。在审阅时，法务会计人员需要注意以下几点：查明被审阅的会计

---

① 于朝：《司法会计学》，中国检察出版社，2004，第106页。

资料是否真实、完整,是否存在犯罪嫌疑人故意隐瞒或者虚构的会计凭证;对于日记账、明细账和总账之间的勾稽关系进行复核,审核账账之间、账表之间以及账实之间是否相符;对于财务报表中的数据进行复算,查明是否有计算错误之处。法务会计人员在审阅过程中,如果碰到字迹或者数字不清的,更要慎重对待。

2. 分析比较法

分析比较法包括横向分析和纵向分析。横向分析是将当期的财务报表和其他的财务资料相比较,看是否相符;纵向分析是指将本期的财务报表与前后期的财务报表比较分析,看是否有异常波动情况。对于异常情况要进一步详细分析,看是否合理。

3. 核对法

核对法是指将需要鉴定的财务会计资料中的会计凭证、会计账簿、报表和实物资料互相核对,以确定需鉴定的财务资料是否反映真实的情况。

4. 综合计算法

综合计算法是指利用会计原理和财务知识对于财务报表中的数据进行重新核算。通过这种方法可以证实账面资料的可靠度,并从中发现问题和线索。

5. 判断推理法

判断推理法需要法务会计人员根据掌握的会计资料,利用逻辑推理和自身的会计知识进行判断分析,以推测案件的因果关系。这种方法对于法务会计鉴定非常重要,尤其适用于疑难复杂的案件。

(四) 确定内幕交易形成的鉴定技术手段

根据内幕信息的来源,可以将其划分为三类:一是股东会重大决议;二是公司的重大投资筹资合同;三是公司重大交易。面对内幕信息的不同种类,我们可以采取不同的司法会计鉴定技术手段来判断该信息是否构成内幕信息。

1. 针对股东会的重大决议

对于股东会的重大决议,在取得了相关股东会的会议记录及其他文件资料后,首要任务是分析与证券市场内幕交易欺诈案件相关的内幕信息的形成时间,即相关股东会重大决议的提出以及初步形成的时间,此时法务会计人员需要保持警惕性,掌握全面的会议记录,分析出决议提出时间。同时,法务会计人员还需要对犯罪嫌疑人做出的投资指令留下的会计凭证痕迹进行检查,要高度注意信息形成时间与犯罪嫌疑人做出投资决策之间的时间差,判断这段时间差是否符合信息正常披露及流通所需要的时间。对于有关内幕信息形成时间的文件,要复制样本,留作证据。在判断出犯罪嫌疑人知悉或者利用的是否是内幕信息之后,需要进一步判定该信息是否会对证券市场交易价格造成显著影响,这里对法务会计人员提出了较高的要求,需要法务会计人员根据经验及法律准则进行判断,对于前述的相关文件可以通过以下司法会计鉴定手段来判断。

(1) 上市公司发生重大亏损或者遭受净资产10%以上的重大损失。重大亏损可以包括:① 交易造成的重大亏损;② 投资造成的重大亏损;③ 意外情况造成的重大亏损。对于第一种情况,法务会计人员需要收集相关的交易合同,对于交易流程进行追踪,可以采用审计中穿行测试的方法,重新计算相关的成本、收入以及费用,得出实际亏损金额;对于第二种情况,法务会计人员要取得实际投资成本,包括银行存款、实物资产的投资价值,对于投资成果,需要根据从被投资方取得的利益分配文件来重新计算,最后求得亏损金额;对于第三种情况,对于巨额赔款等情况可以直接利用相关政策文件分析判断,对于物资的亏损,法务会计人员需要重新计算相关资产的价值,同时重新核算清算价值,求得实际亏损金额。

净资产是指企业的总资产减去总负债以后的净值。法务会计人员需要根据企业提出重大亏损时的资产负债表,重新计算此时刻的净资产。法务会计人员根据计算出来的亏损金额与净资产金额,来计算比值是否达到10%,即是否构成重大信息。

(2) 持有上市公司5%以上股份的股东持有股份情况发生较大变化。对于此类文件,法务会计人员需要重点关注的问题是持股信息发生变化的股东,其持有的股份是否达到5%。法务会计人员可以通过公司股东持股信息了解股东的持股情况,这里需要注意的是,股东所持有的股份除了购买的股票,还要包括公司以股票形式分派的股利。

(3) 上市公司营业用主要资产抵押、出售或者报废一次超过该资产的30%。对于资产的原值,法务会计人员可以根据资产的购买凭证或者生产过程的生产成本核算凭证来计算。对于抵押、出售或者报废的部分资产,法务会计人员需要通过主要资产的属性,根据会计准则对于资产成本的核算方法计算出这部分资产的价值。进而可以判定该部分资产是否占据总资产的30%。

2. 针对上市公司的重大投资筹资行为

公司重大投资筹资行为往往涉及大额交易,易对证券市场价格造成显著性影响,极易被犯罪分子利用,构成内幕交易欺诈。法务会计人员在获取前述资料之后,需要进一步分析。

(1) 对于投资活动。法务会计人员在检查公司重大投资时,首先要关注的是重大投资购入合同和重大投资卖出的发生时点,这对于判断犯罪嫌疑人所获取的信息是否是内幕信息起着关键性作用。由于公司的重大投资行为需要管理层对其进行审批,所以法务会计人员在检查公司的重大投资时,不仅要着重注意合同订立或者投资卖出指令发出的时间,还要关注审批过程,对于实质性审核通过或决策做出的关键时间也要把握;同时,法务会计人员要获取犯罪嫌疑人进行投资的时间点,分析时间差是否符合信息披露和流通正常所需时间,继而判断犯罪嫌疑人的投资活动是否是在知悉了内幕信息之后才发生的。在判定公司信息是内幕信息之后,法务会计人员需要进一步判断公司的投资行为是否构成重大行为。这就要利用公司的财务资料重新核算投资金额。

① 对于投资购入行为。上市性投资的购买应该会有交易经纪人签署的买入公告,对非上市性投资的购买应该会签署相关的购买合同。不管是哪种情况,都应该有董事会批准购买的会议纪要或者投资指令。此外,公司库存的债券投资凭证、股票投资凭证、股票证书、长期股权投资协议、投资总分类账和投资明细账也都会登记公司投资购入的发生额。法务会计人员应当利用这些支持性文件计算投资金额。法务会计人员也可以通过向投资行为对手方函证获取投资准确金额。

② 对于投资卖出行为。法务会计人员通过检查投资总分类账、投资明细分类账,以及银行存款等会计资料计算出投资卖出金额,也可以向对手方函证获得准确金额。

(2) 对于筹资行为。对于筹资合同,法务会计人员同样需要判定筹资合同拟定和生效的时间点。由于筹资合同的拟定也需要管理层的审批,法务会计人员在检查相关筹资合同时,不仅要注意合同上注明的签署日期,还需要注意有关审批通过的时间点,对于筹资合同实质性审核通过的时间点应尤为注意。比较分析筹资决策形成的时间点与犯罪嫌疑人采取投资行为的时间差,判定筹资信息是否构成尚未公开的内幕信息而为犯罪嫌疑人所利用。筹资活动发生的金额可以通过董事会审核批准文件、债券契约以及相关筹资合同协议来获取。

法务会计人员在重新核算完公司的投资筹资金额后,需要根据《证券法》以及证监会等相关规定,并结合公司规模来判定该投资筹资行为对证券市场价格是否构成显著影响。由于我国目前尚缺乏这方面的具体规定,这对法务会计人员也是一大考验,需要法务会计人员通过市场情况及经验来判断该信息重大。

3. 针对上市公司的重大交易

根据我国证券法以及我国证券监管机构、中国证券协会对内幕信息的范围划分,公司重大交易也是公司的内幕信息之一。公司在日常经营活动中会发生很多交易,界定这些交易信息是否构成内幕信息,是法务会计人员的主要任务之一。法务会计人员的任务具体如下。

(1) 法务会计人员依然需要判断重大交易形成的时间点。这包括重大合同的签订,也包括合同拟签订,如管理层审批通过的时间点。通过获取重大交易意向的时间点,比较分析犯罪嫌疑人做出投资决策的时间点,确定之间的时间差是否符合信息正常流通所需时间。

(2) 对重大交易金额重新计算,确定其金额是否构成重大交易,是否会对证券市场价格造成显著影响。根据重大交易的不同分类,法务会计人员可以采取以下不同的方法来核算。

首先,公司涉及的资产总额占上市公司最近一期经审计总资产的10%以上的,公司涉及资产的估值可以从账面价值和市场价值来分别核算。对于资产的账面价值,从外部购买的,法务会计人员可以通过检查当时的购买凭证获得其初始价值,并重新核算之后的折旧、计提减值准备或者大修理时对其账面金额进行调整的科目,准确核算资产在交易时的真实价值;对于自行制造的资产,法务会计人员需要从生产成本入手,对原材料、制造费用等生产成本科目进行检查,对于存储过程中的折旧、减值准备的计提以及亏损金额要重新计算,准确核算出交易时资产的真实价值。对于有市场价值的资产,法务会计人员需要注意资产市场价值的波动,获得该资产在交易时公允的市场价值。公允价值的获取可以采用在公开公正的市场交易中同类资产的交易价值。在重新核算了资产的账面价值和市场价值后,取较高者来测算该交易涉及的公司的资产是否达到了上市公司最近一期经审计总资产的10%以上。若达到标准,此项交易即构成重大交易,会对证券市场交易价格产生显著影响。

其次,交易的成交金额(包括承担的债务和费用)占上市公司最近一期经审计净资产的10%以上,而且绝对金额超过1 000万元的,对于购买业务,法务会计人员在核算其交易金额时,需要从购买成本和其他费用入手,获取成交金额。法务会计人员可以查阅相关交易合同,检查银行存款日记账、购买资产成本总分类账及明细账,同时还要查阅财务费用等与该项交易相关的费用类科目，承担的债务可以从应付账款等科目进行检查。在查阅了完整记录此项交易的各种科目之后，准确地计算出该项购买业务的总成交金额，与公司最近一期经审计净资产的10%进行比较，或者看其绝对金额是否超过1 000万元。对于销售业务，法务会计人员在核算其交易金额时，需要从收入和交易费用等科目入手。法务会计人员在查阅了相关的交易合同后，对公司主营业务收入明细账、银行存款科目、应收账款以及相关交易费用科目进行查阅，统计出与此项交易相关的收入，重新计算出该项销售业务实际的交易额，并与公司最近一期经审计净资产的10%进行比较，或者看其绝对金额是否超过1 000万元。

最后，交易产生的利润占上市公司最近一个会计年度经审计净利润的10%以上，而且绝对金额超过100万元的，对于交易产生利润的计算，法务会计人员需要自己重新核算，可以从收入、成本、费用科目入手。法务会计人员可以查阅公司的主营业务收入明细账、其他收入明细账，重新计算与此项交易相关的收入的金额。同时，可以通过对银行存款以及应收账款科目的复核计算对业务收入金额进行复查，防止多算或者少算。对于成本金额的计算，法务会计人员可以通过检查主营业务成本明细账科目统计与此项交易相关的业务成本。同时，可以通过对存货、固定资产等资产科目的核算，对成本金额进行验证。法务会计人员在计算完收入、成本后，还要重新计算交易过程中产生的各种费用，包括销售费用、财务费用等。收入扣减完所有的与此项业务有关的成本费用后，得出利润总额。与上市公司最近一个会计年度经审计净利润比较，看是否超过10%，或其绝对额是否超过100万元。

（五）内幕交易非法所得的计算方法

在内幕交易欺诈案件中，在法庭已经宣判犯罪嫌疑人的行为构成内幕交易罪后，法务会计人员还需要计算出犯罪分子的全部非法所得以及赔偿金额。证券市场内幕交易中，内幕交易者的全部非法所得主要是指内幕交易者通过获取内幕信息、采取投资行为而获取的经济利益。内幕交易者的非法所得，一是内幕交易者利用内幕信息进行买入或者卖出投资交易后所获得的收益，二是内幕交易者利用内幕信息买入股票后获得的股利。

1. 内幕交易者利用内幕信息进行买卖所获得收益的计算

内幕交易者在得知被投资公司利好的内幕信息后，通常会大量购买其股票，当利好消息公开后，该标的股票的价格会上涨。内幕交易者增持的股票数量与股票价格上涨差价的乘积即为在此次内幕交易中内幕交易者的非法所得。内幕交易者在得知被投资公司利空的内幕信息后，通常会大量抛售其股票，当利空消息公开后，该标的股票的价格会下降。内幕交易者减少的股票数量与股票价格下跌差价的乘积即为在此次内幕交易中内幕交易者的非法所得。在上述两种情况下计算内幕交易者利用内幕信息获得的非法收入时，切入点一是内幕交易人买入卖出股票的数量，二是被投资公司信息公开后股票价格上涨或下跌的差价。

内幕交易人在知悉内幕信息之后至内幕信息公开这一时间段买入或者卖出股票的数量，法务会计人员可以通过审阅内幕交易人的证券账户以及股票投资账户来进行统计。但是，法务会计人员在统计时要注意时间点的选取。这里可以采用之前在界定犯罪嫌疑人的投资行为是否构成内幕交易时对内幕信息形成时间的判定作为起始点,将内幕信息在公众传播媒介中公开的时间点作为终点,计算此期间买入或卖出股票的数量。

相较于内幕交易人买入卖出股票的数量,被投资公司信息公开后股票价格上涨或下跌的差价更容易获取。法务会计人员只要查询将内幕信息向公众公布当日股票的收盘价,与前一日的收盘价进行比较,即可知被投资公司信息公开后股票价格变动差额。法务会计人员将所计算的买入或者卖出股票的数量乘以股票价格变动差额,即计算出内幕交易人利用内幕信息买卖股票所获得的非法收益数额。

2. 内幕交易者利用内幕信息获得的股利的计算

内幕交易人在获知内幕信息之后,大量增持被投资方的股票,在内幕交易公开后,被投资方宣告分派股利,内幕交易人获得大量投资收益,这也构成了内幕交易人的非法利得。针对此种情况,法务会计人员可以采用复算法,即重新计算财务会计资料中的合计、累计、余额、乘积等数值的一种法务会计检查方法。首先,法务会计人员需要查阅被投资单位分配的公告,了解被投资单位的股利分配方案;其次,统计在内幕交易者获得内幕信息至内幕信息公开时,内幕交易者所增持的股票数量,这可以参考内幕交易人获得内幕信息后买卖的股票数额计算;最后,计算出内幕交易者所增持的股份得到的股利数额,即内幕交易者的非法收益之一。

二、非法集资犯罪

随着经济的快速发展和民间融资需求的旺盛,非法集资犯罪呈现出高发、多发态势。这类犯罪由于集资参与人数众多、涉案资金巨大、涉及区域广泛、波及面广,导致的金融风险和社会危害都比较严重,属于涉众型经济犯罪的范畴[①]。面对的社会公众对象越广泛,就越容易产生群体性事件,造成社会信用的恶化,影响社会稳定。特别是在互联网快速发展的今天,利用互联网平台进行非法融资的案件数量越来越多。零壹智库数据显示,2010—2020年8月,包含网贷、众筹、互联网保险、互联网券商等在内的至少448家互联网金融公司合计获得1089亿元融资,活着且未转型的公司仅剩下92家。当年火爆一时的众筹行业,42家获得融资,如今32家都倒在A轮,仅剩下10家。更惨的是P2P网贷,312家获得融资的P2P目前活下来的不到10家。从司法实践情况看,非法集资犯罪主要体现为非法吸收公众存款罪、集资诈骗罪,而且以非法吸收公众存款罪为主体[②]。

(一)非法集资犯罪的概念及特征

1. 非法集资犯罪的概念

非法集资是指行为人未经有权机关批准向社会公众募集资金的行为。非法集资犯

---

① 彭新林:《非法集资犯罪司法疑难问题探讨》,《东南大学学报(哲学社会科学版)》2020年第1期。
② 义乌市人民检察院调研组:《当前非法集资类犯罪现状及涉案财物处置问题研究》,《公安学刊》2017年第2期。

罪在《刑法》规定上涉及的罪名主要有四个：欺诈发行股票、债券罪（第 160 条），擅自发行股票、公司、企业债券罪（第 179 条），非法吸收公众存款罪（第 176 条）和集资诈骗罪（第 192 条）。司法实践中最为常见的罪名是非法吸收公众存款罪和集资诈骗罪。

非法吸收公众存款罪是指非法吸收公众存款或者变相吸收公众存款，扰乱金融秩序的行为。集资诈骗罪是指以非法占有为目的，使用诈骗方法非法集资，数额较大的行为。两罪的区别在于集资诈骗罪要求行为人有非法占有的目的，也因此集资诈骗罪的法定刑更重。非法吸收公众存款罪对行为人的法定刑为处 3 年以下有期徒刑，并处或者单处 2 万元以上 20 万元以下罚金；数额巨大或者有其他严重情节的，处 3 年以上 10 年以下有期徒刑，并处 5 万元以上 50 万元以下罚金。对此项罪名也规定了单位犯罪刑事责任。集资诈骗罪法定刑如下：数额较大的，处 5 年以下有期徒刑或者拘役，并处 2 万元以上 20 万元以下罚金；数额巨大或者有其他严重情节的，处 5 年以上 10 年以下有期徒刑，并处 5 万元以上 50 万元以下罚金；数额特别巨大或者有其他特别严重情节的，处 10 年以上有期徒刑或者无期徒刑，并处 5 万元以上 50 万元以下罚金或者没收财产。

2. 非法集资犯罪的特征

打击非法集资犯罪是司法机关的重要工作，而把握非法集资的基本特征是正确打击非法集资犯罪的基本前提。主流理论将非法集资的基本特征归纳为非法性、公开性、利诱性和社会性四个特征①。

（1）非法性。《最高人民法院关于审理非法集资刑事案件具体应用法律若干问题的解释》（法释〔2010〕18 号）（以下简称《解释》）第 1 条规定，"未经有关部门依法批准""借用合法经营的形式吸收资金"是非法集资犯罪非法性特征的两种表现形式。

（2）公开性。根据《解释》，公开性特征是指"通过媒体、推介会、传单、手机短信等途径向社会公开宣传"。但是在实际生活中，该解释规定的这几种宣传途径有很大的局限性，如并未包括互联网宣传、讲座、论坛、横幅等宣传方式。2014 年 3 月 25 日出台的《最高人民法院、最高人民检察院、公安部关于办理非法集资刑事案件适用法律若干问题的意见》中将"向社会公开宣传"认定为以各种途径向社会公众传播吸收资金的信息，并且宣传形式已经不限于直接传播非法集资信息，放任信息传播的行为也被纳入刑事规制范围。

（3）利诱性。根据《解释》，利诱性是指非法集资人"承诺在一定期限内以货币、实物、股权等方式还本付息或者给付回报"。《解释》的起草者认为利诱包括有偿性和承诺性两个方面的内容，有偿性是针对资金提供者，承诺性则是从集资者方面进行表述。很显然，在非法集资犯罪活动中，往往也有投资人即被害人的过错。刑法规定，被害人过错是衡量行为人主观恶性和人身危险性的重要依据，也是在给被告人定罪量刑中需要考虑的重要因素。但是，我国目前对非法集资犯罪打击力度偏重，结合吴英案、曾成杰案，我们可以发现，司法实务部门对被害人过错鲜有考虑，不能完全体现非法集资的利诱性。

（4）社会性。根据《解释》，非法集资犯罪的社会性特征是指"向社会公众即社会不

---

① 胡启忠：《非法集资基本特征之理论现述与重述》，《南海法学》2018 年第 4 期。

特定对象吸收资金"。这是非法集资与民间借贷的区别的重要体现,也是非法集资犯罪的本质特征。非法集资的社会性特征主要体现在两个方面,一是集资对象的广泛性,二是指向集资对象的不特定性。《解释》将"社会公众"与"不特定对象"认定为一组相互对应的概念,并且将对亲友和单位内部针对特定对象吸收资金的行为排除在非法集资犯罪之外,这样就将民间借贷与非法集资犯罪区别开来,对司法实践具有重要的指导意义①。

(二)非法集资犯罪案件的财务会计事实认定

鉴定人在实施法务会计鉴定活动时,需要证明如下财务会计事实:一是确定非法吸收公众存款的行为方式;二是查明非法吸收公众存款的过程;三是对非法吸收公众存款资金的来源、去向进行鉴定;四是对非法吸收公众存款的投资人人数、投资金额、投资时间、本金偿还金额、利息偿还金额、造成的直接损失金额进行鉴定。

1. 涉案财务问题的鉴定路线

非法集资类犯罪案件法务会计鉴定的核心就是对涉案资金流进行鉴定,包括涉案资金来源、去向、使用情况等方面的事实认定。根据资金运动所对应的主体,我们对涉案财务事实进行了大致归类。

(1)融资方。从融资方角度来看,主要涉及非法吸收公众存款的资金来源、去向及使用情况方面的鉴定。涉案资金的来源与去向主要反映的是涉案资产结存额及结存差异等财务问题。涉案资金可能会用于个人消费、投资,形成企业资产,甚至产生企业的经营亏损,因而必须结合最终用途来确定关注哪类财务问题:用于个人消费,鉴定人应该关注财务支出类问题;形成企业资产,鉴定人应该关注资产价值、资产结存额及差异类问题;用于投资,鉴定人应该关注投资损益类问题;产生经营亏损,鉴定人需要考虑经营损益类问题。最后,根据涉案资金的用途,认定嫌疑人是否"以非法占有为目的",主要依据嫌疑人吸收的涉案资金中不能偿还投资人部分的占比并结合其主观占有的目的确定。

(2)投资方。从投资方角度来看,对非法吸收公众存款的投资金额、本金偿还金额、利息偿还金额、造成的直接损失金额等方面的鉴定,主要反映的是涉案资产结存额及结存差异问题、投资损益等财务问题。

2. 涉案财务问题的鉴定方法

针对涉案的财务问题的鉴定有两个基本方法:直接鉴定法和借用会计法。

(1)直接鉴定法。直接鉴定法是指不利用会计核算结果,直接对财务资料内容进行检验、分析、鉴别、判定以解决财务问题的鉴定思路。

直接鉴定法的适用范围总体来说存在四种情况:一是该涉案主体并没有进行会计核算,无法取得涉案的相关会计资料;二是该涉案主体进行了会计核算,但由于特殊原因(隐匿、销毁)无法取得涉案的相关会计资料;三是该涉案主体进行了会计核算,但反映财务活动的原始凭据已经足以满足鉴定的要求;四是该涉案主体进行了会计核算,但核算的质量难以真实、完整地反映涉案财务活动,在现有的会计资料的基础上进行调整

---

① 刘芳秀:《浅析非法集资犯罪的特征》,《怀化学院学报》2015 年第 8 期。

可能需要耗费更大的鉴定成本,因而不借用该主体的会计资料。

(2)借用会计法。借用会计法是指以原会计核算的结果为基础,采用合理的财务标准对原会计核算结果进行调整、鉴别、判定以解决财务问题的鉴定路线。需要注意的是,如果拟依赖该主体的会计资料,鉴定人必须对相关会计科目、账户、报表等账务处理过程进行鉴定,以确保调整后的会计资料所反映的财务问题真实有效。借用会计法的适用范围与直接鉴定法恰好相反。

3. 涉案财务问题的鉴定方法选择

(1)吸资来源、去向类问题鉴定方法选择。非法吸收公众存款的资金来源、去向方面的鉴定主要反映涉案资产结存额及结存差异等财务问题。涉案资金量的变动体现了资金价值运动的整个过程,鉴定人应该关注引起涉案资金量变动的原因及变动前后的结存金额的转变结果,根据价值运动的规律性建立量价平衡关系,以判断非法吸收公众存款的资金来源及去向的真实性、正确性,说明转变过程中存在的合理的逻辑关系。吸收资金的过程主要由融资方发起,将资金占用的金额量、时间、方式及回报以不同标准进行组合,形成不同的融资项目。投资人在选择适合自身的融资项目后,会与融资方签订投资合同等法律形式的协议,以确定融资业务的发生,当融资方收到投资方投入的资金时,吸收资金的来源方式便可以确定。融资方在收到融资资金时,会以不同的形式将融资资金转出,这个过程被称为吸收资金的去向方式。去向的指向认定一方面可以对应找到接受资金的对象,另一方面可以为该笔吸收资金的使用情况提供潜在的线索。因此,梳理筹集、使用资金的全过程,我们可以大致建立一类基本的平衡关系:

$$非法吸收资金的来源 \approx 非法吸收资金的去向$$

由于涉案财务事项存在不同的情况,鉴定人在针对具体问题时,可以调整基本平衡关系,以使在每一个资金流动的环节中的金额保持一定的稳定性。选择用"$\approx$"符号而不是"="符号的原因主要是受可获得的鉴定材料质量的限制,鉴定人只能在已确定的鉴定范围内得出客观的结论,因而在实际鉴定过程中,等式之间可能难以达到绝对的恒等。

(2)吸资使用类问题鉴定方法选择。对非法吸收公众存款资金使用情况的鉴定较为复杂,需要针对使用情况的不同类型来建立不同的平衡关系,但实质上也满足资金去向与资金使用情况的大致匹配关系。本文所指的资金使用情况,是指资金在流向分类过程中,并没有按照合同协议规定的使用途径来使用,因而要确定融资者吸资资金最后的使用状况。例如,资金的使用途径可能有个人消费、投资、转出等。因此,可以大致建立其平衡关系如下:

$$吸收资金的去向 \approx 吸收资金的使用途径汇总金额$$

(3)投资状况类问题鉴定方法选择。对非法吸收公众存款的投资金额、本金偿还金额、利息偿还金额、造成的直接损失金额等方面的鉴定,主要反映的是涉案资产结存额及结存差异、投资损益等财务问题。在这类财务问题中,可能反映的平衡原理主要涉及以下两类。

第一类：投资总额＝吸资总额，并与吸收资金类问题进行对比匹配，确定非法吸收资金的具体范围及金额；

第二类：投资人的直接损失金额＝未偿还的本金金额＋未偿还的利息金额＝投资总额＋利息总额－已偿还的本金金额－已偿还的利息金额。

第一类主要是为了确定吸资资金与投资资金的一致性，以保证投资人按融资协议进行投资与筹资人吸收资金金额对等；第二类则是站在投资人主体的角度，考虑对每一投资人在某一时点存在的直接损失的内容及金额的认定。可见，鉴定人在面对非法集资类犯罪案件中的财务问题时，平衡分析法发挥了有效的作用，对于鉴别、判定财务数据的真实性、正确性等问题尤为重要。在具体选择动态平衡分析法和静态平衡分析法时，鉴定人需要结合涉案的具体鉴定材料来判断。一般而言，如果采用会计法的鉴定思路，所涉及的鉴定时点基本上是相对静止的时点，如选择资产负债表日为截止时点，则应该选择静态平衡分析法；反之，采用直接鉴定法的鉴定思路时，应该选择动态平衡分析法，重点考虑资金转换前后的动态平衡关系。

(三) 对非法集资犯罪鉴定的材料和证据

1. 法务会计鉴定材料

法务会计鉴定所需要的鉴定材料包括报案人的报案材料(含借款合同、收据、转账凭证)、询问笔录、报案人涉案银行账户的流水、犯罪嫌疑人涉案银行账户流水、借贷平台交易数据、涉案借贷平台(或企业)的工商登记资料。

(1) 报案材料。报案材料是报案人对其基本涉案资金情况的高度概括，记载了报案人投资的金额、收回的本金和利息的金额、尚未收回本金数额等情况。报案材料后附报案人与犯罪嫌疑人签订的借款合同、相关收据、转账凭条、报案人涉案银行账户流水等财务会计资料。

(2) 询问笔录。询问笔录是警方以法定形式固定并记载报案人案情的证据。询问笔录中的内容属于言词证据，不能作为定案的唯一依据。询问笔录所记载的内容可能与报案材料存在不一致，通常鉴定人员需要阅读询问笔录适当了解案情，以报案材料及其他鉴定材料为主展开法务会计鉴定工作，将法务会计鉴定意见同询问笔录相印证。

(3) 工商登记资料。涉案借贷平台或企业的工商登记资料客观地记载着涉案企业的成立日期、公司性质、法定代表人、公司地址、股东及其持股比例、经营范围等信息。

(4) 涉案账户的银行流水。涉案的银行流水包括犯罪嫌疑人涉案账户的银行流水及报案人涉案账户的银行流水。行为人通过银行转账等方式进行交易后，往往会在关联账户中留下记录。银行账户流水客观记录了与该账户相关的所有交易的时间、地点、金额、对手信息。此外，若案件中报案人以POS机刷卡方式向犯罪嫌疑人支付资金，鉴定材料还包括POS机商户号及其关联账户信息、POS机绑定银行卡的银行流水。

(5) 借贷平台交易数据。借贷平台交易数据记载着借贷平台在运营过程中所有的融资包信息、借款人信息、个人账户信息，数据量极大。平台数据往往附有专业鉴定机构出具的数据检验报告，通过数据检验报告来证明平台数据搜集手段的合法性、突出数据的准确性。

2. 法务会计鉴定证据

鉴定材料中能够证明涉案财务会计事实的部分是法务会计鉴定证据的主要组成部分。法务会计鉴定证据是得出法务会计鉴定意见的依据,法务会计鉴定意见是针对鉴定内容作出的,因此,对法务会计鉴定内容的研究必须高度重视法务会计鉴定证据。单个鉴定材料提供的鉴定证据及其证明内容如下。

(1)借款合同。借款合同能够证明犯罪嫌疑人和报案人约定的本金、借款时间、利率、借款期限等信息,能够证明犯罪嫌疑人以与报案人签订借款合同的形式向报案人收取资金。

(2)收据。收据能够证明犯罪嫌疑人向报案人所收取的金额、时间。报案材料中的转账凭条能够证明报案人向犯罪嫌疑人支付资金的过程、金额、时间。

(3)报案人的银行账户流水。报案人的银行账户流水能够证明报案人向犯罪嫌疑人支付资金的时间、金额,也能够证明犯罪嫌疑人向报案人支付利息的时间、金额。犯罪嫌疑人的银行流水能够证明犯罪嫌疑人资金的来源渠道,也能够证明犯罪嫌疑人吸收报案人资金后资金的去向及金额(包括犯罪嫌疑人向报案人支付利息的时间、金额)。

(4)借贷平台交易数据。借贷平台交易数据能够证明平台内各个融资包(借款项目)的借款人、投资人数及各投资人的投资金额、融资包的利息计算标准、借款人偿还本金及利息金额。

将从以上鉴定材料中获得的鉴定证据进行分类。第一类鉴定证据为报案材料、询问笔录、投资人银行流水、转账凭单;第二类鉴定证据为平台数据信息和犯罪嫌疑人银行流水。多个鉴定材料组合提供的鉴定证据及其证明内容如下。

第一类鉴定证据,即报案材料中的借款合同、收据、报案人银行账户流水、转账凭条等鉴定证据,能够证明报案人的人数、报案金额、收回本息的金额、投资损益、资金在报案人与犯罪嫌疑人之间的转移方式等事项。同时,第一组证据内部各个证据之间也能够相互印证。通过对报案材料、借款合同、收据、相关凭条、投资人银行账户进行鉴定,能够印证询问笔录中的信息。报案材料的金额、投资人银行账户的金额、转账凭证和收据所示的金额也能够相互印证。

在第二类鉴定证据中,从平台数据信息出发,结合犯罪嫌疑人的银行账户流水等鉴定证据,鉴定人员能够得出与犯罪嫌疑人相关的借款人数、借款金额、偿还报案人本金及利息的金额、资金在报案人与犯罪嫌疑人之间的转移方式、犯罪嫌疑人吸收资金的金额及资金的去向,也能进一步印证依据报案材料所得出的"关于报案情况的鉴定意见"。此外,第二类鉴定证据中的平台数据信息也能与犯罪嫌疑人的银行流水相互印证,进而证明与犯罪嫌疑人相关的资金流动情况。犯罪嫌疑人偿还报案人本金及利息的情况能够与从报案材料中得出的信息进行印证。

三、洗钱罪

洗钱是指为掩饰、隐瞒犯罪活动和非法收入来源,由犯罪分子或者其代理人实施的行为。现代意义上的洗钱始于20世纪20年代的美国,芝加哥黑手党通过洗衣店将非法所得纳入营业收入向税务局申报纳税,将税后钱款合法化。洗钱行为具有严重的社会危害性。洗钱不仅助长了毒品犯罪、黑社会性质的组织犯罪、恐怖活动犯罪、走私犯罪、贪污贿赂犯罪、破坏金融管理秩序犯罪、金融诈骗犯罪等,降低了公众对金融制度的信心,更为严重的是破坏了市场经济活动的公平公正,影响各国经济发展,甚至成为腐败滋生的温床,危及各国的国家安全和政治稳定。洗钱通常通过一系列金融交易达到目的,有时涉及多个国家和多种金融产品。常见的洗钱途径包括地下钱庄、银行账户等。随着科学技术不断进步,现代社会的洗钱手段和技术也日益现代化。近年来,大数据、云计算、移动支付等互联网技术渗透并改变着传统金融行业,以 P2P 网贷(peer-to-peer lending)模式为代表的互联网金融理财由于准入门槛低和缺乏监管,为行为人提供了新的洗钱渠道。

(一)洗钱罪的概念及构成要件

1. 洗钱罪的概念

洗钱罪是指明知是毒品犯罪、黑社会性质的组织犯罪、恐怖活动犯罪、走私犯罪、贪污贿赂犯罪、破坏金融管理秩序犯罪、金融诈骗犯罪的违法所得及其收益,为掩饰、隐瞒其来源和性质,而提供资金账户,协助将财产转换为现金、金融票据、有价证券,通过转账或者其他结算方式协助资金转移,协助将资金汇往境外,或者以其他方法掩饰、隐瞒犯罪所得及其收益的来源和性质的行为。

《刑法》第191条规定了洗钱罪的刑事责任:没收实施7类上游犯罪的所得及其产生的收益,处5年以下有期徒刑或者拘役,并处或者单处洗钱数额5%以上20%以下罚金;情节严重的,处5年以上10年以下有期徒刑,并处洗钱数额5%以上20%以下罚金。单位犯前款罪的,对单位判处罚金,并对其直接负责的主管人员和其他直接责任人员,处5年以下有期徒刑或者拘役;情节严重的,处5年以上10年以下有期徒刑。

2. 洗钱罪的构成要件

(1)客体要件。本罪的客体是国家金融管理秩序。我国《刑法》将洗钱罪规定在分则第三章第四节"破坏金融管理秩序罪"中,这是因为洗钱行为主要是通过金融机构实施的,洗钱行为会影响金融机构在公众中的形象和声誉,削弱公众对金融机构的信任,容易导致金融秩序混乱。

(2)客观要件。本罪在客观方面表现为行为人实施了掩饰、隐瞒犯罪的违法所得及其收益的来源和性质的行为。构成洗钱罪的行为方式有:一是提供资金账户;二是协助将财产转换为现金、金融票据、有价证券;三是通过转账或者其他结算方式协助资金转移;四是协助将资金汇往境外;五是以其他方法掩饰、隐瞒犯罪所得及其收益的来源和性质。

(3)主体要件。本罪的主体为一般主体,即达到刑事责任年龄且具有刑事责任能力的自然人均可构成,单位亦能构成本罪主体。

(4)主观要件。本罪主观方面表现为故意,而且行为人须明知是毒品犯罪、黑社会性质的组织犯罪、恐怖活动犯罪、走私犯罪、贪污贿赂犯罪、破坏金融管理秩序犯罪、金融诈骗犯罪这7种法律规定上游犯罪之一所得的收益,并具有掩饰、隐瞒上游犯罪所得及其来源和性质的犯罪目的。洗钱罪的目的要素也是其与一般赃物犯罪的区别①。

3. 洗钱罪的过程

洗钱罪通常至少包括三个步骤,即布局、分层和整合。

(1) 布局。洗钱犯罪的第一步是犯罪风险最大的,此时,犯罪分子需要把犯罪收入导入金融系统。在过去可方便地利用银行来完成这一步骤。例如,毒品贩子把现金存入当地金融机构营业点,但银行反洗钱系统和控制日益完善,迫使洗钱者寻找处理非法收入的其他途径。一种方法是混入涉及大量现金的交易中,如餐饮和其他公共活动,从而为现金的大量流动提供一个似乎合理的解释。

(2) 分层。一旦现金成功地进入金融系统,洗钱者通常将会展开大量的相关交易来破坏审计踪迹的追溯以模糊这些资金的来源。最常用的办法是在不同的金融产品、机构、管辖区间移动资金。

(3) 整合。被洗资金需要从金融系统中抽取出来,以购买合法资产或为进一步的犯罪融资。此时,资金或资产已在合法经济中披上了合法的外套。被洗资金可通过三种方式回到经济中:投资、贷款和消费。虽然投资和借贷是相似的,但是,贷给第三方的资金是以第三方的名义进入经济中的,从而更难追查。

(二) 洗钱犯罪的侦查作用与侦查对策

1. 会计学侦查方法的作用

(1) 查明洗钱的手段和途径。会计学侦查方法能够通过会计学的专门方法和理论,查明洗钱的手段和途径,包括犯罪分子如何将犯罪所得导入金融系统,通过哪几种交易来将"黑钱"洗"白",这些交易涉及哪些人、哪些单位等,以及最终犯罪分子如何将洗干净的钱从金融系统中整合、提取出来。

(2) 查明所洗资金的来源和洗钱的金额。法务会计人员通过会计学侦查方法对财务资料进行分析,可以找到洗钱犯罪资金的来源,并计算出洗钱犯罪所涉及的具体金额。

2. 洗钱案件中的具体侦查对策

(1) 利用银行转账洗钱的侦查对策。利用银行转账洗钱,一般情况下通过查询银行可以解决。但特殊情况下也可能会发生查询结果不真实或不能提供查询结果的情形,对此可以考虑采用下列特殊对策。

① 利用储蓄方式转款。对疑是转账的储蓄业务,可以检查储蓄流水账,如果发现流水账在连续登记的反方发生额中出现与本金或本息相同的金额,应当及时调出反方发生额的记账依据(存、取款凭证),通过分析判明该存款人与犯罪嫌疑人、洗钱者是否存在社会关系。

② 银行工作人员参与洗钱。银行工作人员参与洗钱的,可能导致银行转账资料不完备、记录不真实或存在重要遗漏等情形。解决这类问题可利用的途径包括:一是通过会计方法鉴定财务资料,确认遗失资料应当记录的内容;二是调取银行计算机系统的备份数据,获取完整的记录;三是通过计算机检验鉴定,查获参与洗钱的银行工作人员。

---

① 刘宪权:《金融犯罪刑法理论与实践》,北京大学出版社,2008,第617页。

③ 银行所获洗钱费用收益的追查。可以通过检查与洗钱活动有关的银行借款合同、信用证资料、银行承兑汇票资料、银行专门特设的对公存款账户,发现银行收取洗钱费用的线索。再通过检查银行的利息收入、手续费收入等账户资料,或通过追查赃款去向,收集证明银行获取洗钱费用的证据。

④ 侦查中银行不配合查询。如果沟通无效可以考虑采取强制性措施。例如,直接进库检查,查封、搜查银行档案库,指派电子证据专家组到场协助,等等。

(2) 利用证券期货投资洗钱的侦查对策。对赃款进入证券期货交易领域或者查获了疑为赃款的证券期货保证金账户资料的,应当及时提取相关证据材料。

① 嫌疑人或参与洗钱人的证券账户资料,该资料可利用洗钱者的股东账号通过证券交易所或证券登记结算公司获取。证券账户资料,可以显示洗钱者在哪些证券公司开设过证券保证金账户。

② 嫌疑人或参与洗钱人的期货账户资料,该资料可利用洗钱者的席位账号通过期货交易所获取。期货账户资料可以显示洗钱者在哪些期货经纪公司开设过期货保证金账户。

③ 嫌疑人或参与洗钱人的保证金账户资料。该资料通常存放于证券期货公司的结算部门。其中,证券公司称其为资金历史对联表,期货代理公司称其为客户资金日清算表。检查客户保证金账户资料,既可以查出可疑款项的流转情况,也可以查明证券期货的交易情况。

④ 证券期货代理商的客户保证金存取资料。该资料通常存放于证券期货公司的会计(档案)部门。这些资料包括存取款凭证及明细往来账页。对未按客户明细设置账页的,存取款情况可以通过检查客户保证金账户的借贷方发生额进行查找,但存取款凭证肯定存在会计(档案)部门。

⑤ 对证券期货交易的损益结果进行会计核算,以证实或排除犯罪嫌疑人的巨额财产是否来源于证券期货交易的收益。

(3) 利用企业经营收入洗钱的侦查对策。利用企业经营收入洗钱,最方便的是连锁店。连锁企业分布较广,资金关系也较为复杂、现金流量大,因而此种洗钱方法不易发现和查证;也有通过注册空壳公司,伪造经营账目进行洗钱的情形;酒吧、饭店、宾馆、超市、夜总会等服务行业和日常大量使用现金的行业都可以较方便地洗钱。发现或怀疑存在利用企业经营收入洗钱的情形时,可以采取下列对策。

① 通过检查洗钱企业注册登记资料,查问犯罪嫌疑人的人事档案或户籍资料等,了解企业与作案人或参与洗钱人的社会关系,进而推断洗钱企业可能采用的洗钱方式和途径。

② 及时查封企业的财务会计资料,并通过检查企业相关年份的损益表,发现企业收入、成本、利润等方面的不正常期间,以便作为进一步检查发票的依据。

③ 检查企业经营商品的库存账簿,发现由于处理虚假收入账项而导致库存账簿记载的余额出现红数(贷方余额)的情形,并及时检查相关商品的实际库存状况,证实因虚假销售造成库存商品虚在库的情形。

④ 检查企业记账所用发票,发现并核实虚假票据。

⑤ 发现虚假销售收入情形,如果是非现金收入,应当及时记录汇总,以便集中检查往来账项和银行资料。

⑥ 对洗钱较多的企业或以洗钱为主要收入来源的公司,通过搜查企业及相关人员的办公场所、住所,发现洗钱交易记录。

⑦ 对直接将赃款从来源单位转入洗钱企业的,可以通过检查来源单位的付款凭证、实物账目或费用账目,查明其支付购货款或费用的虚假性,借以揭露洗钱企业经营收入的虚假性。

(4) 利用专门洗钱组织洗钱的侦查对策。针对利用专门洗钱组织洗钱的对策,包括识别洗钱组织的对策,以及破获洗钱组织和追查洗钱资金去向的对策。属于洗钱组织的公司在经营上常常具备下列特点:一是洗钱组织往往有经过注册的公司为掩护,通过"经营上的往来关系",收取赃款,支付"新钱";二是洗钱组织往往缺少实质性的商品或劳务经营内容;三是与境内外公司和零售商保持着密切的资金往来关系;四是具有央行《人民币大额和可疑支付交易报告管理办法》《金融机构大额和可疑外汇资金交易报告管理办法》规定的可疑交易情况。因此,在查处经济犯罪案件时,如果发现大量的赃款被转入相关公司后即被再次转移,应当关注该公司是否存在洗钱行为。发现可疑公司后,可以有针对性地采取下列对策。

① 根据已掌握的资金转移线索,迅速对其中一两笔大额资金进行追踪检查,摸清该组织洗钱的方式方法及途径。

② 通过检查该公司的资产负债表、损益表以及往来明细账目,迅速确认该公司存在大量与经营无关的资金流通的事实和证据。

③ 通过检查其实收资本账户资料以及工商登记查询,迅速确认公司的投资者是谁,以便及时控制洗钱者。还可以通过公安、检察系统的信息网络,了解该公司以往是否存在洗钱前科,以进一步确认洗钱组织的性质。

④ 及时查封、扣押该公司的财务会计资料,通过银行及时查封公司及关联人的银行账户,防止洗钱证据的灭失。

⑤ 及时组织法务会计人员进行相关财务会计问题的鉴定,以正确区分洗钱与正常贸易的运营结果。

第三节 职务犯罪

职务犯罪并非我国《刑法》中的专门术语,而是司法部门和法学理论界提出的一个概念。其法律依据是我国《刑法》和相关刑事法规中的某些犯罪,这些犯罪必须以犯罪主体具备一定的职务身份为前提,或以利用职务便利实施一定行为为构成要件。关于职务犯罪的概念,目前主流观点认为,职务犯罪是指具备一定职务身份的人故意或过失地实施了与其职务之间具有必然联系的、侵犯了国家管理公务的职能和声誉的行为,致使国家和人民利益遭受重大损失的各种犯罪总称。职务犯罪包括以下四类:贪污贿赂犯罪,渎职犯罪,国家机关工作人员利用职权实施的侵犯公民人身权利和民主权利的犯罪,国家机关工作人员利用职权实施的其他重大犯罪。本节主要研究的职务犯罪类型是《刑法》第八章所规定的贪污罪、贿赂犯罪、挪用型犯罪。上述犯罪有一个共同点就是都属于经济犯罪,这些犯罪与会计资料有着紧密的关系,犯罪人在实施此类犯罪时都会或多或少在会计资料上留下痕迹,因而法务会计人员在这些犯罪的侦查过程中能够发挥巨大的作用。

一、贪污罪

2017年10月18日,习近平总书记在向中国共产党第十九次全国代表大会作报告时指出,要坚持无禁区、全覆盖、零容忍,坚持重遏制、强高压、长震慑。2018年1月11日,他在中国共产党第十九届中央纪律检查委员会第二次全体会议上进一步明确,深化标本兼治,构建不敢腐、不能腐、不想腐的体制机制。同年12月13日,习近平总书记又在中共中央政治局第十一次集体学习时强调,在新的起点上持续深化党的纪律检查体制和国家监察体制改革,推进反腐败工作法治化、规范化。可见,严厉惩治腐败犯罪已成为刑事政策的现实选择,上述政策目标的变化过程明显表现出我国腐败治理从政策反腐到法治反腐、从治标策略到治本方略、从短效机制到长效机制的转变①。

(一)贪污罪的概念与构成要件

1. 贪污罪的概念

贪污罪是指国家工作人员利用职务上的便利,侵吞、窃取、骗取或者以其他手段非法占有公共财物的行为。受国家机关、国有公司、企业、事业单位、人民团体委托管理、经营国有财产的人员,利用职务上的便利,侵吞、窃取、骗取或者以其他手段非法占有国有财物的行为以贪污论。

《刑法》第383条规定,对贪污罪的处罚根据情节轻重,分别依照下列规定处罚:① 贪污数额较大或者有其他较重情节的,处3年以下有期徒刑或者拘役,并处罚金。② 贪污数额巨大或者有其他严重情节的,处3年以上10年以下有期徒刑,并处罚金或者没收财产。③ 贪污数额特别巨大或者有其他特别严重情节的,处10年以上有期徒刑或者无期徒刑,并处罚金或者没收财产;数额特别巨大,并使国家和人民利益遭受特别重大损失的,处无期徒刑或者死刑,并处没收财产。

2. 贪污罪的构成要件

(1)客体要件。本罪客体是复杂客体,既侵犯职务行为的廉洁性,又侵害公共财产所有权。本罪的对象是公共财产。《刑法》第91条规定了公共财物范围如下:① 国有财产;② 劳动群众集体所有的财产;③ 用于扶贫和其他公益事业的社会捐助或者专项基金的财产。在国家机关、国有公司、企业、集体企业和人民团体管理、使用或者运输中的私人财产,以公共财产论。

(2)客观要件。贪污犯罪在客观方面的表现形式主要包括侵吞、骗取、窃取三类。

---

① 李冠煌:《贪污罪量刑规范化的中国实践——基于〈刑法修正案(九)〉生效后的案例分析》,《法学》2020年第1期。

侵吞是指利用职务上的便利,公然攫取或秘密截留公共财物的贪污手段,如私账公报、截留公款等。采用侵吞手段贪污公共财物,在财务或账务处理方面可表现为作为和不作为两类情形。作为主要表现为将个人的开支作为公务予以报销等;不作为则主要表现为收入不报账、收入不记账等。骗取是指利用职务上的便利,编造虚假的财务支出用途,将公共财产骗归己有的贪污手段,如虚报冒领等。采用骗取手段贪污公共财物,在财务或账务处理方面多表现为以不真实的财务凭证报账。盗窃是指利用职务上的便利,秘密窃取公共财物的贪污手段,如监守自盗等。采用盗窃手段贪污公共财物,在财务或账务处理方面主要表现为制造能够少增或减少现金、存货等账户余额的弊端账项。

(3) 主体要件。贪污罪的行为主体是国家工作人员。根据《刑法》第93条,国家工作人员是指国家机关中从事公务的人员。国有公司、企业、事业单位、人民团体中从事公务的人员和国家机关、国有公司、企业、事业单位委派到非国有公司、企业、事业单位、社会团体从事公务的人员,以及其他依照法律从事公务的人员,以国家工作人员论。

(4) 主观要件。贪污罪的主观要件是故意,并具有非法占有的目的。故意是指明知自己的行为侵犯了职务行为的廉洁性,会发生侵害公共财产的结果,并且希望或者放任这种结果的发生。

(二) 贪污犯罪的侦查目的与具体侦查对策

1. 贪污案件的侦查目的

(1) 查明嫌疑人非法占有的财物属性,包括查明非法占有的财物的法律属性,即是否是公共财物、本单位财物、国有资产,查明非法占有的财物的财务属性,即属于哪类资金,如是否系罚没财物。

(2) 查明嫌疑人非法占有公共财物或本单位财物的作案手段。

(3) 查明嫌疑人非法占有公共财物或本单位财物的作案过程。

(4) 查明非法占有公共财物或本单位财物的去向及用途,其中包括非法转移至境外的财物。

2. 贪污案件的具体侦查对策

(1) 检查分析收款票据。通过检查分析由作案人开出的收款收据、发票的记账联,发现有明显的制作错误或不合理因素的,可通过核查付款单位所存的同一票据,发现或核实作案人侵吞收入款项的账项。

(2) 检查收款票据存根。检查由作案人开出的收款收据、发票的存根。通过与记账联核对,可以发现收款不报账或不记账的情形;通过与仓库发货联核对,可以发现票据金额不同的分填发票的情形;通过检查存根联,发现有收款票据的使用不合理或不正常的情形时,可通过核对银行存款、应收账款等账户资料,核实有无错记结算方式的情形,或核查付款单位所存的同一票据,核实报账或记账金额与实际收入金额是否一致。

(3) 检查特设账户。对同时兼办采购和推销业务,其所在单位为核算其收支业务设置了专门账户的作案人,应检查该特设账户的资料。检查的方法如下:首先,按具体的业务事项,对该账户的借、贷方发生额逐笔进行勾对检查。其次,检查中发现同笔业务的贷方发生额合计小于或等于借方发生额的合计的,要通过查阅贷方发生额的原始凭证,查明付款单位的名称。最后,通过检查付款单位的财务会计资料,核实其实际付款情况，从而可以发现作案人采用白条收款、非法票据收款、盗用收款票据收款等方法，侵吞收入款项的账项。

（4）检查坏账准备、管理费用等账户资料。重点检查与作案人经办业务有关的坏账、呆账损失的核销账项。对已核销的高额应收账款，应通过检查对方单位的存货、应付账款、货币资金等账户资料，查明其有否支付作案人所在单位已核销账项的款项，可以发现作案人侵吞收入款项的账项。

（5）检查定期收入账项的资料。定期收入款项的账项，主要包括租金、税金、管理费等项目的收入。首先，通过收集有关合同或账簿，查明作案人经手办理的定期收入的收款项目、收款方式、应收金额的情况。其次，对定期收入数额较为稳定的，可直接通过检查相关账户的账簿，查看有无收入未记账的月份；对定期收入数额波动较大的，可通过分期分户列表进行检查。最后，对通过核对发现的未收或少收的情形，可通过检查有关收款收据、扣款记录及往来结算账户资料，核实实际收款情况，从中可发现作案人侵吞定期收入的账项。

（6）检查职工集资账户资料。在检查借入资金等职工集资账户资料时，可重点检查作案人交付的集资款是否系通过银行转入的。对通过银行转入的，可通过检查银行凭证追查代付集资款单位的财务会计资料，查明是否系作案人用侵吞收入款项交付的集资款。

（7）检查备用金账户资料。主要通过检查核对备用金账户的账证，查明作案人在结算其所领用备用金的账项中有无通过银行转账结算的，如有，则可通过追查款项来源，查明有无使用侵吞收入的款项结算备用金的情形。

（8）检查存货及销售收入资料。主要通过检查由作案人经手的材料、产品、商品的销售情况，排查侵吞销售收入款项的嫌疑账项。排查的重点一是出现过重大盘亏情形的存货，二是出现过较大调价情形的存货。对前一类情形，如被检查单位无盘亏物品销售明细账的，可按具体物品的品名复记明细账，并结合检查应收账款资料进行分析，从而找出嫌疑账项；对后一类情形，可以列表核对调价前后的存货付出与销售收入。其中，存货付出的列表依据是出库单（或进货发票），销售收入的列表依据是销售发票。通过列表核对，可以分析嫌疑账项。对上述检查分析的嫌疑账项，可通过检查购货单位的存货及货币资金等账户资料予以核实。

（9）检查核对工作记录与收入资料。检查作案人所在单位对外提供劳务的工作量与劳务收入，如发现已完成劳务活动而未收取劳务费的情形，可以通过检查接受劳务单位的费用支出账目，发现对方已支付的劳务费用已被作案人侵吞的账项。核对劳务收入时，通常可按经济业务的类型分别进行核对。

（10）检查核对经济合同与经营收入资料。检查由作案人签订或实施的经济合同的内容与完成情况，并与已完成合同的收入及应收账款资料进行核对。对核对中发现的合同已执行完毕但未作账务处理的收入账项，通过核查应结算单位的财务会计资料，可以发现侵吞经营收入款项的账项。

（11）检查付款单位的财务会计资料。在检查有关单位的付款原始凭证时，发现付款凭证或付款事项有嫌疑账项的，通过核查收款单位的债务会计资料，有时也会发现收款单位有关人员侵吞收入款项的账项。例如：在检查原始付款凭证时，可以发现开出发票的单位与收款单位不一致的情形，通过核查开出发票单位的账目资料，有可能发现该单位业务人员利用分填收款票据的手段侵吞经营收入的事实。

二、贿赂犯罪

随着社会转型发展，经济和公共权力的集中处成为贿赂犯罪的高发区，如公安、海关、交通管理、税务、工商、土地规划等行政执法和司法部门，直接掌握计划、调配和审批权的管理部门，以及房地产、证券、期货、投资等领域。腐败治理是我国社会主义法治建设的重要内容。为躲避追查，受贿人可能会销毁、隐藏证据，但不管如何掩藏，犯罪总是有迹可循，其中常常涉及财务会计资料的分析，往往需要法务会计人员运用专业的会计、审计、法律知识和司法鉴定技术辅助分析，找寻其中的蛛丝马迹。

(一) 贿赂犯罪的概念与构成要件

1. 贿赂犯罪的概念

贿赂案件是指涉及受贿、行贿、介绍贿赂等犯罪行为的刑事案件。该类犯罪涉及的罪名很多，有受贿罪（第 385 条）、单位受贿罪（第 387 条）、利用影响力受贿罪（第 388 条）、行贿罪（第 389 条）、对有影响力的人行贿罪（第 390 条）、对单位行贿罪（第 391 条）、介绍贿赂罪（第 392 条）、单位行贿罪（第 393 条）。由于受贿罪是贿赂犯罪的核心罪名，贿赂犯罪的一些其他具体罪名如单位受贿罪、利用影响力受贿、非国家工作人员受贿是受贿罪的延伸拓展。本节主要介绍受贿罪。

受贿罪是指国家工作人员利用职务上的便利，索取他人财物，或者非法收受他人财物，为他人谋取利益的行为。国家工作人员在经济往来中，违反国家规定，收受各种名义的回扣、手续费，归个人所有的，以受贿论处。刑法对受贿罪的规定非单一法条，《刑法》第 385 条、第 386 条、第 388 条规定了公职人员受贿罪的概念及法律后果，第 163 条第 3 款和第 184 条第 2 款分别规定了委派到非国有公司、企业及其他单位和非国有金融机构从事公务人员受贿罪的定罪量刑。随着社会发展，受贿手段趋于隐蔽化、智能化，出现交易型受贿、干股受贿、合作投资型受贿、委托理财型受贿、赌博型受贿等多种新型受贿类型①。

《刑法》第 386 条对犯受贿罪的处罚规定为根据受贿所得数额及情节，依照对贪污罪的处罚规定处罚，索贿的从重处罚。

2. 贿赂犯罪的构成要件

（1）客体要件。本罪侵犯的客体是复杂客体，包括国家工作人员职务行为的廉洁性和国家机关、国有公司、企事业单位、人民团体的正常管理活动。本罪的犯罪对象是财物，包括货币、有价证券、商品等。

（2）客观要件。本罪在客观方面表现为行为人具有利用职务上的便利，向他人索取财物，或者收受他人财物并为他人谋取利益的行为。利用职务之便可以分为以下两

---

① 孙国祥：《贪污贿赂犯罪研究》，中国人民大学出版社，2018，第 768 页。

种情况：一是利用职务上的便利；二是利用与职务有关的便利条件，即不是直接利用职权，而是利用本人的职权或地位形成的便利条件，向请托人索取或者非法收受财物。

（3）主体要件。本罪的主体是特殊主体，即国家工作人员。国家工作人员包括在国家机关中从事公务的人员，拟定的国家工作人员，即国有公司、企事业单位、人民团体中从事公务的人员和国家机关、国有公司、企事业单位委派到非国有公司、企事业单位、社会团体从事公务的人员，以及其他依照法律从事公务的人员。

（4）主观要件。本罪在主观方面要求故意，只有行为人出于故意所实施的受贿犯罪行为才构成受贿罪，过失行为不构成本罪。在实践中，行为人往往以各种手法掩盖其真实的犯罪目的，因而必须深入地加以分析判断。

（二）贿赂案件的侦查作用

在调查贿赂案件中进行会计侦查活动，主要是为了查明受贿人为行贿人谋取的利益，行贿人给予受贿人的财物，以及因贿赂而造成的经济损失的数额等案件事实。

1. 查明受贿人为行贿人谋取利益的情况

受贿人利用职务上的便利，能够为行贿人谋取利益或已为行贿人谋取了利益是贿赂案件发生的基本原因，也是贿赂案件应当查明的重要事实。

（1）查明谋取经济利益的内容。主要需要查明受贿人为行贿人实际谋取了哪一方面的经济利益。由于受贿人的职权范围不同，受贿人能够利用职务便利为行贿人谋取利益的内容也会不同。

（2）查明谋取经济利益的时间、地点、数额。主要通过收集财务会计资料证据，查明受贿人在何时、何地为行贿人谋取了多少经济利益。

2. 查明行贿人给予受贿人财物的情况

行贿人给予受贿人财物，受贿人接受行贿人给予的财物，是贿赂案件的基本犯罪事实。通过会计侦查活动，可以查明贿赂的内容、方式、数额等事实情节[①]。

（1）查明贿赂财物的内容。行贿人给予受贿人的财物通常有金钱、股票、高档邮票、债券、国库券、房屋、家用电器、高档家具、古玩字画以及其他以财物形式体现的经济利益。

（2）查明贿赂财物的支付形式。行贿人给予受贿人贿赂财物的支付形式主要有赠与、借与财物，试用物品，支付回扣、佣金、提成、酬谢费、劳务费、手续费、利息、利润分成等。

（3）查明贿赂财物的数额。

（4）查明贿赂财物的支付时间。

（5）查明贿赂财物的经手人及账务出处。

3. 查明因贿赂导致的经济损失情况

当受贿人为行贿人谋取不正当利益时，可能会导致国家或集体经济组织遭受一定的经济损失。由于这类损失与贿赂有关，所以也是贿赂案件必须查明的重要事实。查

---

① 王艳丽：《司法会计在贪污贿赂犯罪案件侦查中的应用研究》，硕士学位论文，西南政法大学，2015，第26—27页。

明这类损失的数额,需要使用会计学侦查的方法。

(三) 贿赂案件的具体侦查对策

1. 查证受贿单位或受贿人所在单位有关财务资料

检查受贿人所在单位的有关账目。一是可以收集受贿人为行贿人谋取经济利益的有关证据;二是可以核实和排除行贿单位支付的贿赂财物由受贿人所在单位收取的可能;三是在有些情况下,收集因贿赂造成经济损失的证据。通常情况下,凡涉及款项收付的账项,都可以通过检查现金、银行存款等货币资金账户资料进行查证;凡是涉及实物收付的账项,都可以通过检查存货、固定资产等资产账户资料进行查证。其他需要检查的账户资料包括以下几个方面。

(1) 检查企业单位的产品销售收入、营业收入及其他业务收入账户资料,收集营业发票等资料,查明受贿人为行贿人提供紧俏、廉价产品或商品的数量、金额。

(2) 检查企业单位的应收账款、其他应收款、内部往来、预付账款等往来结算账户资料或长期投资账户资料,收集贷款或借款凭证、转账记账凭证等,查明受贿人为行贿人提供货币资金或其他经济利益的时间、数额。

(3) 检查企业单位的材料采购或商品采购、财务费用、管理费用及销售费用账户资料等,收集发票、收据等,查明受贿人向行贿人支付高额费用的数额。

(4) 检查企业单位的坏账准备或管理费用账户,收集转账记账凭证、转账说明等,查明受贿人减、免行贿人应借款项的时间、数额等。

(5) 检查企事业单位的待处理财产损益、坏账准备、营业外支出等账户资料,收集转账记账凭证、转账说明、处理财产的发票等,查明受贿人所在单位因贿赂而蒙受损失的数额。

(6) 检查金融单位的各种贷款账户资料,收集借款合同、承兑协议、担保文件等,查明受贿人为行贿人提供贷款的时间、金额以及还款情况。

(7) 检查保险机构的追偿款收入、其他应收款账户资料,收集转账记账凭证及转账批件凭证,查明受贿人为行贿人减免赔偿金的时间和数额。

(8) 检查保险机构的赔款支出账户资料,收集付款凭证等赔付文件,查明受贿人为行贿人办理高额赔款业务的账项。

(9) 检查民政部门的经费支出等账户资料,收集付款凭证及相关文件,查明受贿人为行贿人提供专项款物的账项。

(10) 检查财政部门的预算支出及预算外支出类的账户资料,收集预算付款文件、财政补贴申请、付款凭证等,查明受贿人为行贿人提供财政补贴及其他财政资金的账项。

(11) 检查税务机关的提退税金账户资料,查证受贿人为行贿人办理退税业务的账项。

2. 查证行贿单位和个人相关账目

检查行贿单位的有关账目,一是可以收集行贿单位因贿赂而得到的经济利益的证据,二是可以收集行贿单位支付、核销行贿费用的证据。

(1) 查证行贿单位通过贿赂从受贿单位或受贿人所在单位得到的货币资金或实物

账项时,可通过检查其与受贿人职权有关的货币资金账户、存货、往来结算、固定资产、银行借款、长期借款、长期应付款等账户资料,收集证据。

(2) 查证行贿单位通过贿赂获取非法所得的账项时,可通过检查其应交税金、资本公积、待处理财产报送及收入类、收益类等账户资料,收集证据。

(3) 查证行贿单位支付、核销行贿费用账项时,可通过检查其货币资金账户、特设的购销差价及往来账户、小金库账证等资料收集证据。对因获取了巨额经济利益而行贿的,应当收集行贿单位的财务会计资料,通过会计侦查确认相关业务的经营利润。

三、挪用型犯罪

挪用型犯罪不是规范的犯罪概念,而是学理上对包含挪用行为要素的相关犯罪的总称①。一般认为,我国《刑法》规定了三种以对职务侵害为核心的挪用性质的犯罪,分别是《刑法》第 272 条的挪用资金罪、第 273 条的挪用特定款物罪以及第 384 条的挪用公款罪,分属于《刑法》分则的贪污贿赂罪和侵犯财产罪的范畴之中,然而三者在客观行为方式上却具有相似性。从挪用型犯罪的立法沿革来看,从挪用公款罪到挪用资金罪、挪用特定款物罪,立法上实现了从无到有,从以贪污认定到基于主体和财产所有权分别设立多个罪名。

(一) 挪用型犯罪的概念及构成要件

1. 挪用型犯罪的概念

挪用型职务犯罪是指具有主管、经手、管理财产职能的人员,依靠其职务所形成的便利条件,挪用本单位资金归个人使用,或者挪用国家特定款物归个人使用以及供单位使用,情节严重的行为。其中,挪用公款罪和挪用资金罪的主要区别在于犯罪主体不同。挪用公款罪的犯罪主体是国家工作人员;挪用资金罪的犯罪主体是公司、企业或者其他单位的工作人员,具有国家工作人员身份的人不能成为本罪的主体,只能成为挪用公款罪的主体。

2. 挪用型犯罪的构成要件

(1) 客体要件。挪用型犯罪的客体为财产的占有、使用、收益权和职务行为的廉洁性。在挪用公款罪和挪用资金罪中,侵犯了财产的占有、使用和收益权这一同类客体是毋庸置疑的。挪用特定款物罪不仅侵犯了国家关于特定款物的专项使用和管理的财经制度,同时侵犯了国家财产的占有、使用和收益权。特定款物一般都由国家划拨,有时也可能由社会捐赠,但不管通过什么途径获得的专款,都属于国家财产,最终应当归国家管理和使用。把特定款物挪作其他公用的行为显然侵犯了国家对特定款物所有权中的占有权和使用权。

(2) 客观要件。挪用型犯罪在客观方面都表现为挪用行为。不管是挪用公款、挪用资金还是挪用特定款物,都是把款物挪作他用。挪用型犯罪的危害结果条件,根据我国《刑法》分则的规定:一是以挪用行为对一般货币资金、特定款物所有权者造成损害的事

---

① 安文录、程兰兰、闫姿含:《挪用型犯罪的界定及其立法完善》,《政治与法律》2010 年第 10 期。

实作为危害结果条件,如挪用资金的数额、时间等;二是以挪用公款或者资金后的用途事实作为危害结果条件,如挪用公款或资金是否用来进行非法活动或营利活动。

(3) 主体要件。挪用型犯罪人实行挪用行为,必须以其为主管、经手和管理财物的人员为前提条件,在实际生活中表现为在国家机关、公司、企业、事业单位和人民团体中担任一定领导职务的人,或者会计、出纳等涉及财物职务的非领导人员。挪用公款罪和挪用资金罪的主体都是特殊主体,并且《刑法》对这两个罪所规定的构成要件中都明确要求行为人利用职务之便。《刑法》第273条对挪用特定款物罪的主体没有明确规定为特殊主体,但是在司法实践中,不具备一定的职务资格,不具备主管、经手和管理特定款物的职务条件,也不可能成为本罪的主体。

(4) 主观要件。挪用型犯罪在主观方面表现为直接故意,过失和间接故意不可能构成挪用型犯罪。挪用公款罪和挪用资金罪的行为人不论是将公款或单位资金挪归本人使用还是归他人使用,目的都是谋求私人利益,如直接谋取经济利益来满足个人生活的需要、碍于人情或追求其他利益等情形。在挪用特定款物罪中,行为人也可能是为了追求单位集团的利益,如挪用特定款物用于修建职工宿舍、更新单位办公设备或兴建办公大楼等,但在现实生活中,一般情况下也还夹杂着谋取个人利益的动机。

(二) 挪用型犯罪会计学侦查方法的侦查作用及侦查对策

1. 挪用型案件的侦查作用

(1) 查明犯罪嫌疑人及资金的去向。通过会计学分析财务资料,结合走访调查,确定挪用公款犯罪的犯罪嫌疑人、犯罪涉及的金额,以及公款被挪用后的去向。

(2) 查明挪用公款的方式。作案人主要使用截留、骗取、盗用三种方式挪用公款。截留即作案人将从其他单位收取的本单位的款项不交回单位,截留后归个人使用。骗取即作案人编造虚假情况,采用欺骗的方法将公款骗出,归个人使用。盗用即作案人将自己经管的公款,私自支出归个人使用。通过会计学的方法,可以侦查出作案人具体使用了哪几种方式来实施犯罪。

(3) 查明挪用公款的形式。作案人挪用款物的形式主要包括支取现金、转账支取、支取实物。支取现金包括直接支取库存现金和通过开户银行提取现金两种情形。转账支取即通过银行转账,直接支用公款。支取实物即将有价证券等公共财物私自销售,折变为款物后使用。

(4) 查明支取挪用公款的时间。支取挪用公款的时间包括支取公款的时间和挪用公款的使用时间两项。支取公款的时间是指作案人实际将公款挪用支出的时间。挪用款物的使用时间即从作案人支用公款到其归还公款之间的时间。这是确认挪用公款作一般使用的作案人是否构成挪用公款罪的主要客观要件之一。

(5) 查明挪用款物的数额和次数。在有些情形中,被告人实际作案一次,但因某种需要,多次作了款物转入转出的账务处理。这种情况下,就需要通过会计学侦查方法,查明相关会计处理的真实性问题。

2. 挪用型案件的具体侦查对策

(1) 将银行存款日记账与银行对账单相核对,查找未达账项、函证未达单位的付款账项,查看付款单位是否已付款,以验证该笔款项是否为挪用。

(2) 将银行存款日记账与收入账相核对,再检查发票、收据等结算凭证中对结算方式的记载与银行结算凭证是否一致,从而发现作案人将转账收取的款项挪用后,用现金归还并直接存入开户银行的现象。

(3) 突击盘点库存现金,编制库存现金盘点表,若发现巨额库存现金盘亏,则询问出纳是否挪用现金。

(4) 将现金收款凭证(取得收入的时间)与现金付款凭证(存入银行的时间)相核对,二者若相差过大,则可能为挪用。

(5) 将现金日记账与现金收款凭证相核对,若收款凭证的日期大大早于记账日期,则可能为挪用。

(6) 将银行存款日记账与银行对账单相核对,若提取大额现金业务的记账日期大大晚于银行对账单所记日期,则可能为挪用。

(7) 将现金日记账与银行对账单相核对,若日记账中有向银行交存现金业务的记载,但银行对账单中无相关对应记载,则可能为挪用。

(8) 将现金日记账贷方发生额与相关对应账簿相核对(如管理费用、存款、应付账款等借方发生额),若只贷记现金日记账,未登记对应账簿,则可能为挪用现金。

(9) 将现金日记账贷方发生额与对应的原始凭证相核对,若无原始凭证依据贷记现金日记账,则可能为挪用现金。

(10) 函证长期挂账的应收账款,若对方单位回函已还款,而货币资金账户找不到对应记录,则可能为挪用。

(11) 将应付账款贷方发生额与对应的原始凭证相核对,以验证是否有销售收入不入账,故意贷记到各种应付款项账户,盗用收入的行为。

(12) 函证长期挂账的预付账款,以验证是否为挪用。

(13) 审查长期不结账的高额备用金,以验证是否为挪用。

(14) 将短期投资明细账与证券账户资料记录相核对,若发现证券账户资料记录的交易次数多于短期投资账户资料记录的交易次数,通过检查未入账的交易记录,可以发现挪用有价证券进行账外交易的挪用本单位资金的现象。

第四节 税 收 犯 罪

纵向上来看,我国税收犯罪的立案总量高;横向上来看,我国税收犯罪主要犯罪类型的发案区域、行业相对确定。如虚开类案件,其地域性、行业性特征明显,多发生在石油、煤炭等资源密集地区。就假发票犯罪而言,全国已形成了非法制造、中转集散、发票零售的产业链条。税收犯罪的流动性大,其中骗取出口退税犯罪和虚开发票犯罪越来越突出,发达地区盛于欠发达地区。此外,税收犯罪行为还具有专业性与隐蔽性,案件查处难。

(一) 税收犯罪的概念及构成要件

1. 税收犯罪的概念

税收相关的犯罪有不同的称谓,包括"危害税收征管罪""税收犯罪""税务犯罪""涉税犯罪"等。由于在我国刑法理论中,"税收犯罪"已经成为一种约定俗成的称谓,故本节选用"税收犯罪"的称谓。

税收犯罪就是侵害国家税收征管制度的一类罪群犯罪[①],即外观具有统一性,群内各犯罪具有相同特质,又各具独立特质的集合性犯罪[②]。体现在《刑法》中,税收犯罪具体包括以下19种罪名:走私普通货物、物品罪(第153条),逃税罪(第201条、第204条第2款),抗税罪(第202条),逃避追缴欠税罪(第203条),骗取出口退税罪(第204条第1款),虚开增值税专用发票、用于骗取出口退税、抵扣税款发票罪(第205条),虚开发票罪(第205条),伪造、出售伪造的增值税专用发票罪(第206条),非法出售增值税专用发票罪(第207条),非法购买增值税专用发票、购买伪造的增值税专用发票罪(第208条第1款),非法制造、出售非法制造的用于骗取出口退税、抵扣税款发票罪(第209条第1款),非法制造、出售非法制造的发票罪(第209条第2款),非法出售用于骗取出口退税、抵扣税款发票罪(第209条第3款),非法出售发票罪(第209条第4款),持有伪造的发票罪(第210条之一),徇私舞弊不征、少征税款罪(第404条),徇私舞弊发售发票、抵扣税款、出口退税罪(第405条第1款),违法提供出口退税凭证罪(第405条第2款),放纵走私罪(第411条)。

2. 税收犯罪的构成要件

(1) 客体要件。根据通说,犯罪客体是指我国刑法所保护的,而被犯罪行为所侵犯的社会主义社会关系。研究涉税犯罪的客体,也就是研究涉税犯罪行为所侵犯的社会关系。关于税收犯罪侵犯的客体,理论界看法不一,概括起来可分为简单客体说和复杂客体说。前者又可分为税收征管制度说、税收制度或秩序说和税收管理制度说[③];后者又可分为税收征管制度和发票管理制度说与国家税收征管制度和国家税收收入说[④]。本文认为涉税犯罪的客体是税收关系,而税收关系实质上是税收法律关系,涉税犯罪的客体实质上也就是税收法律关系。

(2) 客观要件。税收犯罪在客观方面表现为违反国家税收法规,妨害国家税收活动,情节严重的行为。其客观特征是税收犯罪的双重违法性。税收犯罪违反税收法规,具有违反税收法规性,同时由于其严重的社会危害性和人身危险性又违反刑事法规,具有刑事违法性。

(3) 主体要件。根据税收犯罪具体罪名不同,犯罪主体可以分为一般主体和特殊主体。比如,骗取国家出口退税罪、特殊发票犯罪和普通发票犯罪只要求行为人达到16周岁,具有刑事责任能力,是一般主体。特殊主体体现在偷税罪、抗税罪的主体为纳税人、扣缴义务人,逃避追缴欠税罪的主体为纳税人,另外根据《刑法》规定,除抗税罪以外,单位可以成为税收犯罪的主体。

(4) 主观要件。税收犯罪在主观方面表现为故意,并且只能是直接故意,具有谋取

---

① 何恒攀:《税收犯罪立法研究》,中国法制出版社,2015,第13页。
② 黄荣康:《税收犯罪及司法应对研究》,人民法院出版社,2005,第4页。
③ 高铭暄:《新型经济犯罪研究》,中国方正出版社,2000,第13页。
④ 黄京平:《破坏市场经济秩序罪研究》,中国人民大学出版社,1999,第539页。

非法利益的目的。当然,对于不同的罪来说,故意的内容是不同的。

(二) 税收犯罪的法务会计鉴定方法

不同的税收犯罪及同种税收犯罪的不同案件,其查处方法都会有所不同,但作为同种性质的犯罪,在查处方法上必然会存在一些共同的特征。司法实践中,税收犯罪证据调查的一般方法有查账、鉴定、询问证人、讯问犯罪嫌疑人及进行现场勘查或搜查以收集物证、书证等。

1. 查账

所谓查账,是指运用系统的、有组织的科学方法,对单位的账、证、表及账产、物资等进行详细、周密、深入的检查和审核。税收犯罪案件一般都与账、证、表及账产、物资等有关,因为税务机关在确认纳税人的纳税义务时,必须以纳税人的生产、经营状况为依据,而纳税人生产、经营状况是通过其凭证、账簿、会计报表等反映出来的。因此,纳税人使用的凭证、账簿是否符合要求,凭证、账簿所反映的经济内容是否真实可信,直接关系到计税依据。因此,通过查账,从单位的生产和销售、物资的保管和进出、成本和利润、债权和债务等财务情况便可发现税收犯罪的疑点、线索,甚至可以直接获取税收犯罪的证据。运用查账方法查处税收犯罪时,对税收犯罪行为人在会计账证上惯用的作假手法以及查账的复杂性、专业性要有充分的认识。下面从对账目中的敏感内容进行分析和对账外账的查处两个方面来阐述查账方法。

A. 对账目中的敏感内容分析

(1) 对敏感数据进行分析。数据是构成会计账目的基本要素,会计账目是通过数据计量来反映企业的财务状况的,所以,充分运用敏感数据进行分析研究往往能发现有价值的线索。

① 分析数据大小。在会计核算中,某些数字大小是受一定财务管理标准限制的,若超过标准,则应重点关注。

② 分析数据变化。企业财务收支在一定时期内总是稳定在一个正常幅度内,要是某个时期突然出现大幅度的变动,则说明财务收支有问题,应弄清原委。

③ 分析数据的精确性。《会计基础工作规范》要求记账人员必须准确地反映会计信息,"角分必争"。但根据经济活动的实际,数据的精确限度却是相对的,如增值税额不可能为整数,固定资产的单价也不可能为小数。脱离了实际的精确度,则很可能存在弄虚作假的问题。

(2) 对敏感时间进行分析。经济业务是在一定时间内发生的,会计账面对经济业务的记录也有相应的时间,所以时间是对经济业务进行反映和监督的重要环节,通过对经济业务敏感时间的动态比对,能迅速地找出许多疑点。

① 分析时间界限。《企业财务通则》对企业许多经济业务规定了严格的时间界限。例如,因债务人逾期未履行偿债义务超过三年,仍然不能收回的应收账款,可以确认为坏账损失。若无故突破这些时间界限,则应深入调查。

② 分析特定时间。一般来说,企业的经营活动应当符合特定时间的规律性特点,如年终的奖金支出、缴税申报、季节性业务等。如果这些经济业务的记录上没有反映时间,或者发生时间与经济业务内容相矛盾,则应当调查。

③ 分析间隔时间。企业的经济业务有时会出现连续，如付工程进度款、每月的水电费等都是同一业务，在不同时间连续发生。如在某一时段同一业务的间隔时间与其他时期相比出现变化，虽然间隔只有几天，但都值得注意。

(3) 对敏感客户进行分析。企业的业务范围往往很广泛，其与客户的关系也错综复杂，但是从一个单位的某项经济业务内容来看，其经济交往又大多是相对固定的，所以根据各项经济业务的具体内容，针对敏感客户进行辨析，比较容易找到案件的切入点。

① 分析客户距离。经济业务中涉及的客户，根据市场价格、运输费用、生产需求的经济内容可大体确定其距离。如同一商品、同一价格可以从多个客户采购，而采购人员偏偏舍近求远，购买质次价高的商品，就应将此作为进一步审查的线索。

② 分析客户权限。在市场经济条件下，任何一个经济实体都有其限定的经营范围，不能越权经营。如果客户开具的票证及反映的经济业务与其自身的业务范围不符，可作为疑点查证。

③ 分析客户关联。在正常的经济交往中，一般购货单位为付款单位或负债单位，反之，销货单位为收款单位或债权单位，如果二者发生分离，出现了与双方没有丝毫关联的第三者，不供货却收款或不收货却付款，可视为不正常现象查证。

(4) 对敏感对应性进行分析。在企业的经济活动中，财产物资和资金必然会形成对应关系，而没有正确反映账目之间的对应关系、内在逻辑出现矛盾的经济业务，往往是查证的重点。

① 分析账户的对应性。企业会计核算中使用的记账方法是复式记账法。复式记账法的基本原理就是每一笔经济业务至少要在两个相互联系的账户上以相等的金额作双重记录，反映经济业务的来龙去脉，反映资金的增减变化。因此，在一项经济业务涉及的账户之间，就存在着一种试算平衡并相互依存的对应关系，如果某项业务记录脱离了正常的账户对应，可作为疑点查证。

② 分析物流的对应性。企业销售商品，必然会有对应的存货购进，同时产生资金双向流动。如果只有大量的销售发票入账而没有对应的原料购进，或者有原料购进记录而没有资金双向流动，那该项经济业务的真实性就值得怀疑。

③ 分析价格的对应性。平等交易是企业开展经济活动的准则，商品的买卖价格应产生对应关系。要是企业购销中出现低买高卖或高买低卖，明显背离正常市场价值，就有可能存在贪污、抽逃资金等问题。

(5) 对敏感字迹进行分析。会计资料是用文字、字母、数字来记录企业的财务状况，这些记录能反映出许多隐藏的问题。

① 分析字迹整齐与否。会计账簿是序时登记，不可能在一天内完成，其字迹笔墨不可能做到整齐划一。如果会计账册中的字迹一致，笔墨一样，而且非常整洁，这些字迹就是重要线索。

② 分析字迹修正方式。会计记录修正错误有两种方法，即红字冲正和调账。如果不是采取这些方法，而是涂改、刮擦、粘贴，这些字迹就可能存在会计作假。

B. 账外账税收犯罪的证据调查方法

在税收犯罪案件中，以设置账外账进行偷税最为普遍，最具有代表性。在查处利用账外账进行偷税的案件时,应从资金流、物流、账证报表的勾稽关系去发现问题,寻找证据。所谓账外账,就是犯罪分子为偷逃国家税款,私自设立两套账簿,对内账簿真实核算生产经营情况,对外账簿记载虚假的经营收入和利润情况,以虚假的生产经营情况对付各方检查并以此作为纳税申报的依据,通过做假账的手段达到偷逃税款的目的。

(1) 账外账税收犯罪的常见手法。主要包括电脑作弊型、两账并行型、内外联系型三种。

① 电脑作弊型。电脑账和纸质手工账并行,纸质账记录真实的业务,电脑账记录虚假业务并对外提供,以此进行申报纳税;或者电脑账记录真实的业务,纸质账记录虚假业务并对外提供。小型工业企业和商业企业常使用这种手法偷税。

② 两账并行型。设置内、外两套账,内、外账之间没有任何联系。企业的资金、生产、费用和销售从开始就被分为两部分,分别进行记账,一部分作为对外申报纳税的依据,另一部分账外运转,收益作为企业的小金库。大型的工业企业和商业企业通常使用这种方法。因这种形式将部分资金和生产经营费用以及相关的制造费用、工人工资和销售收入等在体外循环,所以更具有隐蔽性,更难查处。

③ 内外联系型。内、外账之间相互关联,但企业并没有将所有的业务分两部分记账,只是将某笔业务或某部分业务自账内分离出来单独记账,设立小金库或者挪作他用。主要手法是将原材料或下脚料销售单独记账等,国有企业通常使用这种手法。

(2) 账外账税收犯罪的查处方法。在对账外账偷税方式进行检查时,要针对不同的企业、不同的情况确定不同的检查方法,跳出就账查账的圈子,做到账内账外结合、内查和外调结合。以下主要介绍对账外账检查最常见的四种方法。

① 突击检查法。突击检查法是针对被查对象的实际情况,查前不事先通知被查对象的一种检查方法。此种方法主要适用于有人举报企业有账外账现象的案件和已掌握一定证据证明企业存在账外账案件的检查。具体操作方法如下:在实施检查前,先做好相关信息的收集和分析,调阅被查对象的纳税档案等资料,对被查对象的经营规模、生产状况、行业特点、财务核算以及生产流程进行综合分析,寻找检查的切入点,确定突击检查的重要环节或部门。然后对检查人员进行明确分工,对确定的检查目标如产品仓库、销售部门和生产经营场地以及分支机构同时展开检查,做到出其不意,攻其不备。检查中,每位检查人员应高度负责,善于在每一环节抓住战机,做到迅速及时,以快制胜,不给违法分子隐匿、销毁、转移证据的机会,从而获取第一手证据资料。

② 逻辑推理分析法。此种方法主要是从货物流向和资金流向的角度进行研究,根据被查对象的财务核算指标和生产业务流程,通过对资料之间的比率或趋势进行分析,发现资料间的异常关系和某些数据的意外波动。分析中,可以选用收入增长率、销售毛利率、销售利润率、应收账款周转率、资产周转率等财务指标。将通过分析得到的数据在横向上与同行业的相关数据资料进行比较,在纵向上与该公司不同时期的数据资料进行比对,查找疑点,寻找突破口。此方法主要收集被查对象存在账外账的疑点,通过分析得来的资料虽然不能作为定性定案的依据,但是可以作为查案线索,提供检查的目标和方向。同时,它也是对第一种检查方法尚未解决问题的有效补充。具体操作方法如下:首先,对被查对象的生产工艺流程、收发料凭证、产量和工时记录以及成本计算资料等进行分析,确定每种产品的原材料消耗量、成品产出量和产品销售量之间的配比

关系。其次,选择生产产品消耗的专用直接材料进行分析,结合车间的投入产出等资料,剔除异常因素后,测算出各种产品的投入产出率,列出相应的数学关系式,与同行业的该项指标进行对比,以确定是否合理。再次,将各期专用直接材料的耗用数量乘以各种产品的投入产出率,求出每一种产品的正常产量。最后,与产成品明细账记录的入库数量进行核对,二者之间的差额一般可以确定为账外经营的部分,而对于将原材料或下脚料销售单独记账的偷税行为,则可从获取单位产品的材料消耗定额或计算其正常消耗量的方向去检查。

③ 异常情况分析法。此种方法主要是在认真检查企业各种账证之间的勾稽关系,仔细分析每一处疑点的基础上,注重结合企业产品的性能和用途,了解和熟悉企业生产中各环节之间的勾稽关系,发现企业账务中不合乎常规的疑点和问题,从而快速找到检查工作的突破口。具体操作中,重点对异常数字、异常科目、异常行为进行分析:首先,对异常数字进行分析。所谓异常数字,就是经正常会计核算处理后不应出现或极少出现的数字。数字异常与否是由它所传递的业务内容决定的。所以,分析异常数字,必须结合经济业务的内容。在对数字进行分析时,应重点关注企业账簿中资金运动的来龙去脉,分析异常数字产生的原因,将每笔业务落实清楚,判断企业是否存在账外经营或账上舞弊行为。其次,对异常科目进行分析。会计科目是企业进行财务核算的基本要素,对违反了会计核算常规的异常会计科目进行分析,查明所记录业务的来龙去脉,是检查的重点。最后,对异常行为进行分析。企业的所有行为都是围绕生产经营和会计核算发生的,每项行为之间都存在着必然的联系,应把分析行为之间的合理性作为检查的一部分。例如,企业的产品销售费用中"运杂费"与销售收入之间有着密切联系,成正比关系。假如运杂费用大量发生,而销售收入却变化不大,对此异常行为应重点分析,查明其原因所在。

④ 外围查证法。因为证据在案件的定性中最直接有效,所以外围查证法是目前账外账检查中最普遍采用的方法。此方法主要是将前三种检查方法中所排查出的问题,逐笔落实清楚,进行调查取证。此方法的应用重点是要注意取证的合法性和有效性,使取得的证据能够作为定案的依据。具体操作主要是对资金流向和货物流向进行检查。首先,对资金流向进行检查。这种方法主要检查企业是否存在账外账户和不通过正常使用的银行账户进行结算的情况。因银行结算是企业最主要的结算方式,银行账单存根能客观地记录和反映企业交易行为,根据这一特点,以检查银行存款账户为突破口,通过将银行对账单与企业银行存款日记账逐笔核对,可以排查出款项的来源和款项的性质,从而发现疑点,顺藤摸瓜,查出企业的偷逃骗税行为。具体操作办法如下:到人民银行或各专业银行取得企业设立的所有银行账户的证据,然后与企业的银行存款日记账核对。对未入账的银行账户,到银行调阅银行存款对账单,并逐笔查阅银行传票,落实款项的收取和支付情况,找出款项的往来对象进行统计,为下一步的调查取证做好准备。对企业入账核算的银行账户,也应调阅银行存款对账单与企业的银行存款日记账逐笔核对,查阅企业的所有业务是否全部入账,未入账的业务应到银行查阅相关的银行传票。对于以现金形式进行款项收取和支付的,可以通过对被查对象在银行设立的个人储蓄存款账户的检查,了解其资金流向。其次,对货物流向的检查。上述操作办法

对资金流向进行了落实取证,但是,仅有资金流向的证据是不能作为定案依据的,因为它只是证明了企业收到和支付款项的实际数额,而不能说明款项往来的性质,即这些款项究竟是借入款还是销货款项,是借出款项还是购货款项。所以,仅有对资金流向的证明是不能对案件进行定性的,还要对货物流向进行取证。对货物流向的调查取证应分为对销售货物、购进货物和支付费用等方面的查证。检查中注意收集掌握企业货物流转的线索与证据,通过对相关企业调查落实,鉴别被查企业账簿真伪,尤其对于购销用户相对单一的工业企业和商业企业,通过检查有疑点的几笔业务,即可起到去伪存真的效果。再次,对销售货物的查证。需要调查落实所售货物的名称、数量、金额、开具的票据、企业的记录、购货方的付款凭证、购货方的账簿记录、记账凭证等,同时还应注意购货方所支付的货款是否与通过银行所掌握的资金数额相符,假如不符应根据新的线索继续调查落实。最后,对购进货物和支付费用的查证。这方面的查证也应从上述角度进行,注意证据之间的联系性,使各证据形成一个链条关系。

总之,对账外账的检查主要是从资金流向和货物流转两个方面来收集提取证据。在调查取证过程中,还要特别注意资金流和货物流之间的联系是否相互印证,是否形成一个严密的证据链。只有做到了这一点,才能将案件查深、查透,从而将税收犯罪案件办成铁案。

2. 鉴定

鉴定是指司法机关为了解决案件中的某些专门性问题,指派或者聘请有专门技能的人进行科学鉴别的方法。由于通过鉴定得出的结论客观性强,所以在刑事诉讼中鉴定常常成为判断证据、认定案情的重要手段。在税务刑事案件中,会计鉴定、税务鉴定、刑事技术鉴定是常常容易涉及或被采用的鉴定方法,其他鉴定方法涉及较少。

(1) 会计鉴定。所谓会计鉴定,是指运用会计学等专门知识,对有关财务、账目进行的鉴定。在进行会计鉴定时,要求鉴定的司法机关除了要向鉴定人明确需要鉴定的问题外,一般还应当提供以下鉴定所需的材料。

① 案件卷宗材料。案件卷宗材料是了解案件性质的基本依据,提供案件卷宗材料给鉴定人,可以帮助鉴定人尽可能了解案件的有关线索和特点,掌握案件所涉资金的运动规律,从而便于鉴定人初步确定作案手段,正确分析、判断,得出正确结论。

② 发案单位的会计制度。不同行业、不同单位会计制度存在一定差异。例如,工业单位的会计制度和商业单位的会计制度差别很大。即使是商业单位,饮食业和旅游业的会计制度也会有所差异。不同的会计制度对账务资料的要求是不一样的,因此,为保证鉴定结论的正确性,司法机关还应向鉴定人提供发案单位的会计制度、单位内部会计分工和组织形式以及会计机构同其他部门的相互关系等内容。

③ 案件所涉及的账册。账册也称账簿,即记载货币、货物出入的本簿,账册以会计凭证为依据,对会计事项进行全面、系统、连续、科学的记录,是编制会计报表的依据,是体现单位的经济活动的书面载体。我国会计法规定,账册必须具有真实性、准确性、完整性,并符合会计制度规定。因此,凡案件所涉及的账册,都属于提交鉴定的范围。

④ 案件所涉及的会计凭证。会计凭证是记录经济业务,明确经济责任,证明会计事项确已发生,作为记账依据的书面证明文件。会计凭证是会计分析和检查的原始资

料,通过分析、检查会计凭证,可以检查该单位的经济活动是否合乎国家法律的有关规定。根据用途的不同,会计凭证可以分为原始凭证和记账凭证,原始凭证是证明会计事项确已发生的最初取得或填制的凭据,如发票、车船机票等。原始凭证一般应提供原件,如果是复制、复印的,字迹、内容一定要清楚,准确无误。记账凭证则是指会计部门根据原始凭证和原始凭证汇总表填制,并据此登记账簿的会计凭证。记账凭证和原始凭证是形成会计账簿的依据,其真实、合法与否直接决定账簿的真实性和合法性。

(2) 税务鉴定。所谓税务鉴定,是指对纳税人的经营情况、应纳税税种、税目、税率、金额以及计税依据和如何适用税法等所进行的鉴定。税务鉴定的目的是解决纳税人的经济活动是否符合税收法律、法规和政策,纳税人是否有税收违法行为,如果有则属于何种性质的违法行为,其违法行为的内容是什么(如违法数额、触犯的法律条款)等问题。税务鉴定主要在税法违法和犯罪的界限比较模糊时采用,它与有关税收法律、法规完善与否具有密切关系。进行税务鉴定,一般是聘请税务机关指定的具有税务专业知识的人员进行。

(3) 刑事技术鉴定。所谓刑事技术鉴定,主要是指对痕迹、笔迹等进行同一鉴定。在税收案件的侦查中,对收集到的书证、物证的真伪、书写人的笔迹以及与案件有关的遗留痕迹都要进行科学的技术鉴定,如发票鉴定、笔迹鉴定、痕迹鉴定等,以便为审判机关认定犯罪事实提供科学依据。

3. 询问证人

询问证人是指向案情知情人,主要是税务部门、公司、企业及其他与犯罪嫌疑人有业务往来者,了解犯罪嫌疑人是在何时、何地、何种情况下,以何种手段、何种方式实施犯罪的。在询问证人时,要根据证人与犯罪嫌疑人关系情况的不同,做好宣传教育工作,使之与侦查机关配合。询问证人应认真地做好笔录,经其核对无误后签名盖章。

4. 讯问犯罪嫌疑人

为了迅速查明犯罪事实及犯罪的具体情节,扩大收集证据的线索,听取犯罪嫌疑人的申辩,讯问犯罪嫌疑人也是重要的证据调查方法。在税收犯罪中,由于一般不存在直接的受害人(抗税罪例外),也很少有直接的目击证人,所以犯罪嫌疑人的口供是税收犯罪的主要直接证据。口供的内容主要包括犯罪嫌疑人、被告人承认自己有罪的供述和说明自己无罪、罪轻的辩解。讯问税收犯罪嫌疑人,主要是为了查证、核实税收犯罪嫌疑人的动机、目的,了解其作案的手段,明确案件所涉及的税种、税目、税款数额及其占应纳税额的比例,查明涉案发票的来源、下落和涉案账款的下落、用途。涉及多次行为的,要逐次查证核实。税收犯罪嫌疑人一般具有一定的专业知识和丰富的社会经验,具有一定的反侦查能力,并且其作案手段隐蔽狡猾,直接知情人往往较少,在"一案多犯"的案件中,有关人员往往还在案发前即已统一口径,或者在案发后订立攻守同盟,要突破其防线,任务相当艰巨。因此,讯问税收犯罪嫌疑人之前应做好充分的计划和准备工作。在司法实践中,讯问税收犯罪嫌疑人一般可以从以下五个方面着手。

(1) 熟悉案情。熟悉案件情况和案犯特点,是做好讯问准备工作的重要内容。由于讯问税收犯罪嫌疑人的目的是全面、深入地了解案件事实情况,一般需要认真审阅、分析已获取的材料,掌握认定犯罪嫌疑人犯罪的相关证据,同时,通过向有关单位和知情人调查访问，了解犯罪嫌疑人的家庭情况和社会关系，分析研究其心理状况和个性特点。

(2) 选取讯问的"突破口"。选取讯问的"突破口"是指根据已知的案件事实，选择重点对象和薄弱环节进行讯问。这里所选择的"突破口"，可能是众多共同犯罪嫌疑人中的某一个易于突破的人，也可能是全案中的某一事实，甚至是某一事实的某一情节。一般来说，一旦找准突破口，便可以乘胜追击，扩大战果，直至侦破全案。

(3) 利用矛盾。在税收犯罪中，税收犯罪嫌疑人往往与其他同案犯、有关各证人和关系单位之间订有"攻守同盟"，犯罪嫌疑人以伪供对付审讯。但各种"攻守同盟"只能就大的原则问题达成协议，一旦细究微查，一些矛盾就会慢慢暴露出来。可以利用暴露出的矛盾，摧毁对方的侥幸心理，同时对犯罪嫌疑人的同盟方晓之以理，最终突破"攻守同盟"的防线。

(4) 实行攻心策略。犯罪嫌疑人在接受讯问时一般都存在矛盾的心理。一方面，担心交代出罪行会受到法律的惩罚，因而希望通过隐瞒推托，从而侥幸逃避法律制裁；另一方面，也担心因拒不交代罪行而在查明案件真相后受到更严厉的惩罚。利用犯罪嫌疑人的这种矛盾心理，有针对性地进行思想政策教育。

(5) 适时出示证据。在讯问犯罪嫌疑人时，往往有些犯罪嫌疑人拒不交代，法律政策措施也难以奏效。这时要掌握时机，出示一些让犯罪嫌疑人意想不到或措手不及的证据，震慑、瓦解其心理防线，就会起到突破一点、打开一片的效果。

5. 进行现场勘查或搜查以收集物证、书证

(1) 现场勘查。现场勘查是指在刑事案件发生后，侦查人员或其他有关执法人员深入案发地点，运用刑事技术手段和调查访问手段获取证据。例如，税务机关在依法检查纳税人的生产和经营场所或运输途中的应税货物时，将纳税人的应税产品、商品的规格、品名、数量以及检查时间、地点、人员、事由、处理情况等记录下来，通过分析研究，可能发现其偷税事实。又如暴力抗税造成严重后果的案件，公安机关在条件许可时应立即派出人员赶往现场，通过现场勘查收集抗税证据，如抗税人员所使用的凶器、毁坏税务人员执行公务所使用的交通工具和其他物品、被殴打的税务人员受伤情况等证据。

(2) 搜查。在税收犯罪案件中，搜查的重点地方主要是有可能藏匿犯罪物证、书证的有关处所，如涉案单位及其有关人员的办公地点、住所，犯罪嫌疑人曾藏匿或有可能藏匿的地点，制造、非法销售发票的窝点等。在搜查前，一般应当进行周密、谨慎的计划，做到掌握时机，选准方向，迅速及时。搜查的目标在不同的税收案件中侧重点有所不同。如：增值税专用发票案件中，搜查的目标主要是发票、营业执照副本、征税证明、合同、银行结汇单及有关的信件、公章、人民币、外汇等；伪造发票案件中，搜查的重点则是伪造的发票，以及制造伪造发票所使用的书证、物证。对搜查到的书证、物证，应当严格管理，最好是由专人清点、登记造册并负责保管。在清点证据时应有见证人在场见证。通过搜查依法取得的证据具有很强的客观性，因而往往能提示犯罪事实的客观存在，对正确定案具有重要意义。

案例评析

案例一：徐某某犯抽逃出资罪、挪用资金罪、职务侵占罪、伪造国家机关印章罪、伪造公司企业印章罪、合同诈骗罪案①

【基本案情】

2007年10月29日，徐某某与他人共同出资成立芜湖星城置业有限公司（以下简称"星城置业公司"）。自2009年5月11日起，星城置业公司法定代表人变更为徐某某。2010年12月24日，星城置业公司的股东变更为芜湖联合置业有限公司（以下简称"联合置业公司"）与芜湖金恒发置业有限公司（以下简称"金恒发置业公司"），注册资本为1.2亿元。

2011年四五月，徐某某经人介绍与中融国际信托有限公司（以下简称"中融公司"）取得联系。为了让中融公司向星城置业公司提供信托资金，徐某某指使星城置业公司财务人员制作虚假的财务报表，报表反映星城置业公司净资产2.8亿元，盈利、偿债能力很强，而星城置业公司的真实负债（包括每月支付利息等）则没有进入账内反映。

2011年6月3日，中融公司与星城置业公司及星城置业公司的股东金恒发置业公司、联合置业公司签订了合作协议、补充协议、监管协议等，约定：中融公司设立信托计划，将该信托计划所募集的资金用于受让星城置业公司99%的股权。该信托计划预计发行29 000万份信托单位，其中，由中融公司募集合格的优先级委托人认购15 000万份优先级信托单位，金恒发置业公司、联合置业公司作为次级委托人认购14 000万份次级信托单位。信托计划募集前，金恒发置业公司、联合置业公司应与中融公司签署股权转让协议，由中融公司受让金恒发置业公司、联合置业公司持有的星城置业公司99%的股权，股权转让款合计约为29 000万元。中融公司作为控股股东，授权金恒发置业公司对星城置业公司进行日常运营和管理，但星城置业公司与关联方之间的任何合同、协议、一次性支出或累计支出金额在人民币100万元以上的其他事项等，均需要星城置业公司董事会一致审议通过。金恒发置业公司必须保证星城置业公司资产完整性，不得利用经营管理的便利损害项目公司利益，不得将属于项目公司的财产、利益或者商业机会转移到自身或其关联方。对于金恒发置业公司、联合置业公司未向中融公司披露的星城置业公司任何负债、或然性负债和责任，以及金恒发置业公司、联合置业公司将股权转让给中融公司前星城置业公司已存在的全部负债和责任，均由金恒发置业公司、联合置业公司负责解决并承担。

当日，金恒发置业公司、联合置业公司与中融公司签订股权转让协议，后召开股

---

① 安徽省高级人民法院刑事判决书，(2016)皖刑终374号。

东会并修改公司章程。2011年6月7日,星城置业公司依法申请变更登记,将公司股东变更为中融公司(持股99%)与金恒发置业公司(持股1%),法定代表人为徐某某。

因星城置业公司股东金恒发置业公司、原股东联合置业公司未行使对星城置业公司股权回购的优先购买权,2012年8月30日,中融公司将星城置业公司99%的股权转让给济南发祥伟业房地产开发有限公司(以下简称"济南发祥伟业公司"),终止信托计划。股权变更后,星城置业公司注册资本为1.21亿元,济南发祥伟业公司持股99%,金恒发置业公司持股1%。

在中融公司授权管理期间,徐某某违反合作协议挪用资金。2011年6月至2012年8月,徐某某挪用星城置业公司售房款3 317.69万元。其中,由联合置业公司直接收售房款866.25万元,通过POS机刷卡收售房款707.47万元,代收代办费121.31万元,2012年4月16日通过银行本票背书659.24万元给联合置业公司,2012年4月17日、18日通过银行本票背书963.42万元给联合置业公司。徐某某以星城置业公司商品房代怡德置业公司、联合置业公司抵华业集团公司、伟翔建设公司等单位工程款3 635.27万元,抵债的商品房共计77套,停车位13个,商品房面积为9 003.99平方米。徐某某曾向向某、刘某两人借款,并向周发盛等内部职工集资。为了归还前述借款及职工集资款,徐某某伙同周某以星城置业公司商品房抵账外借款、职工集资等3 736.18万元。2011年8月至2012年6月,星城置业公司向建设银行累计贷款1.1亿元,累计偿还贷款300万元,尚欠1.07亿元。徐某某利用关联方及账外银行卡转移项目贷款资金3 237万元,支付以前的欠款及借款。众华会计师事务所(特殊普通合伙)众会字〔2014〕第4672号法务会计鉴定意见书证明徐某某挪用星城置业公司资金的明细情况。

【案例评析】

本案中,一审法院根据书证、证人证言、被告人供述和辩解、鉴定意见等证据认定:被告人徐某某在担任星城置业公司法定代表人期间,利用职务之便,挪用星城置业公司资金,数额巨大,其行为已构成挪用资金罪;利用职务之便,虚构事实,将星城置业公司的财产非法占为己有,数额巨大,其行为已构成职务侵占罪;私刻芜湖市工商行政管理局印章、芜湖市房地产登记管理处登记备案专用章及芜湖市镜湖投资建设有限公司等11个公司印章,其行为分别构成伪造国家机关印章罪、伪造公司印章罪;以非法占有为目的,在履行合同过程中,采用欺骗的手段,造成担保人代为偿还相关债务,侵害了担保人的财产权益,而且数额特别巨大,其行为构成合同诈骗罪。

徐某某认为其行为不构成挪用资金罪及职务侵占罪,主要理由是认为本案法务会计鉴定意见存在重大瑕疵(该鉴定意见中载明的鉴定人并未入选鉴定人名册,也未取得司法鉴定人资格,依法无权从事司法鉴定业务),依法不能成为定案根据。徐某某的辩护人还提出:法务会计鉴定意见在形成之初,侦查机关从未告诉过徐某某,直到庭审中,徐某某和辩护人才知道还有一个法务会计鉴定意见。

终审法院认为《全国人民代表大会常务委员会关于司法鉴定管理问题的决定》(以下简称《决定》)第9条关于"应当委托列入鉴定人名册的鉴定人进行鉴定"的规定及《司法鉴定人登记管理办法》关于司法鉴定人执业证的规定针对的是《决定》第2条规定的鉴定事项,该事项并不包括会计鉴定。而且,判决书所采信的法务会计鉴定意见书系众华会计师事务所(特殊普通合伙)受侦查机关芜湖市公安局鸠江分局委托作出,芜湖市公安局鸠江分局于2014年9月23日将该鉴定意见通知徐某某,并告知可以提出补充鉴定或者重新鉴定的申请,徐某某在通知书上签名按手印,芜湖市中级人民法院2014年10月17日开庭时,公诉人出示该法务会计鉴定意见书并由控辩双方进行了质证,并无违反法定程序的情形。故终审法院认为此上诉理由及辩护意见不能成立,不予采纳。

随着我国市场经济的发展,经济犯罪的数量呈增长趋势,财务造假也随之增多。在一些案件的调查取证过程中,当事人藏匿财务会计资料,而检察机关工作人员往往缺乏专业知识,存在搜集不到案件关键证据的情况。而且在经济犯罪侦查中,除证人证言和犯罪嫌疑人供述以及非财务书证外,隐藏在繁多财务资料中的书证只有通过法务会计检查才能发现、收集和固定。为确保作为案件关键证据的财务资料具有客观性、关联性和合法性,最大限度地还原案件的事实经过,发挥证据作用,应当由专业的法务会计人员从事这一活动。本案中,侦查机关芜湖市公安局鸠江分局便是委托众华会计师事务所作出法务会计鉴定意见书,证明徐某某挪用星城置业公司资金的明细情况,为一审法院判决徐某某犯挪用资金罪及职务侵占罪发挥了重要作用。

案例二:陈必红内幕交易案①

【基本案情】

陈必红自2007年起担任内蒙古晟纳吉光伏材料有限公司(以下简称"晟纳吉公司")财务总监,2011年起担任上海杰姆斯电子材料有限公司(以下简称"杰姆斯公司")总经理,2013年1月起担任天龙光电总经理。刘某作为富派公司总经理,采用与客户签订委托资产管理协议的方式实际控制了户名为"谭甲""谭乙"等证券账户。

2013年年初,天龙光电董事长冯某在获悉上海超日太阳能科技股份有限公司(以下简称"上海超日")出现经营危机后即开始追讨欠款,但均未果。同年8月,上海超日董事长倪某向冯某提出将上海超日空闲厂房和设备出租给天龙光电以使用租金抵偿欠天龙光电债务的方案。冯某在征求被告人陈必红等人意见后,于同年9月5日与倪某就上述方案达成合意:天龙光电租赁上海超日(洛阳)太阳能公司(以下简称"洛阳超日")、上海超日(九江)太阳能公司(以下简称"九江超日")的厂房、设备,相关租金用于抵偿上海超日欠款。同年9月18日,冯某在天龙光电高管会议上向陈必红、

---

① 上海市高级人民法院刑事裁定书,(2015)沪高刑终字第140号。

天龙光电董事会副总经理吕某等人通报了上述方案。同月20—23日,吕某受指派考察了九江超日、洛阳超日,并对相关租金进行了测算和汇报。此后,天龙光电经与上海超日进一步协商,于同年11月1日签订合作生产经营协议书。同月2日,上海超日发布关于签订上述协议的公告。同月4日,天龙光电在进行内部预测后,发布了签订上述协议和2013年度业绩预增公告,并停牌。同月5日,天龙光电复牌。

自2013年年初起,被告人刘某因投资晟纳吉公司而不定期与陈必红、晟纳吉公司董事长周某见面,商谈晟纳吉公司和天龙光电的经营状况等事项。其间,刘某先从陈必红处获悉天龙光电将向新疆那拉提单晶厂出售价值约1.5亿元人民币的单晶炉的信息,后于同年9月初又从陈必红处获悉天龙光电研发蓝宝石屏幕样品取得进展的信息和上述用租金抵偿债务方案的内幕信息。同期,刘某开始与陈必红保持密切电话联系。同年9月11日始,刘某指使富派公司交易员洪某利用实际控制的户名为"谭乙""谭甲"的证券账户买入天龙光电股票。同年11月6日,刘某指使洪某抛出所持有的全部天龙光电股票。刘某共计购入天龙光电319万余股,总成交金额为2 336万余元,获利139万余元。

【案例评析】

本案争议焦点主要是内幕信息敏感期的确定,一审法院认定陈必红犯内幕交易罪的证据有:富派公司委托资产管理协议书,户名为"谭甲""谭乙"的证券账户资料,喜马拉雅酒店消费账单,陈必红与刘某之间的通话记录,上海超日、天龙光电关于签订合作生产协议的公告,天龙光电2013年年度预告等物证、书证,市公安局经侦总队一支队出具的案发经过、协助冻结财产通知书,证人冯某、倪某、周某、吕某、洪某等人的证言,上海财瑞会计师事务所出具的司法鉴定意见书等鉴定结论,被告人陈必红、刘某的供述等。

陈必红及其辩护人提出上诉认为,原判未采用中国证券监督管理委员会上海稽查局(以下简称"稽查局")的调查报告和会计师事务所的司法鉴定意见关于内幕信息敏感期起始时间为2013年9月5日的鉴定结论,而以2013年8月为内幕信息敏感期起始时间不当。而且陈必红虽为总经理,但不负责此次合作,不掌握发展动态,在9月18日冯某向高管们开会通报后,才知道两公司以租抵债的意向已确定,因此,陈必红知悉内幕信息时间应为9月18日。

二审法院认为,2013年7—8月,租赁抵债动议提出的主体为双方董事长,董事长属于公司决策的核心人物,而且双方董事长关系较为密切,双方董事长共同商量的事项具有很大的实现可能性。冯某在8月份时就已经考虑利用上海超日的生产线扩大华盛恒能的产能,以租抵债方案在2013年8月份一经提出即已基本确定。在2013年8月动议提出后,双方很快开始了事项的实质性操作,因此,内幕信息敏感期的开始时间应是影响内幕信息形成的动议的初始时间2013年8月。并且冯某、吕某、陈某的证言以及陈必红在侦查阶段的供述均称,陈必红作为公司总经理全面统管公司的各项工作,陈必红没有参与具体谈判过程,但租赁抵债一事整个过程陈必红都知情。虽然稽查局的调查报告和司法鉴定意见将内幕信息形成时间认定为2013年

9月5日，但司法机关对证券违法犯罪行为具有独立判断权力，对调查报告和鉴定意见中的客观内容予以采纳并进行独立的刑事认定符合法律规定。陈必红及其辩护人关于内幕信息敏感期起始时间为2013年9月5日的上诉理由和辩护意见与查明的事实和证据以及法律规定不符，不能成立。最终上海高院判决驳回上诉，维持原判。

我国没有采用英美法系国家将法务会计鉴定作为会计专家出庭作证的取证手段的模式，而是把法务会计鉴定作为刑事诉讼程序的组成部分，即通过法务会计鉴定程序得出鉴定意见，并将其作为诉讼证据。在鉴定机构与司法机关分离前，会计鉴定由法院指派或委托内部的法务会计鉴定机构进行，其所作出的鉴定意见当然地具有证据资格，鉴定意见不存在可采性问题，一般在庭审时直接被法官采信。但在鉴定机构与司法机关分离后，由独立的中介机构或人员（会计师事务所及注册会计师）所出具的鉴定意见是否被法官采纳，缺乏科学、合理的判断标准或规则，法官通常根据鉴定机构级别的高低、鉴定人资质、能力的强弱以及鉴定时间的先后来判断选择，往往级别高的鉴定机构比级别低的更可靠、能力强的鉴定人出具的鉴定意见比能力弱的更可信、重新鉴定的意见比原先的意见更优先等。本案中，上诉人陈必红依据上海财瑞会计师事务所出具的司法鉴定意见书和上海稽查局的调查报告等鉴定结论，认为原判未采用司法鉴定意见书和调查报告关于内幕信息敏感期起始时间的鉴定结论不当。二审法院认为，司法机关应当对法务会计鉴定意见中的客观内容予以采纳，并进行独立的刑事认定，对证券违法犯罪行为具有独立判断权力。

案例三：马某犯挪用公款罪案

【基本案情】

马某系北京市机电设备总公司设备分公司（性质为全民所有制企业）钢材部副主任，其主体身份属于国家工作人员，主要负责钢材的销售。马某还同时参股北京德利恒源商贸有限公司，该公司属于有限责任公司，马某是该公司主要负责人。自2008年5月至2010年，马某在担任机电公司钢材部副主任期间，利用其负责管理销售钢材的职权便利，通过滚动赊销的方式分批次将价值120余万元的钢材销售给马某自己经营的德利恒源公司，由于德利恒源公司资金紧张，马某出于个人营利考虑，一直没有将该笔销售款收回，并授意机电公司财务人员通过做假账的方式将该笔货款未收回的事实予以隐瞒。最终，导致机电公司在长达两年的时间里丧失了对该笔货款占有、使用及收益的相应权利。

【案例评析】

本案中，马某挪用公款是通过滚动赊销的方式进行的，时间跨度较大，涉及多家公司和大量的财务账目，查账的难度非常大，因而侦查部门及时聘请北京某会计师事务所介入，对该案涉及的多个公司近五年的相关会计资料进行审查，并制作司法鉴定意见书。鉴定书内容如下。

> 北京某会计师事务所(普通合伙)
> 关于北京德利恒源商贸有限公司部分事项司法鉴定意见书
> 〔2012〕审鉴字第 3 号
>
> 一、基本情况内容
> ……
> 二、检案摘要
> ……
> 三、鉴定意见
> 1. 2002—2010 年德利公司与机电公司债权债务情况
> 经核实德利公司账簿和机电公司提供的其与德利公司往来明细账,除德利公司 2010 年 12 月一笔 20 662.93 元调账(其他公司往来科目之间调账,应为误调入机电公司)机电公司未进行账务处理之外,两家公司往来账簿核对相符,至 2009 年 8 月 31 日,双方账面体现德利公司欠机电公司 1 282 681.17 元,自此之后双方账面无业务发生。
> 2. 德利公司与机电公司资金占用情况
> 德利公司自 2005 年 2 月开始向机电公司借款及预购货款(往来发票或摘要注明为借款的 500 万元,其余未注明款项性质或注明为预收货款),从双方往来时间来看,除 2007 年 12 月 31 日机电公司对德利公司欠款 282 万外(2007 年 12 月 26 日,德利公司向机电公司销售一笔钢材 573 万元),德利公司一直对机电公司保持占款,累计占用资金 5 771 万元,2005 年 5 月底最高占用 2 700 多万元,2006 年全年,德利公司向机电公司销售额(含税)3 400 万元,其中现款销售 2 930 万元,与业务量相比,日常占款较大,2006 年年底资金占用开始大幅度下降。

会计师事务所通过制作司法鉴定意见书,证实马某在 2008—2010 年通过滚动赊销方式将价值 128 万余元的钢材销售给其个人经营的德利恒源公司,但销售所得的货款一直未予收回,被德利恒源公司长期占用直至 2012 年年底。该份证据成为最终认定马某挪用公款的核心证据,对于案件的事实认定起到关键作用,并被法院所采纳。最终,法院依法判决马某犯挪用公款罪,判处有期徒刑六年。

在马某挪用公款一案的侦查办理过程中,法务会计鉴定对于案件的最终认定发挥了至关重要的作用。虽然马某对其犯罪事实供认不讳,但如果无其他证据支持,也不能认定马某的挪用公款行为。本案中,马某利用滚动赊销的方法长期占用公款,其犯罪手法非常隐蔽,而且还授意会计对账目进行修改以掩人耳目,这些给侦办该案造成了很大难度。但是,会计师事务所通过对涉案单位多年来大量会计资料的检查,发现马某通过滚动赊销方法挪用公款的线索,并最终以法务会计鉴定形式加以固定。因为司法会计鉴定结论具有客观性、专业性强的特点,该项证据成为认定马某犯罪的诸多证据中最有分量的一份证据。而且事实证明,只有通过法务会计鉴定方法才能将马某采用滚动赊销的方式挪用公款的犯罪事实解释清楚,可见法务会计诉讼支持在经济犯罪案件领域的重要作用和未来的应用价值。

复习思考题

1. 违规披露、不披露重要信息罪的取证范围和方法。
2. 内幕交易、泄露内幕信息罪的法务会计甄别方法。
3. 非法集资犯罪的鉴定方法。
4. 试述贪污犯罪的具体侦查对策。
5. 试述税收犯罪证据调查中账外账检查最常见的四种方法。

第九章　法务会计的未来发展

学习目标： 了解会计诚信对会计人员的相关要求，掌握法务会计发展对维护会计信息真实有效、会计诚信化建设所能起到的推进作用。了解在当前国际经济、金融市场法律环境下，培养法务会计人才对促进经济增长的重要意义。理解在企业财务舞弊案件频发的背景下，投资者权益保护是维持市场健康发展的关键，掌握法务会计是如何实现对投资者权益的保护的。

内容提要： 经济全球化给资本和金融市场带来一系列新问题。本章结合当前市场发展环境、美国《反海外贿赂行为法》以及瑞幸咖啡财务造假事件，从诚信会计的制度化建设、会计法律环境的规范化建设、保护投资者权益的环境建设及法务会计的人才建设四个角度来阐述法务会计的未来发展。

第一节　诚信会计的制度化建设

近年来，会计行业遇到严重的"诚信危机"，重建会计行业的诚信是当前面临的紧迫问题。安然公司虚报利润 6 亿美元、施乐公司虚报销售收入 64 亿美元、默克公司连续三年共虚报收入 124 亿美元、瑞幸咖啡伪造 22 亿元人民币的交易额并虚增相关成本和费用。这一系列财务造假事件使投资者对会计制度失去了信心，也大大降低了企业的会计诚信度①。

会计诚信即会计人员要根据原始凭证按会计准则和原则记账、编制会计报表及审计等，要求会计人员立足会计实践，力行诚实守信。如果无法做到诚信会计，将会导致会计工作秩序混乱，会计基础不规范，会计信息失真严重，会计核算不真实、不完整。还会引发截留隐瞒收入、使用虚假发票、编造和提供虚假财务报表，利用现行会计法规不配套、不完善对会计信息进行操纵调整以偷漏国家税收、获取不义"经济利益"，对不同时期会计财务信息进行处理，人为操纵利润波动，制造虚假业绩等问题。

维护会计信息的真实有效，推进会计诚信化建设，需要靠会计相关人员和法律制度

---

① 据悉，2020 年 9 月 22 日，国家市场监管总局通报了对瑞幸咖啡的行政处罚，瑞幸咖啡（中国）有限公司及协助其造假的 40 多家涉案公司机构被罚共计 6 100 万元。参见佘颖：《瑞幸咖啡能涅槃重生吗》，《经济日报》2020 年 9 月 24 日第 009 版。

法务会计原理

共同保障、相辅相成。对于单位领导、企业管理者和会计人员,要加强诚信教育,组织会计职业道德教育,重点放在职业道德、会计理论、政策法规、业务知识和技能训练等内容上,使其熟练掌握会计法律和财会知识,形成依法办事、自觉遵守的职业操守。法律手段是提升会计诚信的有效途径,需要健全和完善会计管理制度,健全相关法律法规,加大惩处力度。诚信会计的建设还需要良好的会计诚信氛围,培育会计诚信环境,企业内部要建立科学合理高效的内部控制制度,形成既能相互协作又能相互监督、相互制约的机制,建立会计行业自律性组织,自我管理、自我约束、自我教育。

在诚信会计制度化建设的道路上,要治理会计诚信缺失、达到会计诚信的制度要求,发展法务会计是必要途径。法务会计为解决与协调会计法律纠纷和揭露报表舞弊提供了强而有力的手段,并且能积极参与对会计造假的揭露,对抑制会计造假、提高会计诚信有十分重要的意义。同时,会计准则与法律规范之间的差异也需要由法务会计理论研究来解决。所以,推动法务会计的发展是诚信会计制度化建设的要求之一。

第二节 会计法律环境的规范化建设

随着经济的飞速发展,我国众多国有企业和民营企业走出国门,逐步成长为跨国公司,如中国石油天然气公司、中国石油化工集团公司、中国万达集团、美的集团、海尔集团等。这些企业在走出国门融入世界经济潮流的过程中,也衍生出了一系列问题,跨国公司海外商业贿赂的法律问题是需要被重视的问题之一。

世界各国都已经意识到商业贿赂等腐败犯罪会严重威胁社会的稳定与安全,破坏社会体制和价值观、道德观,危害可持续发展的法制。腐败已经不再仅仅是腐败问题,而是一种影响所有社会环境的跨国现象[1]。在国际领域,英美等西方发达资本主义国家,为了维护本国跨国公司在东道主国家的利益、构建公平有序的全球市场经济环境,美国有《反海外贿赂行为法》,英国有《反贿赂法》,德国也有自己的反商业贿赂法律体系。

随着各国对跨国公司商业贿赂的关注和研究的深入,相当多国家的政府机构和司法机构从不同方面对跨国公司商业贿赂的情况进行了分析和报道。在非政府领域,影响比较大的是著名的"透明国际"(Transparency International)。透明国际运用清廉指数(Corruption Perceptions Index,CPI)和行贿指数(Bribe Payers Index,BPI)构成的腐败指数对各国进行综合性评估。在满分为 10 分的评比机制中,中国 1995 年 CPI 得分为 2.16 分,到 2012 年,得分仅上升至 3.9 分。2020 年 1 月 23 日,透明国际发布了 2019 年清廉感知指数,报告显示,亚太地区在反腐败工作方面尚未取得实质性进展,中国的全球清廉感知指数排名提高了七位,但还是位至第 80 名[2]。

---

[1] 卢建平、张旭辉:《美国反海外贿赂法解读》,中国方正出版社,2007,第 68 页。
[2] 《中国清廉指数排名提升》,商法摘要,https://www.vantageasia.com/zh-hans/chinas-cpi-ranking-improves/。

美国于 1977 年颁布了《反海外贿赂行为法》(Foreign Corrupt Practices Act，FCPA)。该法案出台的目的主要是打击 20 世纪 70 年代早期美国商业机构普遍性的贿赂外国官员的犯罪行为。FCPA 颁布以来，美国司法部和美国证券交易委员会(United States Securities and Exchange Commission，SEC)并没有大力推行这部法律。中国近年来经济实力大大增强，反腐任务也一样艰巨，而反映在跨国公司领域，中国成为美国 FCPA 适用的主战场之一。2019 年，FCPA 的 14 个案件中有 8 个和中国有关，这意味着 FCPA 所处罚的案例中有接近 60% 的腐败案件是发生在中国或和中国有关①。

从司法实践来看，我国打击跨国公司海外商业贿赂力不从心。我国于 2011 年在《刑法修正案(八)》中规定对外国公职人员、国际公共组织官员行贿罪，但鲜有此类案件移送司法机关处理。这并不是表明此类案件犯罪率低，而是因为在司法工作中，此类案件难以查证，移送至司法机关处理极其困难。

观察美国 FCPA 查处的众多美国海外商业贿赂案件，其有一套成熟的侦查机制。FCPA 规定，美国司法部和 SEC 共同负责此类案件的调查。司法部负责所有刑事指控，以及关于非发行人的反贿赂条款的民事诉讼；SEC 负责关于发行人的反贿赂条款和会计规定的民事执行②。FCPA 的案件调查机构比较成熟完善，而我国没有设立和规定专门的查处跨国公司海外商业贿赂的法律机构。实践中，贿赂类案件本身具有一定隐蔽性，取证有较高难度，我国现有的司法机关和监管体制对于此类案件难以发现、查处。

在此情况下，建立严密的会计制度、发展法务会计是当前环境的必然要求。建立严密的会计制度对于发现和查处商业贿赂具有重要意义，实行商业贿赂的公司往往采取做假账的方式掩盖其贿赂资金的流向，进而掩盖犯罪事实，逃避惩处。跨国公司的海外商业贿赂由于隐蔽性强、做假账手段繁多、取证困难，往往更加难以查处。美国《反海外贿赂行为法》规定了严格的会计制度，规定任何作假账的行为都是犯罪，从制度上消除了因商业贿赂作假的会计空间③。

法务会计学是一门涉及法律学、会计学、审计学等多门学科的交叉性会计学科，通过查验原始材料和账目数据等方法，以法律手段查证会计做假账的事实，从而达到查处会计舞弊行为的目的。企业会计舞弊行为主要表现为三种：操纵利润、调节资产及偷税逃税。在纳税人向税务机关提供的信息不真实时，如开虚假发票等，仅仅依靠普通的会计师是无法揭露纳税人的不良行为的，但法务会计人员具有专业的会计、法律知识，可以将二者融会贯通。

首先，法务会计可以调查相关纳税人的流动资产及财务状况，运用法律知识获取一系列真实有效的数据。通过对比纳税人向税务机关提供的不真实数据与法务会计获取

---

① 《2019 年〈反海外腐败法〉案件回顾，超半数与中国有关》，中国贸易新闻网，http://www.chinatradenews.com.cn/content/202003/04/c101406.html。
② 刘宵仑、赵金萍：《美国反海外贿赂行为法》，中国财政经济出版社，2006，第 23 页。
③ 蔡红：《中国跨国公司海外商业贿赂治理之法律问题研究》，硕士学位论文，华东政法大学，2017，第 30 页。

的真实有效的数据,就可分析确认纳税人是否存在舞弊的行为。

其次,为了确认企业是否存在舞弊,法务会计人员可以调查企业近年来的资金周转情况,确认企业固定资产金额是否有明显的变动。营业税改征增值税申报的过程中,企业在扩大库存量、增加应收账款以及销售退货等环节都可能出现舞弊的情况,法务会计人员可以采取调查企业应收账款和营业收入之间的比率、经营产生的费用和营业收入之间的比率等措施进行有效防范①。

最后,随着法务会计司法治理机构的建构与发展,可以运用数据分析技能来高效识别欺诈、舞弊以及评估潜在的风险,有效承担财产非法侵占的侦查、公诉审判等刑事责任追究与民事责任追索,大幅提高假账违法成本,约束会计造假行为,发挥法务会计治理假账的功能,提升企业内部的查弊功能。

近年来,中国与"一带一路"沿线国家双向投资不断深化。据报道,截至2019年9月30日,中国企业对沿线国家的投资累计已超过1 000亿美元,沿线国家对中国的投资也达到480亿美元。中国已与37个国家建立双边投资合作工作组,与5个国家建立贸易畅通工作组,与19个国家建立电子商务工作机制,与14个国家签署了第三方市场的合作协议。我国跨国公司的海外直接投资已经遍布全球绝大多数国家和地区②。

国有跨国公司在一定程度上是中国企业的表率,甚至是中国企业高水平的标杆。以法治手段建立和保证跨国公司良好的公平竞争诚信形象,通过法务会计帮助治理企业财务舞弊,提升企业内部的查弊功能,可以提升我国良好、公平的经济大国形象,以及我国在国际市场竞争中的诚信度。这不仅有利于中国跨国公司投资和交易,对于提升我国企业的形象和竞争力,促进中国总体经济增长也具有重要意义。

第三节 保护投资者权益的环境建设

上市公司财务舞弊的手段不断变化、更新,给投资者和债权人造成的损失愈来愈大。维护股东和债权人的利益、预防和控制财务舞弊案件的发生就显得尤为重要。法务会计对财务信息保持高度的敏感性,若能参与到公司的财务治理中,通过调查分析企业现金资产的流入与流出之间存在的关系、财务报表流动资金及企业的应收账款与营业收入的比率、库存周转率及库存的数量、在职人员和聘用时的背景调查等,及时发现问题,建立全方位的监督体系,在一定程度上能够遏制财务舞弊行为,降低投资者和债权人的利益损失。

在财务舞弊案件发生前,法务会计能发挥预防和控制的积极作用;在财务舞弊案件真实发生后,法务会计可以运用数据分析等技能为投资人和其他利益相关者提供相关

---

① 殷悦:《浅谈法务会计在查账征收中的反舞弊作用》,《财会研究》2020年第8期第80页。
② 《中国企业对"一带一路"沿线国家投资累计超1 000亿美元》,新华网,http://www.xinhuanet.com/2019-09/29/c_1125057885.htm。

的财务资料等,参与案件的调查取证,尽可能降低损失①。

2020年4月2日,美股上市公司瑞幸咖啡在审计2019年年报发现问题后,董事会成立了一个特别调查委员会。委员会发现,公司2019年二季度至四季度期间,伪造了22亿元人民币的交易额,相关的成本和费用也相应虚增。公开"自爆"财务造假,瑞幸咖啡当天股价暴跌75.6%,市值缩水至16亿美元。一时间,摩根士丹利、瑞士信贷、中金公司、海通国际等知名投行如坐针毡,四大会计师事务所之一安永忙于自保。

在瑞幸咖啡"自爆"的两个月前,著名的做空机构——浑水(Muddy Waters Research)公开了一份匿名的做空报告,指控瑞幸咖啡涉嫌财务造假,门店销量、商品售价、广告费用、其他产品的净收入都被夸大,2019年第3季度瑞幸的门店营业利润被夸大3.97亿元,瑞幸咖啡股价当日收跌10.74%,最大跌幅26.51%。但当时瑞幸咖啡在SEC官网发布公告,坚决否认了报告中的所有指控,称报告是毫无根据的推测和对事件的恶意解释。显然,那份神秘的做空报告就是引发瑞幸"自爆"的导火索。

浑水公司这份研究报告内容翔实,证据充足,视角独到。运用实地观察法,调动92名全职和1 418名兼职人员进行实地观察,成功记录981个工作日的门店流量,覆盖了620家门店100%的营业时间;运用实物验证法,通过从门店观察到的数据推算单个门店每天的订单数量;运用票据核实法,从10 119位客户那里收集了25 843张客户收据,分析出单笔订单商品数呈下降趋势;运用对比分析法,将瑞幸给出的净销售价格与浑水公司收集的收据表明的净销售价格进行对比,得出瑞幸所报告的数据膨胀率为12.3%;运用外部咨询法,央视市场研究(CTR)的追踪数据表明,瑞幸夸大2019年第3季度的费用超过了150%;运用会计试算法,比较真实情况与报告中情况,瑞幸多报了2019年第3季度的门店层面经营利润3.97亿元,而瑞幸所报告的广告费用与CTR追踪的分众传媒实际支出的差额为人民币3.36亿,这与多报的门店级经营利润十分接近②。

运用税务反推法,浑水公司为了确认相关产品的增值税税率为13%,在瑞幸进行消费并索要增值税记录,发票清晰显示坚果、松饼、果汁等增值税税率为13%,鲜制饮品和配送费增值税税率为6%;运用关联调查法,根据瑞幸在2020年1月8日发布的招股书,董事长陆正耀、CEO钱治亚和陆正耀的姐姐王新瑛(Sunying Wong)分别质押了30%、47%和100%的股份,但瑞幸的招股书未披露陆正耀与王新瑛是兄妹关系,他们的关系是在另一上市公司2018年年报中被披露的,瑞幸的管理层总共通过股票质押兑现了近一半的股份,而其余投资者则面临股票崩盘的巨大风险;运用尽职调查法,发现瑞幸联合创始人兼首席营销官杨飞曾因非法经营罪被判处有期徒刑18个月,彼时他是北京口碑营销策划有限公司的联合创始人兼总经理,后来口碑与北京氢动益维科技股份有限公司成为关联方,后者现在是神州租车的子公司,并且正在与瑞幸进行关联方交易,杨飞曾代表瑞幸多次公开露面,与瑞幸董事长兼CEO关系密切,然而他的名字从来没有显示在瑞幸官方网站的任何文件上面。

---

① 齐梦宣:《浅议法务会计在上市公司财务舞弊中的作用与发展》,《会计师》2019年第14期。
② 具体内容请阅读《浑水公司瑞幸咖啡做空报告(中文翻译版)》,资料来源:道客巴巴,http://www.doc88.com/p-68739799487829.html。

浑水公司的研究报告还运用趋势分析法、行业对标法、经济分析法等尽其所能地收集瑞幸咖啡的经营数据、信息,获得了隐藏在"繁荣"背后的"真相",从而帮助投资者更全面、直观地了解企业的经营情况、财务数据等信息,对自身的投资行为进行理性判断,防止利益受损。

瑞幸咖啡事件给在美国上市的中概股企业敲响了警钟[①]。根据浑水公司的研究报告以及瑞幸"自爆"的财务造假,瑞幸咖啡事件属于典型的虚假陈述,其对业务数据造假的行为将引发美国投资者对其进行巨额的索赔。依据美国《1934年证券交易法》的一般性反欺诈条款,即著名的10b-5规则,基于对上市公司披露信息之信赖买入股票的投资者,可以对股票发行人提起民事诉讼。同时,实施业务造假的责任人也要承担相应的刑事责任[②]。为了能够对投资者进行救济,美国《萨班斯-奥克斯利法案》设立公平基金制度,可以将美国监管者对实施业务造假者进行的罚款、没收和刑事罚金纳入公平基金,用于赔偿投资者。

我国最新修订的《证券法》已于2020年3月1日生效实施。新修订的《证券法》分别从司法制度及行政制度两个维度入手,进一步强化了对投资者的保护措施。该法设立专章规定了投资者保护制度,确定了投资者和投资者保护机构的权利,以及发行人及证券公司等多方主体的义务,明确了证券纠纷调解制度以及证券诉讼制度如何实施、由谁实施等重要问题,有利于提振中小投资者信心,解决长期以来存在的投资者维权难问题,为注册制下的投资者保护提供了制度上的保障,进一步完善了我国投资者权益保护机制。

对投资者的保护是金融、经济市场健康发展的基石。法务会计能够结合企业的相关数据资料、经营情况、资产信息等,运用专业的分析方法,在企业内部控制系统不够完善、控制手段不健全,内部审计无法保证独立性的情况下,帮助投资者尽快发现可能存在的财务问题,起到事前预防的作用[③]。管理人员或财务人员在不知情的情况下处理财务舞弊的事件,违反了法律却不自知的时候,法务会计可以与审计员核对相关文件,检查经济交易的合法性,从而起到事中控制的作用,保障投资者的合法权益。

法务会计可以参与企业财务舞弊等领域的整个法律程序,包括证据调查和收集、测试专家证词和法庭辩护,还可以利用经济纠纷专业知识与法律会计知识之间的关系,更加清晰客观地展现案件真实情况,从而全方位保证投资者的利益。

第四节　法务会计的人才建设

大力培养法务会计人才是当前经济、市场环境所需。法务会计作为处理会计法律

[①] 寇鑫、崔彩萍:《瑞幸咖啡财务造假事件的分析及启示》,《财会研究》2020年第8期。
[②] 李有星、潘政:《瑞幸咖啡虚假陈述案法律适用探讨——以中美证券法比较为视角》,《法律适用》2020年第9期。
[③] 槐金刚:《法务会计在治理财务舞弊中的应用》,《法制博览》2019年第24期。

事务的新型行业,需要更高层次的会计人才。其从业人员不但要具有扎实的会计理论基础和丰富的会计实践工作经验,而且还要掌握相关法律知识和证据规则知识。这样才能充分利用自身的发展,在法庭上配合律师工作,维护法律的尊严,保护客户的利益。目前,法务会计人才供给数量的有限性与多元化的市场需求之间产生矛盾,法务会计的人才培养需求也从多维度得以体现。

一、人才培养的市场需求

随着全球经济一体化的发展,各类涉及复杂财务会计问题的经济案件在我国大量出现。而且,除了司法机构外,发生纠纷的双方当事人也需要专业化的法务会计代理,对法庭做出的判决进行判断和申诉,从而导致实际中对法务会计人才的市场需求越来越大。

社会主义市场经济建设需要法务会计人才。市场经济是法治经济,法律制度的完善要求会计领域与法律领域的沟通。市场经济通过法律调节经济活动,而几乎所有的经济活动都与会计、审计相关。随着社会主义市场经济的发展,社会环境和经济运行过程也日益受到法律规范的约束。与此同时,违法违纪、经济犯罪案件急剧增多。在客观公正地处理这类案件的过程中,社会越来越需要法务会计人才。

我国发展对外贸易、参与国际竞争渴求法务会计人才。随着我国经济改革的不断深入,国际经济间的交往越来越频繁,各类组织间、个人间、组织与个人间的经济联系比以往任何时候都更复杂,经济行为中的财务舞弊越来越严重,各种经济诉讼涉及会计问题的越来越多,仅有法律知识的司法人员在处理相关案件时,会因缺乏会计知识使得工作无法开展。

二、复合型人才培养的需求

法务会计人才的培养模式全面吸收了会计基本原理和法学理论,从专业人才视角而言,既熟悉相关法律知识、又精通会计业务的复合型、通用型跨专业、跨领域人才是市场、社会所急需的。

会计、审计知识本身的专业局限性促使法务会计不断发展。会计专业知识的局限性使得现代会计控制力度不足,随着全球经济一体化的迅速发展及现代金融工具的不断创新,当代社会经济现象变得越来越复杂,同时也使得有关部门对经济活动的管理日趋复杂。经济过程的复杂化与多元化使得具有控制与反映作用的会计日渐乏力,如上市公司会计信息的披露需要依照相应的《证券法》和《公司法》的规定进行,而不是简单按照会计准则进行。再如,会计在进行核算时遵循相应会计原则,但计算纳税时却应按照税收法律规定进行,因而在披露纳税信息时应结合会计和税法两方面的规定。

三、国家法治建设的需求

在我国全面推进依法治国的过程中,伴随着司法体制与诉讼制度的不断完善,社会对具有会计与法学复合知识结构的人才的需求量不断增加。法务会计是综合运用会计、法律、审计、评估等专业工具,调查和获取会计证据以提交法庭,协助处理和解决社会主体财产被非法侵占、受损害赔偿、保值增值等问题的社会专业活动,适应了现代市场经济法治发展的现实需求。通过调查会计、损失计量、舞弊检查、诉讼支持、专家证人等,法务会计为认定经济犯罪事实、解决经济纠纷和防止舞弊提供科学依据,是维护社会经济秩序和纠查经济犯罪的有效工具,进一步促进经济发展带来的专业性财务法律难题的解决。

参 考 文 献

一、著作类

［1］白岱恩：《法务会计基础理论与应用研究》，知识产权出版社，2008。
［2］张苏彤：《法务会计高级教程》，中国政法大学出版社，2007。
［3］张蕊：《舞弊甄别与诉讼会计》，经济管理出版社出版，2000。
［4］齐兴利、王艳丽：《法务会计学》，中国财政经济出版社，2011。
［5］张苏彤：《法务会计》，高等教育出版社，2019。
［6］谷大君、毕克如：《法务会计基础与实务》，大连出版社，2011。
［7］齐兴利、王艳丽：《法务会计理论与实务》，中国时代经济出版社，2018。
［8］董仁周：《法务会计本土理论与应用研究》，湖南人民出版社，2015。
［9］张苏彤：《法务会计的诉讼支持研究》，中国政法大学出版社，2012。
［10］王业可：《基于诉讼支持的法务会计研究》，浙江大学出版社，2013。
［11］于朝：《司法会计鉴定实务》，中国检察出版社，2009。
［12］庞建兵：《司法会计原理与实务》，中国检察出版社，2017。
［13］洪浩：《证据法学》，北京大学出版社，2005。
［14］王静龙：《非寿险精算》，中国人民大学出版社，2004。
［15］白岱恩：《法务会计》，知识产权出版社，2008。
［16］严建：《合同违约损害赔偿计算标准》，中国法制出版社，2005。
［17］刘宪权：《金融犯罪刑法理论与实践》，北京大学出版社，2008。
［18］孙国祥：《贪污贿赂犯罪研究》，中国人民大学出版社，2018。
［19］何恒攀：《税收犯罪立法研究》，中国法制出版社，2015。
［20］黄荣康：《税收犯罪及司法应对研究》，人民法院出版社，2005。
［21］黄京平：《破坏市场经济秩序罪研究》，中国人民大学出版社，1999。
［22］卢建平、张旭辉：《美国反海外贿赂法解读》，中国方正出版社，2007。
［23］刘宵仑、赵金萍：《美国反海外贿赂行为法》，中国财政经济出版社，2006。
［24］李超：《保理合同纠纷裁判规则与典型案例》，中国法制出版社，2017。
［25］［美］托马斯·W.戈尔登：《法务会计调查指南》，张磊译，东北财经大学出版社，2009。
［26］［美］威廉姆·S.霍普伍德、［美］杰伊·J.莱纳、［美］乔治·R.杨：《法务会计》，张

磊主译，东北财经大学出版社，2009。

二、论文类

[1] 喻景忠：《法务会计理论与实践初探》，《财会通讯》1999年第5期。

[2] 李若山：《我国会计问题的若干法律思考》，《会计研究》1999年第6期。

[3] 李若山：《论国际法务会计的需求与供给——兼论法务会计与新〈会计法〉的关系》，《会计研究》2000年第11期。

[4] 戴德明、周华：《法务会计若干基本问题研究》，《贵州财经学院学报》2001年第3期。

[5] 陈红、徐融：《我国会计犯罪若干问题研究》，《财经科学》2002年第5期。

[6] 盖地、张敬峰：《法务会计研究评述》，《会计研究》2003年第5期。

[7] 张苏彤：《美国法务会计简介及其启示》，《会计研究》2004年第7期。

[8] 张苏彤：《加拿大的法务会计》，《中国注册会计师》2004年第7期。

[9] 谭立：《论法务会计的法律事项》，《财会月刊》2005年第11期。

[10] 张苏彤：《论法务会计的目标、假设与对象》，《会计之友》2006年第2期。

[11] 张英、卢永华：《美国法务会计人才培养及其启示——基于法务会计人之调查的分析》，《浙江金融》2006年第9期。

[12] 李明伟、莫生红：《美国法务会计人才培养体系探讨》，《财会月刊（理论）》2007年第5期。

[13] 孟祥东、许东霞：《建立法务会计的职业道德体系》，《中国乡镇企业会计》2007年第12期。

[14] 许东霞：《法务会计职业道德体系的建构》，《辽宁经济》2008年第11期。

[15] 许东霞、孟祥东：《法务会计对企业内部舞弊的甄别》，《中国乡镇企业会计》2008年第10期。

[16] 安文录、程兰兰、闫姿含：《挪用型犯罪的界定及其立法完善》，《政治与法律》2010年第10期。

[17] 齐晋：《法务会计主体制度分析》，《会计之友》2013年第33期。

[18] 徐明磊、金彧昉：《法务会计主体的法律规制及其法律责任研究》，《证券法苑》2011年第1期。

[19] 侯圣博：《试论提供虚假证明文件罪及其立法完善》，《辽宁师专学报（社会科学版）》2014年第5期。

[20] 尚宏阳：《浅论隐匿、故意销毁会计凭证、会计账簿、财务会计报告罪》，《现代经济信息》2016年第7期。

[21] 胡启忠：《非法集资基本特征之理论现述与重述》，《南海法学》2018年第4期。

[22] 王玉兰：《法务会计的前世今生——兼论法务会计职业前景》，《会计之友》2019年第5期。

[23] 齐梦宣：《浅议法务会计在上市公司财务舞弊中的作用与发展》，《会计师》2019年

第 14 期。
[24] 槐金刚:《法务会计在治理财务舞弊中的应用》,《法制博览》2019 年第 24 期。
[25] 殷悦:《浅谈法务会计在查账征收中的反舞弊作用》,《财会研究》2020 年第 8 期。
[26] 李晟:《论会计犯罪的证据收集》,《法制与社会》2017 年第 7 期。
[27] 彭新林:《非法集资犯罪司法疑难问题探讨》,《东南大学学报(哲学社会科学版)》2020 年第 1 期。
[28] 李冠煌:《贪污罪量刑规范化的中国实践——基于〈刑法修正案(九)〉生效后的案例分析》,《法学》2020 年第 1 期。
[29] 寇鑫、崔彩萍:《瑞幸咖啡财务造假事件的分析及启示》,《财会研究》2020 年第 8 期。
[30] 李有星、潘政:《瑞幸咖啡虚假陈述案法律适用探讨——以中美证券法比较为视角》,《法律适用》2020 年第 9 期。
[31] 佘颖:《瑞幸咖啡能涅槃重生吗》,《经济日报》2020 年 9 月 24 日第 009 版。
[32] 周丽萍:《法务会计人员参与诉讼支持存在的问题及对策》,硕士学位论文,江西财经大学,2015 年 6 月。
[33] 张秦灵:《诉讼支持视角下的法务会计研究》,硕士学位论文,首都经济贸易大学,2015 年 4 月。

后 记

江西财经大学围绕培养具有"信敏廉毅"素质的"应用型、复合型"财经法律人才培养目标,结合法学专业的特点和财经类法学专业特色,于 2010 年 10 月开始"法学(法务会计方向)"本科招生和培养,至今已培养了 6 批近 300 名法务会计复合型专业人才。作为较早开设法务会计方向的本科院校,我校是全国法务会计领域和业界较有影响的院校之一。

为进一步满足法务会计特色专业建设和人才培养需要,构建完整的法务会计专业核心课程体系,我们成立了《法务会计原理》教材编写组。编写组由从事法务会计教学与研究的高校教师及法务会计实务专家组成。编写组广泛结合法务会计实务,收集整理前沿案例资料,经过反复论证、召开专题研讨会,在形成大纲、初稿并广泛听取同行专家意见的基础上,几经修改最终完成本书的撰写。

《法务会计原理》一书综合考虑了法务会计教学的特点,借鉴有关专家、学者的法务会计理论和学术见解,立足于财务分析、舞弊检查、诉讼支持、民商事和经济犯罪案件的法务会计检查分析,将理论阐述与实践分析相结合。基于法务会计应用性要求,本教材的编写主要有如下三个特点。

第一,本书根据我国当前及未来职业岗位人才需求情况,结合法务会计职业标准,高度融合地编写了基础理论、案例评析,帮助学生形成良好的法务会计知识框架,为其进一步深入学习、研究打下基础。

第二,本书遵循从理论到实践的基本思路,每章框架安排依次为法务会计的学习目标、内容提要、基本理论、案例评析和复习思考题,符合法务会计教学和学习进程。各章节力求实现理论与实务的契合与穿插,既适于法务会计课程教学,又具有实务操作性,引导教学形式的多元化进行。

第三,本书聚焦热点案例,反映学术前沿内容。法务会计在我国是一个新兴学科,本教材在编写中力求反映该领域的前沿动态,结合热点案例,并根据对应章节基础理论知识进行案例评析,注重对学生思维的引导和培养。

本教材由熊进光担任主编,杨书怀、吴红生担任副主编。全书写作提纲由编写组全体会议讨论确定,组织、协调和统稿由熊进光负责。编写本教材的具体分工如下。

熊进光,法学博士,江西财经大学法学院教授、博士生导师,江西省高校中青年学科带头人,负责写作提纲的拟定、全书统稿及第六章、第九章的撰写。

杨书怀,会计学博士,江西财经大学会计学院教授、硕士生导师,负责第一章、第三章、第五章的撰写。

后 记

吴红生,会计硕士,江西中煤建设集团有限公司纪委副书记兼法务部部长,负责第八章的撰写。

夏秀渊,法学博士,江西财经大学法学院副教授、硕士生导师,负责第二章的撰写。

冯莹,法律硕士(法务会计方向),北京市中银(南昌)律师事务所律师,负责第四章、第七章第一节、第二节的撰写。

肖海琦,江西财经大学法学院教师,负责第七章第三节、第四节的撰写。

此外,我指导的法务会计方向民商法硕士研究生胡思琪和法律硕士研究生吴书怡为本书的写作收集了大量研究资料,并分别参加了第六章和第八章的撰写工作。本教材得以面世,要特别感谢江西财经大学法学院领导的大力支持以及复旦大学出版社方毅超、李荃老师的热忱帮助。

法务会计属于新兴交叉学科,本教材在编写过程中力求体系完整、紧跟前沿。但因作者水平有限,教材编写内容如有不妥之处,敬请各位专家学者和广大读者指正。

熊进光
2020 年 10 月 6 日

图书在版编目(CIP)数据

法务会计原理/熊进光主编. —上海:复旦大学出版社,2021.3(2022.6 重印)
(复旦卓越. 法务会计系列)
ISBN 978-7-309-15481-8

Ⅰ.①法… Ⅱ.①熊… Ⅲ.①司法会计学-高等学校-教材 Ⅳ.①D918.95

中国版本图书馆 CIP 数据核字(2021)第 020322 号

法务会计原理
熊进光 主编
责任编辑/李 荃

复旦大学出版社有限公司出版发行
上海市国权路 579 号 邮编:200433
网址:fupnet@fudanpress.com http://www.fudanpress.com
门市零售:86-21-65102580 团体订购:86-21-65104505
出版部电话:86-21-65642845
上海崇明裕安印刷厂

开本 787×1092 1/16 印张 15 字数 337 千
2022 年 6 月第 1 版第 2 次印刷

ISBN 978-7-309-15481-8/D·1077
定价:39.00 元

如有印装质量问题,请向复旦大学出版社有限公司出版部调换。
版权所有 侵权必究